U0449459

集成电路系列丛书·集成电路产业经济学

集成电路投资经典案例

元禾璞华　编著

电子工业出版社
Publishing House of Electronics Industry
北京·BEIJING

内 容 简 介

本书面向对集成电路产业感兴趣的读者，从投资的视角出发，结合数十个知名企业的案例，回顾国外及中国集成电路产业发展历程，着重介绍 21 世纪我国集成电路产业在资本、政策环境、市场、人才、下游应用等要素的互动下发生的演进，总结其产业特点、发展规律及成功模式，提炼出投资中国集成电路产业的方法论，并对未来我国集成电路产业发展模式进行预测。

本书共分三篇：集成电路产业的特点和规律、中国集成电路产业与投资发展历程、中国集成电路产业发展规律及投资策略。

未经许可，不得以任何方式复制或抄袭本书之部分或全部内容。
版权所有，侵权必究。

图书在版编目（CIP）数据

集成电路投资经典案例 / 元禾璞华编著. --北京：电子工业出版社, 2025. 6. --（集成电路系列丛书）.
ISBN 978-7-121-50216-3

Ⅰ. F426.63

中国国家版本馆 CIP 数据核字第 2025RD6842 号

责任编辑：张　剑（zhang@phei.com.cn）
印　　刷：北京联兴盛业印刷股份有限公司
装　　订：北京联兴盛业印刷股份有限公司
出版发行：电子工业出版社
　　　　　北京市海淀区万寿路 173 信箱　邮编　100036
开　　本：720×1000　1/16　印张：13　字数：287 千字
版　　次：2025 年 6 月第 1 版
印　　次：2025 年 6 月第 1 次印刷
定　　价：88.00 元

凡所购买电子工业出版社图书有缺损问题，请向购买书店调换。若书店售缺，请与本社发行部联系，联系及邮购电话：（010）88254888，88258888。

质量投诉请发邮件至 zlts@phei.com.cn，盗版侵权举报请发邮件至 dbqq@phei.com.cn。
本书咨询联系方式：zhang@phei.com.cn。

"集成电路系列丛书"编委会

主　编：王阳元
副主编：吴汉明　周子学　陈南翔　许宁生　黄　如
　　　　陈向东　魏少军　赵海军　毕克允　叶甜春
　　　　杨德仁　郝　跃　尤　政　李树深　张汝京
　　　　王永文

编委会秘书处

秘 书 长：王永文（兼）
副秘书长：罗正忠　季明华　陈春章　于燮康　刘九如
秘　　书：曹　健　蒋乐乐　徐小海　唐子立

出版委员会

主　任：刘九如　　徐　静
委　员：赵丽松　　柴　燕　　张　剑　　魏子钧
　　　　牛平月　　刘海艳

"集成电路系列丛书·集成电路产业经济学"编委会

主　　编：周子学
副 主 编：陈大同　　潘建岳
责任编委：李芳芳　　冯　科
编　　委：刘　越　　严衍伦　　李芳芳
　　　　　冯　科　　蔡　颖　　尹　茗

"集成电路系列丛书"主编序言

培根之土 润苗之泉 启智之钥 强国之基

王国维在其《蝶恋花》一词中写道："最是人间留不住，朱颜辞镜花辞树"，这似乎是自然界无法改变的客观规律。然而，人们还是通过各种手段，借助于各种媒介，留住了人们对时光的记忆，表达了人们对未来的希冀。

图书，尤其是纸版图书，是数量最多、使用最悠久的记录思想和知识的载体。品《诗经》，我们体验了青春萌动；阅《史记》，我们听到了战马嘶鸣；读《论语》，我们学习了哲理思辨；赏《唐诗》，我们领悟了人文风情。

尽管人们现在可以把律动的声像寄驻在胶片、磁带和芯片之中，为人们的感官带来海量信息，但是图书中的文字和图像依然以它特有的魅力，擘画着发展的总纲，记录着胜负的苍黄，展现着感性的豪放，挥洒着理性的张扬，凝聚着色彩的神韵，回荡着音符的铿锵，驰骋着心灵的激越，闪烁着智慧的光芒。

《辞海》中把书籍、期刊、画册、图片等出版物的总称定义为"图书"。通过林林总总的"图书"，我们知晓了电子管、晶体管、集成电路的发明，了解了集成电路科学技术、市场、应用的成长历程和发展规律。以这些知识为基础，自20世纪50年代起，我国集成电路技术和产业的开拓者踏上了筚路蓝缕的征途。进入21世纪以来，我国的集成电路产业进入了快速发展的轨道，在基础研究、设计、制造、封装、设备、材料等各个领域均有所建树，部分成果也在世界舞台上拥有一席之地。

为总结昨日经验，描绘今日景象，展望明日梦想，编撰"集成电路系列丛书"（以下简称"丛书"）的构想成为我国广大集成电路科学技术和产业工作者共同的夙愿。

2016年，"丛书"编委会成立，开始组织全国近500名作者为"丛书"的第一部著作《集成电路产业全书》（以下简称《全书》）撰稿。2018年9月12日，《全书》首发式在北京人民大会堂举行，《全书》正式进入读者的视野，受到教育界、科研界和产业界的热烈欢迎和一致好评。其后，《全书》英文版 *Handbook of Integrated Circuit Industry* 的编译工作启动，并决定由电子工业出版社和全球最大的科技图书出版机构之一——施普林格（Springer）合作出版发行。

受体量所限，《全书》对于集成电路的产品、生产、经济、市场等，采用了千余字"词条"描述方式，其优点是简洁易懂，便于查询和参考；其不足是因篇幅紧凑，不能对一个专业领域进行全方位和详尽的阐述。而"丛书"中的每一部专著则因不受体量影响，可针对某个专业领域进行深度与广度兼容的、图文并茂的论述。"丛书"与《全书》在满足不同读者需求方面，互补互通，相得益彰。

为更好地组织"丛书"的编撰工作，"丛书"编委会下设了14个分卷编委会，分别负责以下分卷：

☆ 集成电路系列丛书·集成电路发展史话

☆ 集成电路系列丛书·集成电路产业经济学

☆ 集成电路系列丛书·集成电路产业管理

☆ 集成电路系列丛书·集成电路产业、教育和人才

☆ 集成电路系列丛书·集成电路发展前沿与基础研究

☆ 集成电路系列丛书·集成电路产品与市场

☆ 集成电路系列丛书·集成电路设计

☆ 集成电路系列丛书·集成电路制造

☆ 集成电路系列丛书·集成电路封装测试

☆ 集成电路系列丛书·集成电路产业专用装备

☆ 集成电路系列丛书·集成电路产业专用材料

☆ 集成电路系列丛书·化合物半导体的研究与应用

☆ 集成电路系列丛书·集成微纳系统

☆ 集成电路系列丛书·电子设计自动化

2021 年，在业界同仁的共同努力下，约有 10 部"丛书"专著陆续出版发行，献给中国共产党百年华诞。以此为开端，2021 年以后，每年都会有纳入"丛书"的专著面世，不断为建设我国集成电路产业的大厦添砖加瓦。到 2035 年，我们的愿景是，这些新版或再版的专著数量能够达到近百部，成为百花齐放、姹紫嫣红的"丛书"。

在集成电路正在改变人类生产方式和生活方式的今天，集成电路已成为世界大国竞争的重要筹码，在中华民族实现复兴伟业的征途上，集成电路正在肩负着新的、艰巨的历史使命。我们相信，无论是作为"集成电路科学与工程"一级学科的教材，还是作为科研和产业一线工作者的参考书，"丛书"都将成为满足培养人才急需和加速产业建设的"及时雨"和"雪中炭"。

科学技术与产业的发展永无止境。当 2049 年中国实现第二个百年奋斗目标时，后来人可能在 21 世纪 20 年代书写的"丛书"中发现这样或那样的不足，但是，仍会在"丛书"著作的严谨字句中，看到一群为中华民族自立自强做出奉献的前辈们的清晰足迹，感触到他们在质朴立言里涌动的满腔热血，聆听到他们的圆梦之心始终跳动不息的声音。

书籍是学习知识的良师，是传播思想的工具，是积淀文化的载体，是人类进步和文明的重要标志。愿"丛书"永远成为培育我国集成电路科学技术生根的沃土，成为润泽我国集成电路产业发展的甘泉，成为启迪我国集成电路人才智慧的金钥，成为实现我国集成电路产业强国之梦的基因。

编撰"丛书"是浩繁卷帙的工程，观古书中成为典籍者，成书时间跨度逾十年者有之，涉猎门类逾百种者亦不乏其例：

《史记》，西汉司马迁著，130 卷，526500 余字，历经 14 年告成；

《资治通鉴》，北宋司马光著，294 卷，历时 19 年竣稿；

《四库全书》，36300 册，约 8 亿字，清 360 位学者共同编纂，3826 人抄写，耗时 13 年编就；

《梦溪笔谈》，北宋沈括著，30 卷，17 目，凡 609 条，涉及天文、数学、物理、化学、生物等各个门类学科，被评价为"中国科学史上的里程碑"；

《天工开物》，明宋应星著，世界上第一部关于农业和手工业生产的综合性著作，3 卷 18 篇，123 幅插图，被誉为"中国 17 世纪的工艺百科全书"。

这些典籍中无不蕴含着"学贵心悟"的学术精神和"人贵执着"的治学态度。这正是我们这一代人在编撰"丛书"过程中应当永续继承和发扬光大的优秀传统。希望"丛书"全体编委以前人著书之风范为准绳，持之以恒地把"丛书"的编撰工作做到尽善尽美，为丰富我国集成电路的知识宝库不断奉献自己的力量；让学习、求真、探索、创新的"丛书"之风一代一代地传承下去。

王阳元

2021 年 7 月 1 日于北京燕园

序　　言

集成电路产业是信息技术产业的核心，是支撑经济社会发展和保障国家安全的战略性、基础性和先导性产业，其重要性已超越单一产业范畴，成为重塑全球科技格局、经济秩序甚至国家安全的关键要素。《集成电路投资经典案例》一书，系统梳理产业发展脉络、剖析产业规律、总结产业投资经验，旨在为从业者、投资者与政策制定者提供一份兼具理论深度与实践价值的参考指南。

本书共包含 3 篇，分别为：集成电路产业的特点和规律、中国集成电路产业与投资发展历程、中国集成电路产业发展规律及投资策略。本书的第一篇"集成电路产业的特点与规律"，深入剖析了集成电路产业的独特属性。集成电路产业具有资金人才密集、周期性和波动性等特点，这些特点既决定了集成电路产业发展的艰难与挑战，也带来了更多的创新机会。同时，通过对产业发展规律的梳理，读者可以清晰地看到集成电路产业如何在摩尔定律的指引下，沿着性能提升、成本降低的轨迹稳步前行，以及在金融支持下的产业并购和整合。理解这些特点与规律，对于把握集成电路产业的脉络至关重要，为产业参与者提供重要的行业洞察与决策依据。

在本书的第二篇"中国集成电路产业与投资发展历程"中，详细回顾了中国集成电路产业从无到有、从小到大的艰辛历程。曾经，中国集成电路产业面临着技术封锁、人才短缺等诸多困境，但在国家政策的大力支持下，一批又一批科研人员与企业家迎难而上，凭借着顽强的毅力与创新精神，逐步攻克了诸多关键技术难题。从早期的引进技术、模仿学习，到如今在部分领域实现自主创新突破，中国集成电路产业的发展取得了令人瞩目的成就。同时，本篇也深入剖析了中国集成电路产业在投资领域的发展脉络，回顾了早期风险投资的艰难探索，到如今资本市场的热情追捧，以及各类投资机构如何在产业发展的不同阶段发挥关键作用，助力企业成长壮大。这一发展历程不仅彰显了中国集成电路产业的韧性和潜力，更为未来的发展积累了宝贵的经验与教训。

本书的第三篇总结出"中国集成电路产业发展规律与投资策略"。随着全球科技竞争的日益激烈，中国集成电路产业面临着新的机遇与挑战。中国集成电路产业发展具有一般性规律，也有其个性的特殊性，本篇对未来一段时间内中国集成电路产业可能发生的变化和趋势进行展望，预测会形成创业创新、第二次国产替代时代、半导体行业的平台型巨头诞生以及准 IDM 模式等四大趋势。同时，我国正通过建立健全多层次资本市场制度，促进高科技产业发展。

集成电路产业的未来充满无限可能，它将继续在科技的舞台上扮演着举足轻重的角色。本书内容翔实，对大量的案例进行分析，将理论与实践相结合，具有趣味性和可读性，凸显应用价值，无论是产业从业者在技术攻关的道路上砥砺前行，还是投资者在资本市场的浪潮中精准布局，抑或是科研人员在实验室里探索未知的奥秘，这本书都将为其提供一份有益的参考与指引。

中国电子信息行业联合会常务副会长　周子学

前　　言

作为现代信息技术的核心支柱，集成电路产业既是全球科技竞争的制高点，也是资本密集型、技术密集型和人才密集型产业的典型代表。近年来，随着人工智能、5G 通信、物联网等新兴领域的快速发展，集成电路产业的战略地位愈发凸显，业已成为各国争夺未来科技话语权的关键领域。产业背后的资本助力、政策引导与企业战略博弈等因素，共同构成了这一领域波澜壮阔的演进图景。

近年来，受地缘政治等因素的影响，集成电路产业的全球化分工模式遇到了挑战，但也为我国企业带来实现国产替代进而快速发展的机遇。展望未来，在市场、政策、资本和产业的充分互动下，我们对中国集成电路产业的发展前景充满信心。

当前，关于集成电路产业的著作多聚焦于技术原理、产业政策或宏观经济分析，而从投资视角系统解析产业发展逻辑，尤其是通过经典案例揭示资本、技术与市场协同规律的专著并不多。作为本土集成电路投资机构的元禾璞华，通过本书剖析全球数十个集成电路产业标志性企业的成长路径，以"案例"为锚点，以"资本"为主线，总结"投资"经验，希望揭示产业规律与投资逻辑的深层互动。

全书共分为三个部分：第一篇聚焦于集成电路产业的特点和规律，通过 18 个典型案例，帮助读者建立起对这一行业的基本认知；第二篇则转向中国集成电路产业与投资发展历程，选取了圆片代工及制造、IC 设计、封测、设备等多个领域内的 11 个典型的企业发展案例，展示了国内企业在不同阶段面临的机遇与挑战；第三篇着重分析中国集成电路产业发展规律及投资策略，选取了 9 个具有代表性的中国企业案例，尝试从中提炼出可供借鉴的成功经验和投资策略。

本书面向一切对集成电路产业感兴趣的读者，希望与广大读者朋友共同探讨集成电路产业发展的规律，展望产业发展的方向。若本书能为中国集成电路产业的理性繁荣略尽绵薄之力，便是我们最大的荣幸。

本书是在元禾璞华各位同仁的努力下完成的：由陈大同博士和刘越女士负责

全书结构和内容的策划，陈智斌和殷伯涛负责全书内容的调整，刘洋、娄沙井、毛凯迪、沈一凡、王一剑、杨喆、姚远参与各章编写工作。陈大同、刘越、陈智斌、胡颖平、牛俊岭、祁耀亮、张锡盛通过分享在中国集成电路产业及投资领域的从业经验和思考，为本书提供了写作灵感及部分素材支持。本科生游思远、刘纪欣、靳晴晴参与了本书的校对工作。此外，本书还得到了"集成电路系列丛书"主编王阳元院士、副主编周子学先生，以及"集成电路系列丛书·集成电路产业经济学"编委会专家们的指导和支持，在此向他们表示衷心的感谢。在本书编写过程中参考了大量国内外书籍及文献，在此也向这些文献的作者表示感谢。

本书列举了数十家国内外知名集成电路企业，大多数为上市公司。之所以选择这些企业进行案例分析，一方面是因为它们在各自领域或产业发展阶段具有一定的代表性，另一方面是关于企业的资料和公开信息相对容易获得。案例分析仅出于支持本书观点的目的，不构成任何二级市场投资建议。受篇幅及作者能力所限，本书无法将目前国内优秀的集成电路企业逐一展示，敬请谅解。

本书的写作工作于 2020 年 7 月正式启动，在 2021 年四季度完成了内容的汇总，最终在电子工业出版社编辑老师的帮助下达到了可出版状态。但鉴于集成电路产业发展迅猛，技术与市场瞬息万变，书中部分内容难免存在一定的时滞性。同时，由于作者水平有限，书中难免存在其他不足、缺点和错误，恳请各位专家、同行、读者批评指正。如果读者在阅读本书的过程中有任何疑惑或问题，均可以联系作者沟通。

编著者
2025 年 3 月于北京

目 录

第一篇 集成电路产业的特点和规律 ... 1

集成电路产业的特点 ... 1
- 战略地位及其与其他信息技术类产业的关系 ... 1
- 资金密集型产业 ... 2
- 案例 01：存储器行业的故事 ... 3
- 人才密集型产业 ... 5
- 周期性和波动性 ... 7
- 产业链、国际分工和国际转移 ... 7
- 技术密集型产业 ... 9
- 案例 02：阿斯麦发展简史 ... 11
- 集成电路产业重资产企业投资策略 ... 15

集成电路产业的兴起及早期发展历程 ... 18
- 案例 03：德州仪器发展简史 ... 19
- 案例 04：恩智浦半导体发展简史 ... 21
- 案例 05：霍尼韦尔发展简史 ... 22
- 案例 06：应用材料发展简史 ... 25

以硅谷模式为代表的风险投资-创业者体系 ... 29
- 案例 07：仙童半导体的兴起与没落 ... 33
- 案例 08：英特尔发展简史 ... 36
- 案例 09：硅谷风投业界的标杆——KPCB ... 42
- 案例 10：以色列半导体创业公司发展历程 ... 44

集成电路产业政策及推动作用 ... 50
- 案例 11：全球封测龙头企业日月光 ... 56

    案例 12：台积电发展简史 ········· 58
    案例 13：东芝发展简史 ········· 60
    案例 14：尔必达——日本集成电路产业的悲歌 ········· 63
    案例 15：LG 发展简史 ········· 66
    案例 16：三星电子发展简史 ········· 68
  金融支持下的集成电路产业并购与整合 ········· 72
    案例 17：全球 EDA 发展之路 ········· 74
    案例 18：博通——私募打造的高科技巨头 ········· 82

第二篇　中国集成电路产业与投资发展历程 ········· 85
  1949—1978 年：计划经济为主的积累时期 ········· 85
    分立器件发展阶段（1956—1965 年） ········· 85
    集成电路初始发展阶段（1965—1978 年） ········· 87
  1978—2000 年：转型摸索时期 ········· 89
    第一波技术引进和"531"发展战略 ········· 89
    "908"工程和"909"工程 ········· 91
    案例 19：国内三大封测厂——长电科技、华天科技、通富微电 ········· 93
    案例 20：华润微电子发展简史 ········· 98
    案例 21：士兰微电子发展简史 ········· 100
    案例 22：北方华创发展简史 ········· 104
  2000—2013 年：市场化机制推动产业快速发展的时期 ········· 106
    制造业发展 ········· 107
    案例 23：中芯国际发展简史 ········· 107
    设计业发展 ········· 117
    案例 24：中星微电子发展简史 ········· 120
    案例 25：展讯——海归创业的样板 ········· 124
    案例 26：锐迪科——市场造就的半导体传奇 ········· 126
  2014 年至今：以市场化为主体，产业政策大力支持的快速发展时期 ········· 129
    中央政府政策和国家级基金的示范作用 ········· 130

目录

  地方政府补充多点开花 ········ 130
  科创板造就投融资闭环 ········ 131
   案例 27：长江存储发展简史 ········ 132
   案例 28：长鑫存储发展简史 ········ 134
   案例 29：芯原微电子发展简史 ········ 137
 投资机构在国内产业中的发展历程 ········ 141

第三篇　中国集成电路产业发展规律及投资策略 ········ 143
 中国集成电路产业发展的一般性规律 ········ 143
  企业家精神 ········ 143
   案例 30：兆易创新发展简史 ········ 146
  国产替代的机遇 ········ 150
   案例 31：安集科技发展简史 ········ 152
   案例 32：中微公司发展简史 ········ 154
   案例 33：江丰电子发展简史 ········ 158
  技术创新 ········ 159
   案例 34：澜起科技发展简史 ········ 161
   案例 35：汇顶科技发展简史 ········ 166
  以市场为导向 ········ 170
   案例 36：韦尔股份发展简史 ········ 172
  教训和通病 ········ 178
 个体的特殊性 ········ 180
   案例 37：华为海思发展简史 ········ 180
   案例 38：江波龙发展简史 ········ 184
 未来展望 ········ 188
  新常态下的产业发展 ········ 188
  科创板等资本市场制度的助推作用 ········ 191

第一篇

集成电路产业的特点和规律

集成电路产业的特点

战略地位及其与其他信息技术类产业的关系

诞生于 1958 年的集成电路拉开了人类迈向信息社会的帷幕。经过 60 多年的发展，集成电路的应用从最初的军事领域，逐步扩大到工业、农业、交通、政务、金融、安全、通信、教育、传媒、娱乐等多个领域。对于新的技术发展方向而言，如 5G/6G、人工智能（AI）、物联网（IoT）、自动驾驶等，集成电路都是必要的硬件基础。

集成电路产业已经成为信息产业的基础与核心，其技术水平和发展规模已成为衡量一个国家产业竞争力和综合国力的重要标志[1]。从产值角度来看，集成电路占据电子产品整机价值的比重不断上升；但从利润角度来看，大多数未掌握微电子技术的组装公司的利润率很低，在利益分配链条中充当着被"盘剥"的角色，而经营规模较小的上游集成电路企业却获得了较高的利润分配比例。

2018 年以前，面对下游近乎无限增长的、碎片化的、多样的、通过商品交易形成的市场，集成电路产业作为信息产业里高度精细化、高利润的中间系统，

---

1 周子学. 集成电路产业面临的形势和发展特点分析[J]. 产业经济评论，2014(6):5-9.

实现了高度的国际化分工，成为全球化程度最深的产业之一。自 2018 年以来，随着中美贸易冲突的加剧，美国频频祭出芯片断供的非常规手段，通过上游的封锁延缓中国向信息产业顶峰攀登的进程，这在一定程度上动摇了集成电路产业高度全球化的信任基础，同时也使集成电路产业的战略性、基础性、先导性地位进一步凸显。

在新形势下，各个主要经济体纷纷酝酿并推出旨在提振集成电路产业竞争力的政策和规划。美国在"2021 财年国防授权法案"中纳入"半导体领先计划"的 360 亿美元补贴政策，鼓励圆片制造业向美国本土回流，巩固美国的领先地位。欧盟 17 国发表《欧洲处理器和半导体科技计划联合声明》，计划投入 1450 亿欧元用于重振欧洲半导体行业。我国也通过建立健全各种机制，推出一系列举措，鼓励集成电路产业快速发展。

展望未来，集成电路产业作为国民经济中战略性、基础性、先导性的产业，是各个主要经济体争夺技术主导权及维护自身技术安全的核心阵地之一。我们必将经历合纵连横、波澜壮阔的大竞争时代。本书的读者都将是这个大时代的见证者和亲历者。

资金密集型产业

集成电路产业属于资金密集型产业，其特点是投资规模大、回报周期长，而且随着工艺节点的进步，系统复杂度不断提高，研发人员、厂房、设备的投入也随之增大。

集成电路产业的资金密集特征集中体现在圆片制造环节。初步估计，月产能为 5 万片 300mm（业内俗称 12 英寸）圆片的 28nm 制程生产线投资额（包括厂房投入、设备投入、工艺开发投入）为 30～50 亿美元，设计产能相同的 14nm 制程生产线投资额约为 100 亿美元，而建设 7nm 及以下的先进制程（5nm、3nm 等）生产线则需要投资至少数百亿美元。巨大的前期投入使先进工艺产能向头部企业集中，目前具备量产 14nm 工艺能力的圆片代工企业仅有 7 家，量产 7nm 工艺的企业则减少至 3 家。同时，沉重的折旧压力使盈亏产能平衡点上移，在棘轮效应下，行业头部企业之间也出现分化。

不同工艺节点的集成电路圆片制造生产线估计投资额[1]

工艺节点	厂房设备支出（亿美元）	工艺研发支出（亿美元）
95～65 nm	25～30	2～4
32～28nm	36～45	6～8
22～20nm	46～57	10～13
16～14nm	56～70	17～25

即使在被广泛认为是轻资产环节的芯片设计领域，与展业模式相近的互联网公司相比，企业运营成本也普遍较高，如芯片生产环节端（包括制造、封装、测试）代工厂的成本压力会向设计企业传导，EDA 软件、IP 核等也需要不菲的授权费。更重要的是，硬件的不可修改性导致一个芯片开发项目隐含着实现盈亏平衡所需的最小出货量，一旦出现设计失败或产品定义失败等情况，前期的投入都将成为沉没成本。

案例 01：存储器行业的故事

动态随机存取存储器（Dynamic Random Access Memory，DRAM）于 1966 年由 IBM 公司的研究人员罗伯特·登纳德（Robert Dennard）博士发明，1970 年英特尔（Intel）公司成功将其量产。同年，IBM 宣布以 DRAM 为代表的集成电路存储器将取代传统的磁芯，成为未来计算机的主流存储器。

与非型闪存（NAND Flash）主要用作硬盘，DRAM 则一般用作内存，内存与硬盘之间最大的区别是断电后内存中的数据会丢失，而硬盘中的数据则会留存（保持）。在实际运用中，CPU 如果直接与硬盘交换数据，会大大降低处理效率，因此将内存作为中间桥梁，先把需要交换的数据放在内存中，然后再进行处理和运算，这样数据交换速度要快得多。

普通用户平时见到的内存模块是一块搭载了数个 DRAM 芯片的电路板。DRAM 芯片的内部是存储阵列（Memory Array）。当 CPU 调用数据时，会根据存储阵列中的行地址和列地址定位到某个具体的存储单元。存储单元由一个电容器和一个晶体管组成。系统通过判断电容器中是否存在充电电荷来判别该单元存储的信息是 0 还是 1。

---

[1] 王阳元. 集成电路产业全书（全三册）[M]. 北京：电子工业出版社，2018.

在集成电路产业中，存储器企业是最具资本密集特征的企业。存储器属于集成电路中的大宗标准品，表现出极强的重资产周期性行业特征。据统计，全球存储器市场占集成电路总体市场规模的 23%，在集成电路中属于第二大类产品。存储器市场目前被几家头部企业垄断，其合计市场份额约为 95%。垄断的格局不是在短期内形成的，存储器竞争的核心是设备投资的竞争，谁投资大，谁具有持续研发投入的能力，谁能忍受投入期和低谷期的巨大亏损，谁才能成为最后的头部玩家。

1971 年，英特尔推出了通用型微处理器（Microprocessor Unit，MPU），使 DRAM 市场规模大幅增加。在之后的几年内，英特尔依靠 DRAM 赚得盆满钵满，以英特尔为代表的美国公司占据了全球存储行业领导地位，这一局面一直持续到日本实施超大规模集成电路（Very Large Scale Integration Circuit，VLSI）计划、推进日本企业在 DRAM 领域迅速赶超英特尔等美国公司为止。

1981 年，日本成功取代美国，成为全球最大的 DRAM 供应国。日本的成功被韩国看在眼里，自此韩国开始了在集成电路领域快速发展的征程。

1982 年，韩国实施了"集成电路产业扶持计划"，该计划为期六年。在这六年中，韩国政府给予集成电路产业相当于战略研究级别的支持，政府投资超过 3.6 亿美元，同时还导入了超过 20 亿美元的民间资本。1986 年，韩国在此基础上又实施了"超大规模集成电路技术共同开发计划"，与之前的扶持计划不同，这个计划的研究领域聚焦在 DRAM 上，且投资也是由韩国政府来主导的，民间则以研发为主。最终，韩国三大 DRAM 公司依靠极具竞争力的产品价格和持续的高强度投资逐渐代替日本公司，奠定了其在 DRAM 市场上的主宰地位。

1984—1986 年，由于韩国 DRAM 企业的崛起，全球 DRAM 市场呈现三足鼎立的态势。韩国、日本、美国（以英特尔为代表）的产品都在导入市场，打起了较为惨烈的价格战，每片 DRAM 的价格缩水到不足原来的十分之一，甚至到了需要亏本才能留住客户的地步。于是，英特尔退出了 DRAM 市场，日本电气公司（NEC）也开始大幅缩减 DRAM 产量。

面对 NEC 减产的态势，三星（SAMSUNG）公司做出了与之相反的决定。三星疯狂地扩产，并且继续研发更大容量、更高端的 DRAM，这一决定风险极高——如果不能彻底击败日本对手，自己的损失可能是致命的。据统计，在 1986

年，三星 DRAM 领域的业务亏损超过了 3 亿美元，且在持续扩大。不过，三星最终凭借这一大胆的决定，在 NEC 减产时迅速抢占了大量的市场份额，在 1988 年开始盈利。同时，美国在英特尔退出 DRAM 市场后，决定扶持三星。在持续且大量的投资下，三星在 1992 年彻底超越了 NEC，推出了全球首款 64MB DRAM。三星的这次逆周期投资，表面上看是企业赌上自身命运的举动，实质上背后是国家意志的体现。三星的成功在于韩国政府的大力支持，从而吸引数量大到几乎不合理的投资，对于彼时的韩国而言，可以说是倾其一国之力进行了一场豪赌。韩国之所以支持三星，也是为了优化产业结构，放弃传统产业继而转向高科技产业，使自己在某些技术领域具有压倒性的优势，实现通过技术优势盈利，再用盈利开展技术研发的良性循环。其实，回过头来看，当时韩国押注三星进行大规模逆周期投资的举措并不可持续，但正是这样的背水一战成就了以三星为代表的韩国存储器产业在 DRAM 领域中的霸主地位。

2008 年，恰逢全球金融危机，整个 DRAM 行业又像当年一样陷入了整体亏损的局面。财大气粗的三星也如当年一样，选择了逆势而为、继续扩产，迫使日本的尔必达（ELPIDA）公司和德国的奇梦达（Qimonda）公司被挤压破产。此后，美国的存储器巨头美光（Micron）公司收购了尔必达，宣告日本公司在存储器竞争中彻底失败。美国则通过对日本的制裁及对韩国的扶持，最终成为 DRAM 竞争中的另一获胜方：虽然 DRAM 市场的 75%份额被三星和 SK 海力士（Hynix）公司占据，美光仅占 20%，但英特尔在放弃 DRAM 后，深耕处理器领域，终成一代 CPU 霸主。

前事不忘，后事之师。从美、日、韩的存储器竞争中我们可以明确地看出，一个集成电路企业的成功，离不开其背后持续的资金注入。正是由于韩国举全国之力及美国背后的资金支持，才让三星成为如今全球存储器领域的龙头企业。

人才密集型产业

集成电路产业链很长，产业链中各环节对人才需求的差异也较大。在集成电路设计环节，需要数学家和物理学家研发电子设计自动化（Electronic Design Automation，EDA）软件，需要具有硬件思维和软件编程能力的工程师实现逻辑电路设计，模拟电路设计基本依靠手工来完成，这就需要研发人员具备扎实的电路理论基础和日积月累的"感觉"等。再如，在集成电路制造业中，PDK 开发、工艺开发、设备维护、封装测试等领域的分工很细，可以说基本上每个领域对员工的专业知识和要求都有所不同。只有各方面的人才在各自的技术领域做深、做精，才能保证一个集成电路（芯片）开发项目在经过如此长的产业链流转之后获得成功。同时，集成电路行业是充分国际化竞争的领域，对企业管理者的格局和视野都有很高的要求。

近年来，随着我国集成电路产业的发展，人才队伍不断壮大，直接从业人员超过 60 万人，但仍存在较大的人才缺口。据《中国集成电路产业人才白皮书（2020—2021）》预测，2023 年前后全行业人才需求将达到 76.65 万人左右。从另一方面来看，目前半导体相关产业的优秀人才薪酬不菲，但人才供需严重错配，以 2020 年的数据为例，当年我国集成电路相关专业的毕业生规模约为 21 万人，其中只有 13.77%的毕业生选择在本行业工作。

人才缺口和人才流失两种现象共存的原因是多方面的。首先，集成电路人才的培养周期较长、行业门槛较高，一个成熟的设计工程师需要经历几个完整的产品开发-产品销售周期，需要不断观察、学习、思考、反馈，才会对产品定义、项目控制有领悟；其次，集成电路开发本身风险较大，过去国内芯片公司赚钱效应差、项目少，从业人员在实践中得到反馈和学习的机会不多；再则，集成电路行业（尤其是芯片设计环节）与软件行业的知识重叠度高，互联网行业的高薪、高回报对集成电路人才具有很强的虹吸效应；最后，长期以来国内微电子专业的教学内容和培养方式与实践脱节，与行业对工程人才的需求不匹配。

值得庆幸的是，过去数十年，个人计算机（PC）和智能手机市场在培育了集成电路巨头的同时，也培育了大量优秀的华人工程师，他们拥有成熟的技术能力、完整的产品经验以及对全球半导体行业的宏观审视。作为一个技术和人才密集型的产业，近年来的集成电路人才归国潮无疑推动了我国集成电路产业的发展。在人才储备愈发成熟的背景下，作为人才密集型产业的典型代表，我国集成电路设计业从 2016 年起爆发式增长。当年的创业者们如今正在陆续收获 IPO 的果实，而如今我国新一代的创业者们更是有着资本市场和政府意志的双重加持。在人才培养方面，2020 年 12 月我国正式将集成电路设置为一级学科，这凸显了我国对集成电路产业的重视。

周期性和波动性

集成电路产业存在三大周期：产品周期（长周期）、产能周期（中周期）、库存周期（短周期）。在这三大周期中，产品周期为首要周期，它决定了产能周期和库存周期，周期之间存在嵌套。由于突破性的新技术和新产品出现，每隔 10 年左右，集成电路需求会呈现连续数年的爆发式增长，集成电路生产企业也会加大产能以满足正在扩张的产品周期的需求，此时集成电路行业发展由产品周期引发的成长性主导。当产品周期进入需求饱和或下降阶段时，叠加切换期的产能过剩，供需出现失衡，此时行业发展由产能周期主导；随后，产能利用率下降，在新的需求动能尚未铺开的前提下，集成电路设计企业或部门的订单预测决定了库存周期。此后，当突破性的新技术和新产品动能再度出现时，新一轮的产品周期将开启，再次出现上述循环。

每一次的技术研发升级和产品更新换代，都有可能成为下一轮半导体景气周期的导火索。纵观集成电路行业的发展史，随着科技和制造工艺的进步，下游需求逐步演化，集成电路行业增长的动力由家电、PC 正在向以智能手机为主的消费类电子产品转移。当前是继 PC 和智能手机之后，5G/6G、人工智能、物联网、云计算、汽车电子等新兴应用领域崛起的起点，市场规模的壮大导致对集成电路的需求与日俱增，有望带动集成电路产业进入新一轮景气周期。

集成电路产业所处周期阶段可通过三周期框架来判断。我国市场因力图提高国产化率，在政策和资金的大力支持下，呈现出更强的成长性特点。

产业链、国际分工和国际转移

产业链组织形态的演变及原因

从 20 世纪 60 年代起，集成电路产业共经历了三次产业链变革，经济原因是促进产业链组织方式改变的主要推手。

集成电路产业链组织方式变迁历程[1]

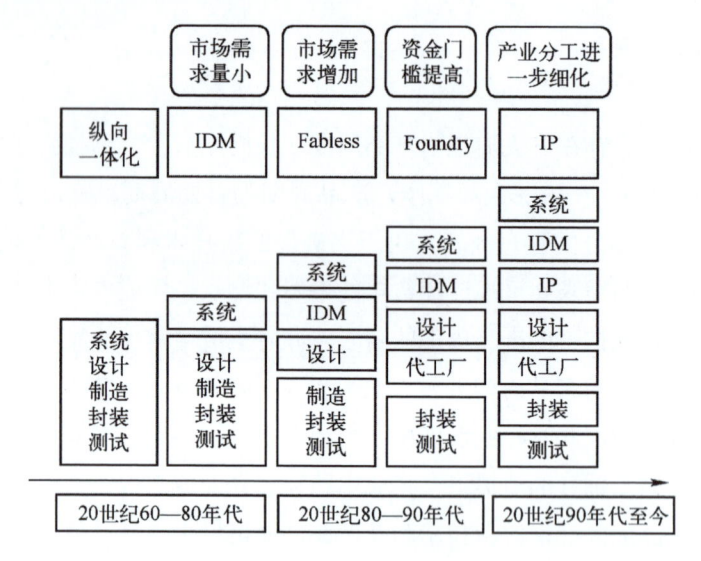

	市场需求量小	市场需求增加	资金门槛提高	产业分工进一步细化
纵向一体化	IDM	Fabless	Foundry	IP
				系统
			系统	IDM
		系统	IDM	IP
	系统	IDM	设计	设计
系统设计制造封装测试	设计制造封装测试	设计制造封装测试	代工厂	代工厂
			封装测试	封装
				测试
20世纪60—80年代	20世纪80—90年代	20世纪90年代至今		

20 世纪 70 年代，集成电路产业尚处于起步阶段，整体市场需求规模较小且产品单一，资金门槛也比较低，一家企业自身就可以完成产品的设计、制造、封装和测试，于是 IDM 模式成为主流。从 20 世纪 80 年代开始，下游需求规模高速增长且产品日趋多样化，但 IDM 模式因体量大、转身慢，对某些细分领域稍有忽略就会错失机会，从而无法及时跟上市场节奏。一些投资机构帮助一小批具备设计经验的工程师组成小公司，使其以更快的速度设计出新产品来满足市场需求，Fabless 模式由此诞生，集成电路产业也由此开始了垂直分工的历程。

20 世纪 80 年代后期及 90 年代，随着工艺的进步，圆片制造的资金门槛不断提高，只有少数厂商具备扩张产能的能力。在这种情况下，Foundry 模式应运而生，它降低了设计业的门槛，促进了 Fabless+Foundry+封装测试模式的发展和繁荣，集成电路产业也由此进入了国际合作的时代。

进入 21 世纪以后，集成电路产业分工进一步细化。为了追求更高的效率，出现了 IP 公司来加快产品设计流程。同时，EDA 工具性能日臻完善，极大地提高了电路设计的效率和可操作性。集成电路产业进入完全意义上的专业分工时代。从历史经验来看，分工可以带来更高的效率，但 IDM 模式仍然具有内部资源整合、技术储备充足、特有工艺沉淀等特点，仍将继续作为行业的重要形态持续存在。

---

[1] 王阳元. 集成电路产业全书（全三册）[M]. 北京：电子工业出版社，2018.

国际分工和国际转移

与产业链组织形态的变化一样，回顾历史上集成电路产业的国际分工和国际转移，经济原因仍然是其背后最主要的因素。

20 世纪 60 年代，集成电路产业发生第一次国际转移，主要是因为当时美国在设计上有比较优势，而亚洲在劳动力上有比较优势。于是，封测行业开始向亚洲转移，目前东亚、东南亚仍然是全球主要的集成电路封测基地。

20 世纪 70 年代，欧、美、日之间存在集成电路贸易壁垒，出口成品的贸易成本很高，于是美国企业在日本和欧洲通过建立制造工厂的方式来降低贸易成本。20 世纪 80 年代末，中国台湾地区抓住圆片制造外包的产业链变革机会，避开了美、日企业的恶性竞争，选择了提供圆片代工这一中立路线，推动了台湾圆片制造业务的高速增长。目前，以台积电、联电、力晶为代表的一系列厂商占据了全球圆片代工的大部分市场份额。

与封测和圆片制造不同，集成电路设计行业具有相对轻资产的属性。从 20 世纪 70 年代开始表现为一种从美国向全球各大智力资源集中地区渗透的趋势，如 20 世纪 80 年代日本的崛起、20 世纪 90 年代中国台湾地区和新加坡的增长，以及 21 世纪以来中国大陆的快速发展等，总的来说，其目的都是为了更近距离地听到市场的声音，降低产品开发的风险。不过，在这个过程中，美国仍然保留了在集成电路设计领域的相对优势。

自 2018 年以来，由于美国频繁使用非常规手段，集成电路全球分工的互信基础受到了一定程度的动摇。未来是继续分化还是谅解弥合，可能还需要很长的一段时间才能看到结果。

技术密集型产业

技术密集型产业是指运用复杂、先进的科学技术进行工作的生产部门和服务部门。其技术密集程度，往往同各个行业、部门或企业的机械化、自动化程度成正比，而同各个行业、部门或企业的手工操作人数成反比。这意味着在技术密集型产业的劳动力构成中，技术人员数量占比较大，生产工艺和所用的设备设施也是建立在先进的科学技术之上的,整体生产效率较高,最终产品的技术复杂度较高且更新换代的速度相对较快。集成电路产业是典型的技术密集型产业。

一方面,集成电路产业的发展需要基础科学的支撑,通过多学科交叉和产学研有机结合,将科学研究成果转化为实践和应用,使产业得以在微观尺度下不断追求极致。例如,在材料阶段,制备集成电路用的硅晶片,需要从二氧化硅矿石中提取纯度达 99.9999999%(9N)、99.999999999%(11N)甚至更高的硅单质,相比之下光伏级别的硅纯度仅需 99.9999%(6N)即可,二者在难度上不可相提并论;在芯片制造阶段,经过光刻等一系列极其复杂的工艺之后,单颗芯片集成的晶体管数量达到几十亿甚至上百亿个,特征尺寸达到纳米级别,然而单颗芯片的面积一般不超过 $1cm^2$(约拇指指甲盖大小)。方寸之间,奥妙无穷。一颗微小的芯片背后凝聚着无数来自不同领域科学家和工程师的智慧。

另一方面,作为信息社会的基石,不断发展的集成电路产业也需要精细化且高效率的生产方式,为下游行业持续提供更新、更好的电子产品元器件。在摩尔定律的驱动下,集成电路产业链中各环节若仅依靠人力进行手动工作是不现实的,这也促成了 EDA 等自动化工具以及各类智能精密仪器和设备在不同环节中的广泛使用,从而极大地提升了生产效率和精度。这些设备设施本身的技术复杂度往往也非常高,多是物理、化学、材料、化工、数学、机械(精密仪器)、计算机等众多领域高精尖技术的集大成者,单是用好这些设备设施就是一门大学问。

集成电路产业的技术密集特点决定了产业链具有细致的分工,单家企业通常专攻一个方向或在上下游相邻的几个环节进行布局,但没有一家企业可以包揽整个产业链中所有的技术和产品。企业的技术可能源自高校、实验室、技术联盟等科研成果的转化,或者企业自主研发的长期积累,也有可能以并购的方式获得。

对于企业而言,技术实力是一项核心竞争力。技术更先进的企业可以推出更高品质的产品,或者在同样条件下具备成本优势,从而有机会占有更大的利润空间,持续占据领先地位。同时,企业的商业本质也要求在技术与市场之间进行权衡,关键时刻选择不同的技术路线可能直接影响企业的未来,名不见经传的公司也有机会凭借革命性的技术一鸣惊人、后来居上。目前,光刻机厂商阿斯麦(ASML)在高端光刻机领域已基本形成垄断地位,这一历程就是依靠关键技术实现突破,并一跃成为行业龙头的典型案例。

案例 02：阿斯麦发展简史

在集成电路行业里，说到技术密集型企业，不得不提到一家公司，那就是荷兰的阿斯麦（Advanced Semiconductor Material Lithography，ASML）。2019 年，阿斯麦总共销售了 229 台光刻机，占据当年全球市场销售份额的 63%。值得关注的是，在这 229 台光刻机中，有 26 台是极紫外线（EUV）设备。在集成电路圆片制造中，EUV 光刻机是 7nm 及 7nm 以下工艺节点最核心、最先进的光刻设备。阿斯麦是全球唯一有能力生产该款设备的公司，处于独家供货状态，市场上对 EUV 光刻机更是一"机"难求。

在集成电路的数百上千道工艺中，光刻是决定电路集成度的核心工艺。[1] 光刻工艺水平直接影响芯片的制程水平和性能水平，光刻工艺的精度也影响着芯片工艺的集成度。被誉为集成电路工业皇冠上明珠的光刻机，便是光刻工艺中最精密、最昂贵的设备。[2]

阶段一：夹缝求生

阿斯麦的发展最初也并非一帆风顺。公司于 1984 年成立，其前身脱胎于荷兰电子业巨头飞利浦（PHILIPS）的光刻设备研发小组。早在 1973 年，飞利浦就推出了新型的光刻设备，但因存在一系列的技术缺陷，市场推广受阻。同一时期，拿到美国军方投资的珀金埃尔默（Perkin Elmer）公司推出了投影式光刻系统，提高了产品良率，迅速占据了市场。然而，到了 1978 年，另一家美国公司 GCA 推出了具有划时代意义的自动化步进式光刻机，改变了市场格局。到了 20 世纪 80 年代，凭借自身在光学系统（镜头）上的技术优势，日本厂商尼康（Nikon）和佳能（Canon）极大地提高了步进式光刻机的产能，迅速抢占了市场份额，形成了与 GCA 三足鼎立的局面。

此时的飞利浦光刻设备研发小组，由于无法给公司带来收入，且需要高昂的维持成本，正面临着被关停的窘境。此时，在荷兰制造气相沉积设备的厂商 ASMI（ASM International）找到了飞利浦，要求合作开发、生产先进光刻机，并于 1984 年正式成立了阿斯麦。成立之初，公司仅有 31 人，办公场所也仅是一个

---

[1] 林明祥. 集成电路制造工艺[M]. 北京：机械工业出版社，2005.

[2] 党宝生. 基于平面光栅尺的掩模台位置模型研究[D]. 桂林：桂林电子科技大学，2018.

简易屋棚。由于团队在飞利浦积累了多年丰富的光刻设备研发经验，在公司成立当年就推出了步进式光刻设备 PAS2000。

作为一个技术密集型企业，公司研发人员在次年就增加到了 100 多人，并于 1986 年发布了具备对准系统的光刻设备，奠定了随后多项技术创新的基础。评价一台光刻机技术的好坏有三项重要指标，其中一项称为套刻精度。套刻精度直接决定着该层图形期望位置与实际转印位置的差异，间接影响着产品的良率及产能。套刻精度的优劣取决于光刻机在超高速运转下，机械自动控制的精度。有对准系统的光刻机，能在极短的时间内将掩模台与扫描台上晶圆的预曝光区域进行精确对准，机械运动部件则需要具备较高的速度和加速度，以及超高的相对运动控制精度。

作为集成电路领域一款集大成者的设备，光刻机对技术的深度和广度都有很高的要求。研制光刻机需要具备跨多个行业和学科领域的学识和技术储备。掌握这些技术，仅靠一家公司是不够的，阿斯麦也深刻认识到了这一点。评价光刻机技术水平的另一项指标是成像分辨率，是指光刻机能够将掩模版上的电路图转印到衬底上的最小极限尺寸。增大投影物镜的孔径，可以提高掩模版成像的分辨率。光刻机的物镜结构异常复杂，涉及光学、材料、机械、电子、计算机等多个领域最前沿的技术。在数值孔径不断增大的同时，控制因孔径增大带来的像差和杂散光，以及引入偏振光照后的偏振控制性能，成了投影物镜设计难点。恰巧也是在 1986 年，基于蔡司（ZEISS）公司在光学系统领域的龙头地位，阿斯麦和蔡司建立合作关系，就光刻机的光学镜头（投影物镜）开展了一系列的研发工作，这为后续更加稳定、深度的合作开了一个好头。基于双方的合作，阿斯麦弥补了其自身在光学系统上的短板，这为阿斯麦后来取得成功起了决定性作用。

阶段二：发展壮大

经历了 20 世纪 80 年代末的全球半导体市场大滑坡，原先在光刻机市场占有一定份额的 GCA、珀金埃尔默等美国企业先后退出或缩小规模，继而日本企业尼康和佳能接棒，成为主导全球光刻机市场的两个巨头[1]。阿斯麦在 1988 年进入了台积电的供应链，凭借 20 世纪 90 年代初期推出具有世界领先生产效率的高精度光刻机 PAS 5500，阿斯麦开始盈利，并获得了三星这样的优质客户。

---

1 谷林. 光刻机工件台与掩模台同步控制研究[D]. 哈尔滨：哈尔滨工业大学，2013.

第一篇　集成电路产业的特点和规律

集成电路产业是资金和技术密集型产业，核心设备光刻机维持着摩尔定律实现的可能，而新一代光刻机的研发则需要巨量的资金支持。1995年，阿斯麦在荷兰阿姆斯特丹和美国纽约两地分别上市，这给公司带来了充裕的资金支持[1]。于是，公司进一步扩大了研发和生产规模，人员数量也增加到4000余人。凭借多年积累的研发技术，公司推出了革命性的TWINSCAN系统和双端技术，在一个晶圆曝光的同时测量对准另一个晶圆，将生产效率提高了约35%。在公司即将进入第18个年头的时候，阿斯麦遇到了企业生命中最重要的贵人——林本坚。

20世纪90年代末，以空气为介质的干式光刻机在193nm节点上遇到了技术瓶颈，无法将光刻机波长通过镜头和空气折射到157nm以下，摩尔定律的延续受到了考验。2000年，在IBM无法获得研发经费支持的林本坚加入了台积电，并于两年后研发出了以水作为光传播介质的193nm浸润式光刻技术，将光刻机波长缩小到了132nm。当时，由于市场上的光刻机巨头尼康已经在干式光刻机上投入了巨大的成本，因此尼康向台积电施压要求封杀林本坚。此时，阿斯麦的市场表现依旧不温不火，但它基于多年积累的研究经验，认为浸润式光刻是未来技术发展的方向，是摩尔定律进一步延续的保证，于是向台积电抛出了橄榄枝，希望与其共同研发浸润式光刻机。很快，在2003年，第一台浸润式光刻机研发完成，并在随后的五年里推出了多个升级版本，逐步占据了原来属于尼康的50%光刻机市场份额。

早在1997年，干式光刻还处于辉煌时期，英特尔作为最坚定的摩尔定律支持者，拉着美国能源部牵头成立了EUV LLC联盟。为了攻克193nm波长的光源限制，英特尔希望通过更激进的EUV光刻去突破。由于技术难度极高，美国能源部旗下的三大实验室（劳伦斯利弗摩尔、桑迪亚、劳伦斯伯克利）及英特尔、摩托罗拉、超威半导体（AMD）等一众知名科技公司共同研究该项技术[2]。阿斯麦放低姿态，向美国政府承诺了很多条件，才作为一个不引人注目的角色加入了该研究组织，而尼康则因美国人的忌惮而被剔除在外。在这样一个组织里，阿斯麦获得了美国最先进的半导体、材料、光学、精密制造等关键技术的优先使用资格和储备。2003年，在EUV LLC联盟的数百位科学家发表了大量论文论证了

---

[1] 魏志强. 工欲善其事必先利其器[J]. 中国新时代, 2019(2): 16-21. DOI: 10.3969/j.issn.1671-8399.2019.02.003.

[2] 刘芮, 邓宇. 光刻机巅峰对决[J]. 中国工业和信息化, 2020(7): 72-76. DOI:10.3969/j.issn.1674-9138.2020.07.012.

EUV 光刻的可行性之后，该组织"光荣解散"，但联盟的这些研究成果却使阿斯麦占得先机。

在打赢了浸润式光刻机一战之后，阿斯麦在营业收入上得到了长足的提高，给予了资本市场足够的信心，也获得了足够的资金支持。就像一位努力的学生，有了资金支持的阿斯麦全身心地投入到 EUV 光刻设备的研发中。提高光刻机的成像分辨率有两种方法，一是通过增大投影物镜孔径的数值，二是减小曝光光源波长。浸润式光刻采用的是减小曝光光源波长的方法，但它也有 ArF 光源的物理极限，更换 EUV 光源，直接将波长减小到 13.5nm 则是治本的方案。第一台 EUV 光刻机从研发到生产并不容易，尽管有台积电的支持，基于众多的技术论文、先进设备、高端技术人才，阿斯麦还是用了五年的时间，才于 2010 年实现了首台设备的交付。也正是从这一刻开始，阿斯麦成为中高端光刻机领域的唯一供应商。

阿斯麦并不满足于成功研发 EUV 光刻机带来的喜悦。2012 年，美国政府最终同意了阿斯麦收购 Cymer 公司——一家顶级 EUV 光源企业，这为阿斯麦量产 EUV 光源起到了决定性的作用。在收购 Cymer 之前，为了完善技术体系，促进光刻技术的研发，阿斯麦早在 1999 年就开始了收购之路：1999 年，收购 MicroUnity 旗下的 MakTools，获得了光刻机扫描和成像能力最完整的解决方案；2001 年，收购 SVG，掌握了投影掩模罩的精确瞄准技术和扫描技术[1]。在收购了 Cymer 之后，阿斯麦又入股了蔡司公司，加强了双方在微影技术方面的合作，巩固了下一代 EUV 的光学系统基础。

通过这一系列的收购和合作来获取技术和研究资源，正是一个技术密集型企业发展壮大的最佳手段。光刻机是技术含量极高的设备，阿斯麦非常重视产品的迭代，鼓励员工及合作伙伴提供新的研发思路。阿斯麦每年投入的研发费用约占其总营收的 15%。阿斯麦在光刻机领域拥有的技术研发专利超过 12000 项，在 EUV 技术上拥有的专利超过 500 项（位居世界第 2 位，仅次于蔡司公司）。在光刻机领域四项重要的技术分支中，阿斯麦分别在光源技术、照明投影系统及光学元件技术、环境维护技术这三项中进行了专利布局，并处于技术垄断地位；在掩模及其组件技术中，阿斯麦也占有较大的专利比重。在高端技术领域中，马太效

---

1 胡浩，刘武，全博，等. 光刻机行业巨人的成长带来的启示和思考[J]. 中国基础科学，2015，17(6):48-52. DOI:10.3969/j.issn.1009-2412.2015.06.008.

应非常明显,些许技术上的领先就会将市场竞争优势加大许多。如今,阿斯麦全球员工超过两万人,正从全球各地获取最新、最前沿的光刻技术,人均研发费用位居欧洲第二,吸引着全球半导体设备领域的优秀人才。

阿斯麦核心设备的生产,主要依靠大量的技术堆积而非员工数量。作为集成电路制造中最精密的设备,光刻机所需的部件非常多,以十万计,且对误差和稳定性的要求极高。如此多的零部件和核心技术,仅凭阿斯麦一家是无法掌握的。阿斯麦从一开始就没有做垂直整合,它只掌握核心的光刻曝光技术,其他技术则采用模块化外包、协同联合开发的策略。光学镜头构件是与德国蔡司公司合作生产的,EUV 光源是由其子公司 Cymer 供应的,测量设备是由美国是德(Keysight)公司打造的。有了全球诸多细分领域顶尖供应商的研发支持和创新能力,阿斯麦可以将更多的精力投入到核心技术研发、客户需求分析和系统整合上,从而迅速占领光刻设备的制高点。

正是因为在技术端拥有绝对的自信,阿斯麦的高管们才有资本和信心说出这样一句话:"哪怕是公布了制造图纸,世界上其他企业也不可能制造出如阿斯麦一样优秀的光刻机。"

集成电路产业重资产企业投资策略

重资产是一个经济学概念,是指企业所持有的有形资产,如厂房、设备等,可以将其大概理解为企业的固定资产。由此可见,重资产企业就是指在经营过程中需要投入大量资金购买土地、建设厂房、采购设备等,从而形成固定资产,并依靠规模效应获取效益的企业。

集成电路产业中最具代表性的重资产运营环节就是集成电路制造企业,它兼具市场性以及资金密集型、技术密集型和人才密集型的产业属性,在产业链中占据核心地位。下面对集成电路制造企业的特点进行简要分析,对如何投资重资产企业进行简单的探讨。

集成电路产业具有资金密集、技术密集和人才密集三个特点。

资金密集

集成电路生产线一般指生产集成电路产品的整体智能制造环境,由生产工艺需求的洁净室和生产辅助厂房等各类建筑，以及圆片工艺和封装测试工艺所必需的设备（包括含超纯水、电力、纯化气体、化学品等相关的中央供应系统，以及废水、废气等相关有害物质的处理系统等）组成。打造这样一个符合标准的生产环境，一般需要一年半到两年时间，且耗费大量的资金，因此生产线建设通常是集成电路制造企业资金投入最大的环节。满足了数十亿甚至上百亿美元的初始大规模投资需求，也只是刚刚跨过了一道门槛：首先，在投入庞大的资金完成生产线建设后，还需要一定的时间才能实现规模量产并产生效益，其间高额的资产投入带来的高折旧和摊销费用使企业初期即面临亏损的境地；其次，在集成电路产业中，马太效应同样存在，若要保持竞争力，制造企业必须配备大量的研发人员以提升技术水平；最后，集成电路产业有"一代设备、一代工艺、一代产品"的说法，想跟随产业发展的节奏去追求新技术、新产品，就需要再次投入资金购买新的设备。因此，长期和巨额的资金投入，对集成电路制造企业而言是一种常态。

技术密集

集成电路制造的技术密集型特点集中体现在技术先进性、生产线机电化及自动化程度、持续研发能力等方面。重资产企业主要依靠规模效应来降低产品的边际成本，从而实现盈利。为了实现规模效应，集成电路制造企业必须尽早完成产能爬坡，即制造工艺稳定且达到预期目标，其中涉及一个关键的指标——良品率。集成电路（芯片）制造极其复杂，通常需要经过前段和后段的工艺，工艺步骤可多达数百甚至上千步，每个步骤的操作及操作者对设备的熟悉程度都可能影响芯片最终的质量。因此，在实操中企业要进行大量的测试验证以积累经验，形成每个企业的不传之秘——know-how，并在制造过程中做到极致的精细化管理，才能保证芯片的良品率符合要求。如果无法有效地克服良品率的难关，产品的成本会远高于竞争对手，企业也将陷入艰难的处境中。

人才密集

虽然集成电路制造企业的账面资产大部分是由设备、厂房等固定资产构成的，但是企业真正的核心资产是财务报表中无法完全体现的人力资源。集成电路制造是一个环环相扣的系统工程，每个环节都需要专人负责，不同岗位对人才的需求也不相同。企业既要有管理人才和技术研发人才，也必须有运维支持和具备工匠精神的人才，还需要管理层整体统筹规划、合理分配资源，考验的是整个团队的管理能力和执行力。企业技术骨干力量对其产品和研发起到的作用非常重要。

针对上述三个特点，集成电路重资产企业的投资也应从以下三个方面进行考量。

首先，理解集成电路重资产企业的"重"——投资的大规模、长周期、高风险的特点，做好打持久战的准备。这需要有耐心和风险承受能力强的资本。同时，制造企业在初期就要完成厂房和生产线的置备，这要求企业在筹建之初就做好市场和产品的定位：是瞄准先进工艺节点还是主攻成熟节点，是生产数字芯片、存储器还是模拟芯片等。因为生产线设备的配置是与产品和工艺一一对应的，开弓没有回头箭，一旦按照计划采购了设备并开动生产线，之后如果企业发现前期规划有误，想要再次调整方向将面临巨大的沉没成本。

其次，重资产企业安身立命之本是生产制造能力。生产设备型号、产品技术先进性、客户导入情况、产品交付能力、良品率、产能利用率等都可以直观体现企业的硬实力。可持续研发能力更是支撑企业不断前进的根本，因此对技术储备和研发韧性的关注必不可少。

最后，综合评估企业的整个团队是整个投资逻辑中最核心的部分。要考察管理团队，例如，CEO是否具备统筹全局的能力，是否具有号召力，是否可以使团队成员各司其职、各尽其才等。因为一个成熟的团队可以让企业运营少走许多弯路，所以还要了解各关键岗位的负责人是否具备丰富的经验。例如，采购经理需要了解生产线所有的设备型号、料号、设备价格，并能权衡各个部门采购需求的轻重缓急，如果没有多年的从业经验和对行业的了解，恐怕连企业的基本采购都无法完成。一个优秀的团队对企业的发展有清晰的规划，对生产计划的制订以及基于此的财务预测往往都是比较合理且准确的，所以通过数据的印证来判断团队的能力也是一个有效的切入点。

综上所述，针对集成电路重资产企业的投资，要在理解产业特性的基础上重点关注"人"的因素。没有"人"，所谓的重资产也不过是一堆设备和厂房，价值有限；而"人"的加入，才使得集成电路产业具备高附加值。

集成电路产业的兴起及早期发展历程

在现代社会中，科学技术是第一生产力，尖端和前沿技术更是关乎国家安全的战略资源，其早期阶段的发展往往与国防工业的发展相辅相成，电子技术就是典型的代表。美国是最早开始发展半导体产业的国家，许多重要的技术都处于领先地位。

第二次世界大战期间，在军事应用推动下，新技术层出不穷。例如，1943年，为了进行弹道计算，美国陆军资助了一个研制新式计算机器的项目，最终于1946年，世界上第一台通用电子计算机——电子数字积分器和计算机（ENIAC）研制成功。之后，军事应用仍在不断促进微电子技术的发展。1947年，贝尔实验室的威廉·肖克莱（William B. Shockley）、沃尔特·布拉顿（Walter H. Brattain）、约翰·巴丁（John Bardeen）发明了晶体管，为集成电路的诞生奠定了基础。晶体管诞生后，早期因成本问题难以推广。正是由于美国为了扭转在美苏太空竞赛中的不利局面，优先考虑火箭用器件的性能，晶体管才得以大规模使用，且主要用于军事和航天领域，美国军方也是晶体管研发生产的主要资助者和标准制定者。根据光大证券研究，从1948年到1957年，美国军方承担了贝尔实验室晶体管研究费用2230万美元中的38%。尤其是在20世纪50年代中期，美国军方对贝尔实验室的资助一度达到晶体管研究费用的50%。截至1956年，美国的电子设备销售额超过了30亿美元，其中一半来自美国军方的采购。

1958年，随着德州仪器公司的杰克·基尔比（Jack S. Kilby）研发出世界上第一块集成电路，波澜壮阔的电子信息时代就此拉开帷幕。然而，彼时正处于冷战背景下的美国，对微电子技术需求最强烈的仍是军工领域。1961年和1962年，美国空军先后在计算机和民兵导弹中使用硅晶片，这些项目促使集成电路首次在军事市场占得一席之地。据长江证券的相关研究，20世纪60年代，美国将主要的研究成果运用于国家军事建设，军用集成电路市场的占比高达80%至90%。直到20世纪90年代初期，军用集成电路产品仍然占据着集成电路市场份额的40%左右。

电子产业与军工、航天等非民用领域的深厚渊源，决定了在集成电路产业发展的初期阶段，企业的业务主要围绕军工等领域开展。有的企业已经在军工领域深耕多年，有的初创企业也是依靠军工订单才得以存活。在当时，风险投资（Venture Capital，VC）体系尚处于萌芽期，企业和产业处于发展摸索阶段，正是来自军方的订单支撑了早期的半导体和集成电路企业，使得 20 世纪 60 年代后期，器件的价格不断降低，从而更适合商业应用。

案例 03：德州仪器发展简史

德州仪器（Texas Instruments，TI）总部位于美国得克萨斯州达拉斯市，主要从事模拟电路和数字信号处理集成电路的研发、制造和销售。德州仪器（TI）是目前全球数字信号处理器（DSP）和模拟半导体组件制造商龙头。此外，德州仪器（TI）的产品还包括 MCU 和多核处理器。

早期发展

在第一次世界大战期间，全球对石油的需求激增。依托得克萨斯州丰富的石油资源，德州仪器（TI）的前身地球物理商业公司（GSI）于 1930 年在得克萨斯州达拉斯市成立。GSI 早期的业务主要是为石油行业提供地质勘探服务。在第二次世界大战开始时，整个石油行业陷入萧条，此时 GSI 通过向美国军方供应电子防御产品来扩大业务。由于军事协议，GSI 的电子部门迅速成为公司的支柱。1951 年，GSI 更名为德州仪器（TI）并沿用至今。1952 年，TI 以 2.5 万美元的价格从美国西电（Western Electric）公司获得了制造晶体管的专利，正式开始制造和销售晶体管。最初在贝尔实验室工作的戈登·K.蒂尔（Gordon K. Teal）看到广告后，回到家乡得克萨斯州，担任 TI 的研发主管。1954 年 2 月，戈登成功研发并制造出世界上第一个商用硅晶体管，这使 TI 成为世界上第一家批量生产硅晶体管的公司。

20 世纪 50 年代，仙童半导体发明了平面工艺流程，使硅晶体管的制造成本迅速下降，从而威胁到了 TI 的晶体管业务。

1958 年，TI 的新员工杰克·基尔比成功地在芯片上雕刻出微电路，并开发出世界上第一块集成电路。基尔比的发明使 TI 和仙童半导体（Fairchild Semiconductor）展开竞争。同时，基尔比也凭借这项发明获得了 2000 年诺贝尔物理学奖。在过去一个世纪的半导体发展史上，TI 取得了惊人的成绩：生产出第一个商用硅晶体管（1954 年）、生产出第一台晶体管收音机（1954 年）、发明集成电路和计算器（1958 年）、生产出第一个单芯片微控制器（1970 年）、发明数字光处理（DLP）芯片（1987 年）等。

两度波折

尽管 TI 技术实力雄厚，但其发展并不顺利，在微处理器和移动芯片领域未能取得成功。

当计算机制造商 CTC（Computer Terminal Corp.）于 1970 年设计了最早的终端用户计算机 Datapoint 2200 时，希望英特尔可以使用单个芯片将 Datapoint 2200 做得更小，散热更好。随后，英特尔 4004 芯片出现并成为世界上第一个微处理器。不过，由于英特尔一开始并不在意 4004 芯片，因此 4004 项目的研发进度被推迟了 6 个月。

CTC 找到 TI 并提出了同样的要求。数月后，TI 推出了 TMX 1795 芯片。1971 年 3 月，《商业周刊》将其称为"大规模集成电路（LSI）里程碑"。但是，TMX 1795 芯片存在很多问题，例如不能承受 50mV 以上的电压波动、不能独立进行计算，结构不合理导致体积大、生产成本高等。TMX 1795 芯片虽然研制成功，但并未实现对 CTC 的销售，因为此时 CTC 已经完成了 Datapoint 2200 的升级，运行速度和散热问题均已得到很好的解决。

在移动通信时代，TI 也一度处于世界领先地位。在 iPhone 出现之前，TI 作为诺基亚（NOKIA）等厂商的芯片供应商，在移动芯片领域占据主导地位。但随着智能手机的出现，蜂窝基带的重要性不断提升，而 TI 在通信基带领域缺乏专利，手机厂商在使用 TI 的芯片时，还要匹配其他公司的基带芯片，价格昂贵。因此，TI 在与拥有大量通信专利的高通公司竞争时往往处于劣势。2012 年，TI 裁掉了 1700 名无线通信部门员工，并逐步放弃了移动芯片市场。

转型成功

虽然 TI 在 PC 和智能手机时代先后失利，但并没有受到重创。事实上，每一次变革，TI 都能迅速重组，并在新的领域取得成功。TI 于 1997 年开始放弃国防工业和微处理器业务，并以 65 亿美元收购了美国国家半导体（National Semiconductor）公司以开发模拟集成电路和嵌入式系统。

2023 年，TI 模拟集成电路的销售额为 125.51 亿美元，嵌入式系统的销售额为 34.68 亿美元，分别占总销售额的 71.64%和 19.79%，这两项业务的销售额占比高达 91.43%，是目前 TI 的主要收入来源。

案例 04：恩智浦半导体发展简史

恩智浦半导体（NXP Semiconductors）寓意为"Next Experience"，最早可以追溯至 1961 年成立的 Signetics。Signetics 这个名字是从信号网络芯片（Signal Network Electronics）3 个英文单词中各取 3 个字母组合而成的，标志着公司专注于数字逻辑电路的开发，后来该公司的数字逻辑电路成为行业标准。

仙童半导体作为半导体行业的"蒲公英"，与 Signetics 的创办有着直接的关系。1960 年，仙童半导体的团队对于选择双极性晶体管还是晶体管集成电路的技术发展路线产生巨大的分歧。受限于当时的技术能力，集成电路芯片的标价约为 100 美元，而具有同等功能的分立器件价格约为 10 美元。悬殊的价格差异，促使仙童半导体得出"集成电路耗资过大，应当立刻结束研发"的结论。这一决定导致公司集成电路项目组负责人，即仙童半导体创始人之一拉斯特（J. Last）博士离职。空缺的职位立刻被一位来自 TI 的工程师卡特纳（Lionel Kattner）填补。但是新成员的加入并没有化解仙童半导体的内部矛盾，卡特纳坚持认为"集成电路芯片将是未来电子行业的发展趋势"，这导致他在公司内部难以施展拳脚。最终，卡特纳在 1961 年 9 月选择辞职，并带领其他三位同事共同创立新的公司。

卡特纳的想法很快得到了雷曼兄弟（Lehman Brother）公司的支持。卡特纳从雷曼兄弟公司获得了 100 万美元的启动资金，创立了全球第一家专注于集成电路设计的公司——Signetics。最初，Signetics 的策略是为指定客户设计和制造芯片，因此没有设立单独的实验室，而是根据工程需求分设不同的开发部门。技术人员不仅需要完成本职工作，还要兼顾市场营销、制造工程等工作。

1962 年，Signetics 推出的双极性晶体管逻辑电路系列获得美国军工企业的认可，并将其应用于航天系统中。但是，早期的定制化芯片无法避免资金占用的问题，很快 Signetics 的现金流出现问题。同年 11 月，美国康宁（CORNING）公司出资 170 万美元收购 Signetics 51%的股份。获得充足的资金支持后，Signetics 开始大力拓展产品应用市场。由于产品的可靠性高、功耗低、尺寸小，Signetics 迅速打开了美国军用市场，成为美国国防部的供应商。从 1963 年 6 月开始，Signetics 业绩迅速增长，并实现盈利。为了满足市场需求，1964 年 2 月，Signetics 在加利福尼亚州森尼韦尔（Sunnyvale）市破土动工建立工厂，并成为当时硅谷最大的芯片制造厂，市场地位之高不言而喻。

同一年，仙童半导体也察觉到集成电路行业的商机，意图涉足这部分业务。由于 Signetics 的电路已成为行业标准，仙童半导体决定复制这位竞争对手的发展道路。仙童半导体依靠强大的人才储备、制造能力以及雄厚的资金实力，提高产品的生产效率，同时以低于 Signetics 成本价的售价进行市场竞争，以期冲击 Signetics 的市场地位。

面对仙童半导体财大气粗的竞争压力，Signetics 在财务上出现了亏损。公司大股东美国康宁却认定是公司执行层管理不善造成的，于是美国康宁利用私有化方式收购了 Signetics 的全部股权，随后将大多数创始团队成员驱逐出公司，并加强了财务管理。之后的 Signetics 逐渐实现盈利。

Signetics 持续在芯片技术上不断创新，成为美国第一家同时获得 Minuteman（1967 年）和 NASA（1970 年）认证的芯片公司，并在 1971 年推出 555 定时器，这是全球首款商用定时器芯片。1975 年，飞利浦出资 4380 万美元将 Signetics 收购，Signetics 成为飞利浦半导体事业部。依靠飞利浦的资金支持和自身的技术优势，飞利浦半导体事业部发展迅猛。2005 年底，飞利浦将其半导体事业部剥离，使之成为独立的公司，即恩智浦。

案例 05：霍尼韦尔发展简史

霍尼韦尔（Honeywell）是一家国际性的公司，已有百年历史，其主营业务是自动化控制产品的开发、生产和销售。霍尼韦尔曾在 1996 年被美国《财富》杂志评选为"全球最受推崇的二十家高科技企业"。2023 年，霍尼韦尔营收规模约为 367 亿美元，在全球 100 多个国家和地区拥有超过 11 万名员工。

作为一家跨越了早期集成电路发展历程的长青企业，霍尼韦尔发展历程中不乏美国政府的身影。

霍尼韦尔最早可以追溯到 1885 年由艾伯特·巴茨（Albert Butz）创立的巴茨电子温度调节器公司，其初始产品是用于家用燃煤暖炉温度调控的电子温度调节器。后经过一系列的收购和技术革新，公司得到了发展。1916 年，该公司更名为明尼阿波利斯热调节器公司。

1904 年，年轻的工程师马克·霍尼韦尔（Mark Honeywell）对加热器进行了改进，并创立了霍尼韦尔特种加热器公司，专营家庭供暖设备。第一次世界大战后，霍尼韦尔在家用恒温器、热水器领域小有名气，并随着家用电器领域的业务拓展，顺理成章地进入了工业自动化领域。1927 年，明尼阿波利斯热调节器公司与霍尼韦尔特种加热器公司合并，成立明尼阿波利斯-霍尼韦尔调节器公司。20 世纪 30 年代初，该公司收购了一家叫作 Time-O-Stat 的控制器公司，从而获得了更多控制领域的相关专利。随后，该公司收购了工业控制器和指示器领域的全球领导者——费城布朗仪器，其创始人是高温计的发明者，他也被招入明尼阿波利斯-霍尼韦尔调节器公司任职[1]。20 世纪 40 年代，该公司基于在温度控制、计量方面的技术积累，开发了电子式电位差计和气动单元仪表，从而在欧美工业仪表和控制方面名列前茅。

紧接着，随着第二次世界大战的爆发，美国政府看中了该公司在精密计量仪器领域的卓越表现，让其承接了一系列的国防军工任务。自 1940 年起，该公司深入参与军事工业，陆续生产了坦克用潜望镜、大炮瞄准器、飞机用 C-1 自动驾驶仪。C-1 自动驾驶仪可以提高轰炸精确度，后来向日本投放两颗原子弹的 B-29 轰炸机就装备了霍尼韦尔的 C-1 自动驾驶仪。

二战结束后，该公司参与了美国第一艘核潜艇"鹦鹉螺"号的建造，并帮助美国军方研发了反潜导弹系统。在越南战争时期，该公司同样也参与了制造各种炸弹和导弹制导系统等一系列杀伤性武器的工作。

1963 年，明尼阿波利斯-霍尼韦尔调节器公司正式更名为霍尼韦尔公司。直到 1971 年，因遭到了国内民众的起诉，霍尼韦尔才从军工业务转向了零部件和民用市场。在美国政府的支持下，霍尼韦尔不仅有优良的研发装备，每年还能获得上千万美元的订单和科研经费。

霍尼韦尔不仅与美国政府在军事上有合作，在航空、航天领域的合作也开展得很早。1953 年，霍尼韦尔便与美国空军莱特航空发展中心合作，开发了机用自动起降控制单元。1969 年，美国航空航天局（NASA）的阿波罗 11 号实现人类

---

1 郭平. 霍尼韦尔跨国公司员工职业发展管理实践研究[D]. 上海：上海交通大学，2003

历史首次登月，运载火箭和登月舱所用的精密仪器仪表也来自霍尼韦尔。1986年，霍尼韦尔将一家名叫 Sperry 的公司收入囊中，这是一家小有名气的从事飞机陀螺仪等部件制作的公司。这一系列的合作和收购，使霍尼韦尔在航空、航天领域的地位得到了较大的提升。

霍尼韦尔接触半导体产业的时间很早。20 世纪 50 年代，美国贝尔实验室的三位科研人员发明了新的半导体技术。得知消息的霍尼韦尔很快便获取了该技术的授权许可证，并于 1953 年推出了 20W 功率的半导体元器件，为公司的继电器产品提供小型可靠的电子元器件。没过多久，1954 年，公司成立了半导体部门，研发大功率锗半导体元器件。经过 20 年不惜代价的研发，从锗到硅，霍尼韦尔终于研制出高性能硅元器件。到了 20 世纪 80 年代中期，霍尼韦尔的技术实力进一步提升，推出了一系列智能化半导体传感器。

1984 年，霍尼韦尔在科罗拉多州建造了一座 150mm（业内俗称 6 英寸）的大规模集成电路工厂，刚开始运营半年，就收到一份总金额高达 6000 万美元的政府订单。在政府订单的扶持下，营收和业绩无压力的霍尼韦尔持续研发和积累先进技术，开发、生产出了一大批非常先进的半导体产品。借此机会，霍尼韦尔成为一家在集成电路领域小有名气的企业。

随着人类太空活动的增多，美国航空航天部门为了应对高辐射的恶劣太空环境，需要一系列具有高可靠性的抗辐射电子元器件，霍尼韦尔承接了这项研发任务。凭借自身过往的半导体生产经验，霍尼韦尔基于绝缘体上硅（SOI）的 CMOS 工艺，在 0.15μm 工艺节点上制造出高达 1500 万门的专用集成电路（ASIC），这项技术是其特有的。经过辐射硬化处理的集成电路，在航天系统和电气工程等领域具有重要价值，如提高产品性能，帮助设备、器材在太空或者易受辐射的环境中降低被辐射影响的程度，确保任务成功执行。此类产品还具有出色的耐高温性能，能够满足在高温环境下传感器信号调制、数据采集和应用控制的需求，为极端温度环境提供定制化的高集成度芯片和封装模组。霍尼韦尔的产品被广泛运用在重型发动机控制、燃气机控制、高性能钻探解决方案及高温环境下的仪器仪表等领域。航空航天与半导体技术相结合，使霍尼韦尔真正成为航空航天产业的巨头。

在半导体应用材料领域，霍尼韦尔也有着举足轻重的地位。霍尼韦尔的特种材料事业部，不仅提供石油炼化、气体处理等技术支持，还提供各种隔热发泡剂材料、高级纤维材料、半导体和面板行业电子材料等，材料业务的收入能占到霍尼韦尔总营收的30%。

早在50年前，霍尼韦尔就是新兴半导体产业的第一批材料供应商之一，经过持续的研发和产品线拓展，材料业务基本涵盖了晶圆生产和半导体封装的每一个环节。霍尼韦尔生产的电子材料产品包括热界面材料、低α材料、高纯度电子化学品、热电偶、靶材、线圈、高纯度金属等。

1999年，在美国政府的主导和帮助下，霍尼韦尔和联信公司（石油化工巨头）合并。之后，又与三菱电机（Mitsubishi Electric）合资建厂，进一步从事高纯度电子化学品的生产，提升自身在电子材料领域的影响力。

到了2007年，伴随着中国电子产业快速发展带来的机会，霍尼韦尔将电子材料总部搬迁至上海，并持续扩大在电子材料领域的研究，首创了无铅封装技术和新型散热材料。2014年，霍尼韦尔推出了等径角塑形溅射靶材。这种新型靶材是划时代的产品，相比于传统靶材，具备更高的材质硬度和更少的杂质颗粒。凭借多年的技术积累和对市场的积极反应，霍尼韦尔在全球溅射靶材领域一直处于领先地位，占据着全球20%的市场份额。

案例06：应用材料发展简史

美国应用材料（Applied Materials）公司是全球集成电路设备领域代表性厂商，其在以薄膜沉积这一关键设备为代表的集成电路制造设备领域多次推出了划时代的产品，对集成电路制造中工艺环节的进步做出了重大贡献。应用材料提供的设备也不局限于集成电路制造，在先进封装、LED制造和面板显示等领域的关键设备中也有一席之地。

应用材料总部位于美国加利福尼亚州硅谷圣克拉拉市。2023年，应用材料营业收入规模已超过265亿美元，净利润也突破68亿美元，拥有超过26000名员工和1万项以上专利。从1972年上市之初的630万美元收入、市值300万美元的公司，到2023年底市值超过1300亿美元的设备龙头企业，应用材料的市值规模实现了数万倍增长。

从成立后第二年推出第一套可以在圆片表面沉积 SiO$_2$ 薄膜的设备开始，应用材料在集成电路制造的各个工序相继实现了突破，逐步发展成为集成电路设备行业的引领者。应用材料的业务包括集成电路系统、应用材料全球服务、显示及相关市场三个板块。其中，设备产品包括沉积（如化学气相沉积、物理气相沉积等）、离子注入、刻蚀、快速热处理、化学机械抛光（Chemical Mechanical Polish，CMP）、计量检验等集成电路和泛集成电路（如 LED、面板显示等）生产中的关键设备。

作为以薄膜沉积设备起家的公司，应用材料在该领域保持着绝对领先的地位，其设备长期占据全球物理气相沉积（Physical Vapor Deposition，PVD）设备市场约 80%的份额，占全球化学气相沉积（Chemical Vapor Deposition，CVD）设备市场近 30%的份额。

集成电路发展早期——由垂直一体化到产业链分工

20 世纪 60 年代，集成电路产业的主流模式还是以仙童半导体、德州仪器（TI）、摩托罗拉（Motorola）等大厂为代表的垂直一体化产业结构，这些企业掌握几乎全部制造环节和设备，并将薄膜沉积等关键技术作为自己的核心专利牢牢掌握在手中，因此当时独立的集成电路设备公司屈指可数。

1965 年之后，随着摩尔定律的提出和平面外延工艺的发现等，集成电路产业飞速发展，中小集成电路企业遍地开花，其中就包括著名的英特尔、国际商业机器（IBM）等优秀的创业公司。

当时，一方面由于起步的中小企业缺乏内部生产的能力，另一方面集成电路创业者虽不乏物理和微电子的专家，但对化学、材料等产业链上游的认识尚浅，这就使得集成电路产业链分工的概念逐渐萌生，也为设备公司带来了机会，而1967 年成立的应用材料公司就是集成电路行业从垂直一体化的结构走向产业链分工后应运而生的代表。

创始人麦克内里与集成电路产业的不解之缘

应用材料的创始人迈克尔·A.麦克内里（Michael A. McNeilly）是美国蒙大拿州人，他擅长交际和运动，曾一度是小有名气的篮球和橄榄球运动员，从贡萨加大学（Gonzaga University）化学系毕业后，他在学校的实验室从事过癌症研究。

1964 年，正值集成电路企业创业兴起之际，大名鼎鼎的仙童半导体"八叛逆"之一——晶体管发明者的金·霍尼（J. Hoerni）创办了一家名为 Union Carbide

Electronics 的公司，其主要产品为生产晶体管的关键原料三氯硅烷（$SiHCl_3$）。这吸引了刚毕业不久的麦克内里，从此他开始与集成电路工业结缘。不久后，麦克内里率先在三氯硅烷品质检测方法上取得了突破，从而在行业内崭露头角。

当时恰逢美国国内对创业者空前友好的氛围，麦克内里萌生了自立门户的念头。1965 年，麦克内里离开了供职一年的老东家，创办了化学材料公司 Apogee Chemicals，供应包括三氯硅烷在内的集成电路生产所需的高纯度化学材料。

首次创业的麦克内里就展现了他强大的交际能力，他抓住一切机会广交益友。在他拓展的人脉中，不乏提出摩尔定律的戈登·摩尔（Gordon Moore）和创立了英特尔公司的罗伯特·诺伊斯（Robert Noyce）这样的行业泰斗。甚至麦克内里热爱的篮球运动也派上了用场，他在球场上结交了众多仙童半导体内部熟知生产体系和工序的员工，这为他的公司快速进入仙童半导体供应链铺平了道路。

应用材料的成立与兴起

正值集成电路行业蓬勃发展的 1967 年，业界的精英纷纷走出大厂，一家又一家集成电路初创企业从硅谷诞生。在这样的时机下，与 Apogee Chemicals 合伙人发生矛盾的麦克内里着手另起炉灶。同年 11 月，他向岳父借来了 7500 美金并决定成立一家公司，应用材料公司一栋 750 平方英尺的厂房就这样在山景城（Mountain View）落成了。

在多年与仙童半导体的接触中，麦克内里发现行业内虽不乏头脑灵活又精通集成电路设计的高手，但他们却都不懂化学，也不熟悉各种化学材料的处理。他敏锐地意识到行业内仍缺少一种关键的能力，那便是将各种化学材料安全并有效地投入集成电路生产的能力。于是应用材料的方向就此确定，即解决集成电路生产制造中的化学问题。

发展方向确定后，麦克内里随即开始招兵买马，很快从仙童半导体和前东家 Union Carbide Electronics 挖来了不少集成电路行业的骨干。而在融资阶段，初创企业想获得投资机构的支持在当时并不容易，华尔街的投资机构对于初创的集成电路设备公司极为强势。麦克内里与一家华尔街投资公司 FS Smithers 谈判时，投资条款甚至可以让 FS Smithers 在应用材料公司上市后以 30 万美元直接控制应用材料股份的 31%，这部分股权在应用材料 1972 年正式上市后价值高达 1400 万美元，7 年后更是超过了 4000 万美元，这样的协议条款对麦克内里来说无疑是难以接受的，于是他当机立断，终止了合作。

这时，麦克内里之前广泛的交际与人脉又一次派上了用场，应用材料初期投资人阵容相当豪华，包括沃尔顿·斯托姆（T. Walton Storm，通用电气董事）、罗伯特·诺伊斯（英特尔共同创始人）、金·霍尼（晶体管发明者）等。

有了经验丰富的班底和行业大佬的注资支持，应用材料在集成电路产业尚处于空白的上游设备领域正式起步，其第一个产品硅烷气体面板就帮助业内解决了CVD薄膜低温沉积中硅烷易泄漏的问题。

1968年，应用材料开始进军薄膜沉积领域，率先推出的高温外延硅薄膜沉积设备和低温外延氧化物薄膜沉积设备，以及集成电路塑料封装的氮化物钝化膜设备，都是当时业界唯一的可商用设备。随后应用材料不断推出行业领先设备，包括1969年推出的业内第一款使用辐射加热的CVD系统，以及1970年推出的首款用于显示行业的商用薄膜沉积设备。1971年，应用材料推出的红外外延沉积设备更是显著改善了工业沉积品质，对提升当时主流的双极性器件生产效率做出了显著贡献。

随着应用材料成为薄膜沉积设备的领导者，其产品的迭代也在一定程度上推动了整个沉积工艺的发展，逐渐打破了之前薄膜沉积领域由仙童半导体等大厂掌握自用设备与专利的格局。当时行业内极负盛名的下游厂商英特尔、IBM等都依赖着应用材料的设备。

在成立之初的5年，应用材料的收入实现了每年40%的快速增长。到了1971年，应用材料已经是设备领域份额超过5%的知名企业，上市也是顺理成章的事情。应用材料于1972年成功上市，当时收入630万美元的应用材料市值为300万美元。而到了1974年，应用材料营收就达到了2890万美元。

应用材料的发展——度过危机与并购拓展

1975年，快速发展的应用材料开始了产品线的过度扩张，甚至将业务延伸至了圆片制造，而当时又正值集成电路产业处于下行态势，公司财务情况迅速恶化。1975年，应用材料营收较上年下降50%，面临了自成立以来最大的发展危机。临危之际，公司董事会找来了资深风险投资管理人摩根（Morgan）出任公司CEO，摩根当机立断，立刻削减了刚收购的圆片制造业务，重新将业务聚焦在集成电路设备领域。

果断割肉加上重回擅长的薄膜沉积领域，使得应用材料重新走上了正轨。

1976 年，应用材料推出首套等离子 CVD 系统，不到一年，公司就实现了销售额的迅速增长。

随后的数十年中，应用材料也经历了集成电路行业的兴衰，但凭借其在薄膜沉积领域保持的绝对领先地位，公司不断发展壮大，现已成长为集成电路设备的绝对龙头企业。

面对集成电路产业区域转移，应用材料把握机会积极并购，大力进行全球市场拓展，分别在 1979 年进入日本市场、1983 年进入中国市场。在亚洲市场的一系列大胆开拓，帮助应用材料在 1984 年实现了超 1 亿美元的收入规模。

并购一直是设备公司成长的必经之路，而应用材料更是其中的佼佼者，它不满足于自己在薄膜沉积这一细分领域的成绩，以收购以色列硅晶片检测设备公司 Opal 和 Orbot 公司为起始点，正式拉开了并购的序幕。此后，应用材料先后进行了十余次并购，逐步成为集成电路领域和泛集成电路领域的全盘设备解决方案提供商。在不断并购成长中，应用材料的收入规模突破了 40 亿美元。从 1992 年开始，应用材料连续 29 年为集成电路设备行业市场份额第一，市场占有率已达到 20%。

总结——产业链早期应运而生的设备龙头企业

随着产业链从垂直整合到分工细化，集成电路设备行业迎来了兴起，而应用材料就是其中的代表企业。应用材料基于创始人敏锐的眼光和与仙童半导体等产业链核心企业紧密的联系，发现了行业的空白点，以解决集成电路生产制造中的化学问题为发展方向，进而瞄准了薄膜沉积这一细分领域，让其成了赛道的领先者。

另一方面，在集成电路发展的早期，应用材料作为一家初创的上游设备公司，起步阶段并没有走依靠风险投资和产业支持为主的路径，更多的是由企业家自身的人脉和资源带来的助力，所幸麦克内里正是这样一位与集成电路产业有着不解之缘的企业家。

以硅谷模式为代表的风险投资-创业者体系

高科技公司从创立到发展壮大，都离不开资本的支持，其中风险投资（简称

"风投",也称"创业投资")扮演了重要的角色,许多人们耳熟能详的科技巨头都与风险投资紧密相关,这一点在集成电路产业中尤为突出。随着集成电路产业数十年的发展,"风险投资+创业者"的合作模式如今已非常成熟,最具代表性的就是硅谷的崛起并成为引领全球集成电路科技创新标杆的历程,可以说是风险投资与集成电路产业相互成就,打造了以硅谷为代表的创业创新体系。

不过,引入风险投资来帮助企业发展也经过了许多实践和探索的过程,毕竟中小企业融资困难是世界上普遍存在的难题。初创企业因其规模小且抗风险能力弱,通常会面临相当大的不确定性,更不用说在高科技领域,极高的失败率使得创业及针对创业公司的投资天然具有高风险性。在企业发展初期尚未达到上市标准的阶段,还无法从传统证券市场上获得融资支持,而以银行贷款为代表的间接融资方式又在一定程度上具备风险厌恶的属性,它更青睐发展趋近成熟、收入稳定的企业。因此,风险投资的出现,为解决初创企业的资金问题提供了一个理想的途径,耐心且有眼光的风险投资机构能够帮助创业者将优秀的创意转变为商业上的成功。

现代风险投资最早出现在美国,主要经历了 4 个发展阶段[1]。

第一阶段,在具有高风险和高回报性质的北美捕鲸业中,出现了资金提供者、经纪商和捕鲸船队三种角色分工合作的模式,他们通过契约来分担风险并获得相应回报的形式被视为现代风险投资的雏形。之后,作为现代风险投资先驱的私人资本实体首先在 JP 摩根、洛克菲勒家族、惠特尼家族等富裕家庭的投资活动中出现,这些家族出于兴趣爱好及社会责任感等驱动,将其资本有效地投资于中小企业。此阶段的投资虽然具备了部分现代风险投资的特征,但在严格意义上,这并非由专业机构向投资人融资,建立 GP/LP 的架构,并由专业机构实施的投资,因此只能算是风险投资的早期实践。

第二阶段,大约是 20 世纪 40 年代中期,出现了专业风险投资公司——最著名的是作为风险资本先驱的世界首家专业风险投资公司美国研发公司(American Research and Development Corporation,ARD)。但因 ARD 采用封闭基金的组织形式,作为上市公司需接受 SEC 的严格监管,而且仅服务美国东北部新英格兰地区的企业等,所以其整体业绩差强人意。尽管如此,ARD 却培养和

---

[1] 汤姆·尼古拉斯. 风投[M]. 田轩, 译. 北京: 中信出版社, 2020.

训练了大量的专业人才，为美国风险投资行业做出了重要贡献。1958年，美国推出旨在通过政府补贴支持，引导和鼓励私人企业以市场化的方式去帮助中小企业解决融资难和管理技能缺乏等问题的《小企业投资法》。之后几年内，美国成立了数百家投资公司，其中大部分是针对中小企业进行投资的小企业投资公司（Small Business Investment Company，SBIC）。1959年，在硅谷诞生了美国西部的首家风险投资机构，也是美国第一个有限合伙组织结构的风险投资（VCLP）基金——DGA（Draper, Gaither & Anderson）。有限合伙制逐渐在风险投资行业普及，成为日后风险投资领域的主要组织结构。

第三阶段，跨越20世纪60年代末和七八十年代。当时有证据表明，系统化和可复制的管理方式可以显著提高风险投资的命中率。到了20世纪80年代，风险投资已经在美国完全制度化。

第四阶段，始于20世纪90年代，风险投资在高科技领域得到广泛应用，行业也达到前所未有的规模，许多初创公司在风险投资的支持下成长为当今的科技巨头。这一风潮在2000—2001年达到顶峰，后来随着互联网泡沫的破灭而出现剧烈动荡。

随着SBIC、VCLP的风险投资公司等出现，硅谷涌现了一批创业公司，并逐渐成为风险投资的主战场。20世纪六七十年代，硅谷引领了一波以半导体和计算机为代表的电子信息产业发展热潮，主流的风险投资公司开始押注科技行业，动辄10~20倍甚至更高的投资回报让大家赚得盆满钵满。在这种赚钱效应下，大量的资金和人才开始涌入风险投资行业。仙童半导体、英特尔、AMD等传奇的集成电路公司先后成立，硅谷的风险投资逐步走向具有自身特点的模式。

通常创业团队想将创意转变为商业的成功，需要资金的支持，并且愿意放弃原有的高收入、高福利等优渥条件。而硅谷的风险投资人不仅为创业者带来其所需要的启动资金，同时还经常主动寻找潜在创业者们，鼓励他们从大公司跳槽，并帮助团队从其他公司挖人。现在在硅谷从事风险投资的吴军博士在其著作《硅谷之谜》中这样描述："风险投资人看来，拆掉一组旧房子，用里面好的砖石搭建新房子，要比慢慢改造一座旧房子效率高得多。"[1] 除了资金和人员，风险投

---

[1] 吴军. 硅谷之谜[M]. 北京：人民邮电出版社，2015.

资人甚至承担了创业者导师的工作。若要做到这一点，投资人本身必须具有一定的技术背景，对产业的发展有深刻理解，能够很好地帮助创业公司把控技术和产品发展方向。由于风险投资鼓励技术创新，推动硅谷地区不断进行原创发明，促进了全球集成电路行业的发展，包括 Teledyne（1961 年）、Signetics（1962 年）、英特尔（1968 年）、AMD（1969 年）的成立，以及后期硅谷从集成电路行业向软件行业的转型。

硅谷与同时代的华尔街不同，主要体现在以下三个方面。

确立普通合伙人和有限权利合伙人的基金形式。美国东部金融行业起步早，投资机构的资金来源多为富有家族、银行、金融机构，主要的投资理念是帮助出资人管理钱财。不同于美国东部的投资机构，硅谷早期的资金主要以小合伙人和硅谷创业成功的个人出资为主，投资规模小，通过合伙制度来降低基金的再融资成本——引入新的合伙人即可，更加方便灵活。同时，可以通过附加收益补偿普通合伙人，形成利益共同体。到 20 世纪 70 年代，硅谷已经形成广为人知的本地投资机构：KPCB（Kleiner Perkins Caufield & Byers）和红杉资本（Sequoia Capital）。

硅谷善于挖掘公司的技术价值。硅谷的风险投资人多具有专业知识背景，KPCB 和红杉资本的核心创始人便都来自仙童半导体。因此，硅谷的风险投资家可凭借自身对行业的直觉与经验，对具有创造力的创业者进行甄别，如红杉资本的投资特点就是更看重人和技术的价值，而不是仅从财务数据的角度进行评估。这与华尔街的投资理念大相径庭，华尔街的分析师通常是寻找可比上市公司进行数据对比。

硅谷风险投资体系由不同投资阶段的基金合作形成完整的产业链。这些基金不仅可以共同合作投资同样的项目，分摊自身的投资风险，同时基金之间相互接盘，打造出服务被投企业从天使投资阶段到上市及上市后进行并购重组的完整链条。

除此以外，硅谷整体的社会风气是以鼓励技术进步为主，而非单纯的技术仿制。工程师最初在大公司中就职，拓宽行业眼界，若在工作过程中发现专业水平存在不足，可以参加硅谷地区的斯坦福大学等高校提供的非常便利的进修计划，帮助工程师利用业余时间获得学位。若工程师有产品创新的想法，可以开启自主创业并获得天使投资机构的帮助，这样就能在新兴市场中快速占领市场并获得商业成功。而大公司也可以通过并购初创公司的方式，获得尚未掌握的新兴技术，形成当地良性的市场环境。

得益于美国的风险资本在 20 世纪六七十年代对硅谷电子和计算机行业初创公司的大量投资，使硅谷快速崛起并形成世界上首屈一指的集产学研于一体的科技生态圈，带动了全美电子信息产业的发展，也为日后美国在科技引擎的拉动下保持超级大国竞争优势奠定了基础。可以说，风险投资在其中扮演了其他传统金融机构或政府部门无法替代的角色。

硅谷的成功模式也引来无数效仿者，比较有代表性的例子就是以色列的科创体系。以色列政府对于教育的高投入、建立高新区、经济支持、扶持科学研究等一系列举措促进了当地的技术创新，同时因为技术创新引发的收购与并购为当地政府带来了巨大税收，形成良性循环，帮助以色列成为芯片热土。

案例 07：仙童半导体的兴起与没落

1955 年，晶体管发明人威廉·肖克莱离开了贝尔实验室，打算自立门户。在获得加州理工学院同窗好友阿诺德·贝克曼（Arnold Beckman）的投资后，肖克莱创办了肖克莱实验室。尽管他将招聘广告以代码形式登在学术期刊上这一行为很是奇葩，但他头顶上的"晶体管之父"名号，还是吸引了络绎不绝的专业人才。

当然，除招聘外，一些最核心的人才是肖克莱主动找来的，其中包括后来创办英特尔的罗伯特·诺伊斯和戈登·摩尔，肖克莱的声望对他们产生了巨大的吸引力。在接到肖克莱打来的邀请电话后，诺伊斯毫不犹豫地接受了邀请并成为肖克莱实验室的第一位员工。诺伊斯后来回忆说："接到那个电话的感觉，就像是接到上帝打来的电话一样。"

但是，肖克莱这个招聘过程其实也给后来公司的分崩离析埋下伏笔。作为次年因晶体管的发明而获得诺贝尔物理学奖的肖克莱，在创立公司时竟然没有拉上在贝尔实验室的同事或任何一位有同样丰富经验的合作伙伴共同创业。无论这是他主动选择、还是别人被动回避的结果，其实都指向了同一种可能——肖克莱是一个难以相处乃至独裁的领导，他需要的是崇拜和听命于他的弟子，因此才需要这样一批没什么名气的优秀年轻人。如果是在当时的美国东部，这样的领导方式可能并不会有致命性的结果；但在当时车库创业风气渐盛的斯坦福创业园，肖克莱的傲慢独裁管理风格其实注定了他属下出走的结局。

1956 年，肖克莱在旧金山湾区成立了新公司，同年年底他获得了诺贝尔物理学奖，这使得他行事风格更加自我。事实证明，肖克莱既不是好的领导，也没有商业远见。公司的第一名员工诺伊斯发现了半导体的隧道效应，但由于与肖克莱不和而被压制，其研究成果未能发表，结果日本科学家江崎玲于奈（Reona Esaki）发表了类似的研究成果并在 1973 年获得诺贝尔物理学奖。1957 年 9 月 18 日，忍受不了肖克莱独裁作风的八位年轻人罗伯特·诺依斯（Robert Noyce）、戈登·摩尔（Gordon Moore）、朱利叶斯·布兰克（Julius Blank）、尤金·克莱纳（Eugene Kleiner）、金·霍尼（Jean Hoerni）、杰伊·拉斯特（Jay Last）、谢尔登·罗伯茨（Sheldon Roberts）和维克托·格里尼克（Victor Grinich）向肖克莱提交了辞职报告，后来他们被肖克莱称为"八叛逆"（The Traitorous Eight）。

但不可否认的是，如果没有肖克莱的号召力，当时并非科技中心的湾区是无法集聚这样顶尖的科技人才的。而且肖克莱称他们为"八叛逆"也不是全然没有依据。这八个人中除了诺伊斯有晶体管的研究经验，其他人都是在他的指导下才掌握了晶体管技术。他聚集的这批团队，为后来的仙童半导体构建了最初的智力基础。

八人的创业之路并不容易，因为他们缺乏资金。不过功夫不负有心人，一个偶然的机会他们遇到了仙童照相机与仪器（Fairchild Camera & Instrument）公司的老板谢尔曼·费尔柴尔德（Sherman Fairchild）。费尔柴尔德的父亲曾经资助过老托马斯·沃森（Thomas Watson）创办 IBM。作为继承人，费尔柴尔德成了 IBM 最大的个人股东，很有钱。费尔柴尔德对技术很感兴趣，他本人也是一个发明家。他发明的飞机照相设备，让自己在二战中发了大财。费尔柴尔德与诺伊斯等人谈过以后，决定投资 150 万美元。凭借这笔投资，硅谷第一家由风险投资创办的半导体公司——仙童半导体公司终于宣告成立了。

但是，仙童半导体公司实质上是一个隶属于费尔柴尔德集团的子公司，它的股权结构是这样设计的：公司股份分为 1325 股，诺伊斯等人每人 100 股、海登·斯通投资银行（为诺伊斯与费尔柴尔德合作牵线的洛克和科伊尔所在的银行）占 225 股，剩下 300 股留给公司日后的管理层和员工。费尔柴尔德给公司提供 138 万美元的 18 个月贷款，拥有公司的决策权，并且有权在 8 年内的任何时候以 300 万美元的价格收购所有股份。

到 1958 年底，依靠着技术创新优势，仙童半导体已经实现 50 万美元的年销售额，并拥有 100 名员工，成为硅谷成长最快的公司之一。1960 年，仙童半导体取得进一步的发展和成功，发明集成电路使它的名声大振，其母公司——仙童照相机与仪器公司决定以 300 万美元购买其股权，"八叛逆"每人分得 25 万美元，在当时这可不是一笔小数。

20 世纪 60 年代的仙童半导体进入了它的黄金时期。到 1967 年，仙童半导体营业额已接近 2 亿美元，仅次于德州仪器（TI）。然而，也就是在这一时期，危机悄然而至。

1960 年仙童母公司收购股权后，"八叛逆"的工作积极性受到了很大的影响。此外，虽然仙童半导体远在加州，但是一举一动都受到总部在纽约的仙童母公司的控制，发展受到了太多约束。不仅如此，仙童母公司还抽走了仙童半导体的利润，投资给大量不赚钱的业务。于是，人心思变，"八叛逆"陆续开始了新的"叛逆"。

1961 年，霍尼、拉斯特和罗伯茨出走，三人创办了 Amelco 公司，后来被美国航天及国防工业巨头 Teledyne 公司收购。

1962 年，克莱纳出走，创办了 Edex。1967 年，他又创办了 Intersil 公司。再后来，克莱纳创办了风险投资公司 KPCB。不仅如此，根据资料记载，他至少创办了 12 家公司。

1968 年，诺伊斯与负责研发的摩尔一起辞职，他们还带走了工艺开发专家安德鲁·斯蒂芬·格罗夫（Andrew Stephen Grove），他们三人创办了一家公司，就是后来如日中天的集成电路巨头——英特尔（Intel）。此后不久，格里尼克也离开了仙童半导体，回到大学继续教书。

1969 年，布兰克也离开了，至此"八叛逆"全部离开了仙童半导体。

从仙童半导体创办的过程来看，它的初始设立协议已经具有了现代风险投资和初创公司在股权上的一些特点。比如，无论公司盈亏，费尔柴尔德都将提供启动资金，也就是承担了风险。不过这份合同又限制了创始人可以获得的利益上限，无论公司办得多好，诺伊斯等人也只能获得大约 181 万美元，再加上集团有绝对的控制权，这就为后来仙童半导体的"凋零"埋下了伏笔。

案例 08：英特尔发展简史

仙童半导体的传奇已经落幕，但"仙童们"创办的英特尔（Intel）依旧星光璀璨。作为硅谷的传奇企业，英特尔与它的前辈惠普（Hewlett-Packard，HP）一样，是硅谷乃至美国高科技行业发展的典范，至今仍扮演着举足轻重的角色。回顾英特尔 50 多年的发展，可从中窥见企业家、人才、资本、市场等要素如何共同作用，在硅谷这片创新热土上催生出一个个奇迹。其中，明星创始团队与专业风险投资家完美合作，使英特尔迅速完成初始融资的故事，已成为硅谷的一段佳话，更是深深影响了"硅谷"这个因集成电路而名扬天下的科创中心。

公司发展历程

英特尔成立于 1968 年 7 月 18 日，总部位于美国加州圣克拉拉市，其创始人为集成电路产业的两位传奇人物——罗伯特·诺伊斯和戈登·摩尔，而作为公司第三任 CEO 的安德鲁·斯蒂芬·格罗夫也在公司初创时便加入了英特尔。英特尔专注于 CPU 的研发制造，是全球最大的半导体公司之一，致力于将高端芯片设计能力与领导业界的制造能力结合在一起。除了 CPU，英特尔也开发主板芯片组、网卡、闪存、GPU、嵌入式处理器，以及通信和与运算相关的芯片产品等。2023 年，英特尔营业收入达到 542 亿美元，在全球范围内拥有超过 12 万名员工。

公司发展大概可划分为以下五个阶段[1]。

初创阶段（以存储器业务为主）：1968 年成立至 1971 年实现 IPO。

CPU 战争阶段（进军微处理器）：持续到 20 世纪 80 年代末期，最终赢得了 IBM 订单，定义了 PC 时代。

产业巨人阶段（成为世界上最重要的公司）：20 世纪 90 年代大部分时间，恪守摩尔定律，几乎只与自己竞争。

全球巨人阶段（因傲慢带来教训）：持续到格罗夫和摩尔最终淡出公司时（1998 年），虽然已经成为最有价值的制造型企业，但出现了一系列丑闻和争议，为历史性的成功带来污点。

后创始人阶段（适应新时代）：克雷格·巴雷特（Craig R. Barrett）成为第四

---

[1] 迈克尔·马隆. 三位一体：英特尔传奇[M]. 黄亚昌, 译. 杭州：浙江人民出版社, 2015.

任 CEO，其继任者是保罗·欧德宁（Paul Otellini）。欧德宁退休后，布莱恩·科再奇（Brian Krzanich）接手。但科再奇因绯闻提前离任，CFO 司睿博（Bob Swan）走马上任 CEO，在司睿博担任 CEO 的两年内，英特尔似乎没能在技术上保持继续领先。因此 2021 年初，英特尔宣布由帕特·格尔辛格（Pat Gelsinger）出任公司第八任 CEO，这位兼具技术能力和领导力的 CEO 被公司寄予厚望，希望在技术和行业格局巨变下，他能带领英特尔跟上时代的脚步。2024 年 12 月 1 日，帕特·格尔辛格退休，由戴维·津斯纳（David Zinsner）和米歇尔·约翰斯顿·霍尔特豪斯（Michelle Johnston Holthaus）出任临时联合 CEO。

英特尔无疑是全球知名度最高的芯片企业之一，它的产品开创了一个时代，并且直至今日仍在推动着信息技术的进步。无论广告中英特尔特效音乐旋律，还是"Intel Inside"的宣传语，都随着英特尔的巨大影响力而深入人心。

其实，英特尔诞生本身就具有传奇色彩。提到英特尔及其创始人，还得从肖克莱实验室和仙童半导体说起：被肖克莱称为"八叛逆"的罗伯特·诺依斯、戈登·摩尔、朱利叶斯·布兰克、尤金·克莱纳、金·霍尼、杰伊·拉斯特、谢尔登·罗伯茨和维克托·格里尼克一起从肖克莱半导体实验室辞职，并于 1957 年 10 月共同创办仙童半导体。1963 年，安德鲁·斯蒂芬·格罗夫在摩尔的邀请下加入仙童半导体。诺依斯发明了集成电路，摩尔提出了大名鼎鼎的"摩尔定律"，二人都是硅谷乃至整个集成电路行业最受人尊敬的明星。

但是，仙童半导体的快速发展以及诺依斯近乎放任的管理方式，导致内部组织管理与产品问题日益失衡。另外，硅谷文化与仙童母公司——仙童照相机与仪器公司的老派风格之间的矛盾也日益加深。

1968 年 7 月，在诺依斯的提议之下，摩尔随其一起离开了仙童半导体并成立了英特尔。不过在从一家连锁旅馆买下"intel"这个既是"集成电子学"（Integrated Electronics）的混合体，又会让人联想到"智能"（Intelligence）的绝妙商标之前，新公司以"NM Electronics"的名字经营了大约一年（"NM"是 Noyce 和 Moore 的首字母组合）。作为摩尔的忠实信徒，格罗夫（在仙童半导体摩尔领导的研发部门出任制程开发助理总监）也跟随摩尔的脚步，成为英特尔第 3 位创始人。英特尔首批招募的员工中还有鲍勃·格雷厄姆——仙童半导体最好的销售主管之一。

在向仙童半导体提交辞呈的时候，诺依斯和摩尔已经决定未来公司要进军存储器业务（因为摩尔定律告诉他们，能够跟得上这种令人窒息的快节奏的公司将会横扫整个市场），并在工艺上应用 MOS 技术（仙童半导体长期抵制该技术，这个决定令人感到意外）。他们还说服了阿瑟·洛克（Arthur Rock，仙童半导体早期投资机构——海登·斯通投资银行的项目经理）担任董事会主席，此时他任职于洛克菲勒基金。因为推崇平等和非正式的行事风格，英特尔成立时未举行仪式，只是由三人签署了加州必要的注册公司所需文件，洛克被任命为董事长，诺伊斯和摩尔分别担任总裁和执行副总裁，但两人后来都表示这个头衔可以随意调换。

这里有必要介绍一下阿瑟·洛克（Arthur Rock）。当年"八叛逆"离开肖克莱实验室计划创业时，正是因为洛克慧眼识珠，在大家都不看好的情况下说服自己的老板并促成了仙童半导体的融资，这也是硅谷第一个风险投资案例。之后他更是全身心投入到风险投资行业中，努力将美国东部的资本引入硅谷，曾设立了硅谷最早的 VCLP 风险投资公司之一"戴维斯&洛克"。通过对仙童半导体的成功投资，洛克意识到想要更好地挖掘硅谷蕴藏的巨大科技创新财富，必须抢在大多人数之前进行投资，而且投资人不仅要为公司筹钱，更重要的是帮助创业者梳理思路、规划战略、寻找人才，为创业公司串联资源、提供增值服务，用他自己的话来说，要充当创业者的"心理咨询师"。从考察创业者的个人素质来判断项目的可行性是洛克做决策的重要标准，而对"人"的重视也贯穿了洛克的投资生涯。可以看出，洛克的理念对日后的风险投资行业产生了巨大影响，有观点认为是他发明了"风险投资"这个名词。凭借对仙童半导体、英特尔和苹果等硅谷最知名公司的成功投资，阿瑟·洛克成为硅谷鼎鼎大名的"风险投资教父"。

公司成立之初，洛克要求诺伊斯和摩尔各拿出 50 万美元投入新公司，以示对其他投资人的承诺，但诺伊斯和摩尔拒绝了，理由是他们根本没有那么多钱，但他们提出可以出一半。洛克自己拿出 1 万美元投入公司，然后就开始去寻找剩下的资金。诺伊斯和摩尔承诺的 50 万美元总投资中落实了 30 万，但因开发新产品，每月开支很快上升至 2 万美元，在找到全部投资前，由于诺伊斯和洛克的名望很大，NM Electronics 公司获得了过渡性的信用贷款支持。之后，洛克开始在全国范围内寻找投资者，计划以 5 美元/股的价格募集 50 万股合计 250 万美元的可转债，而洛克本人将投资金额追加至 30 万美元（最大的股东）。

诺伊斯和洛克拟定了一个潜在投资人名单："八叛逆"中的其他六位；海

登·斯通投资银行（仙童半导体的早期投资机构）；两位朋友；瑞侃（Raychem）公司 CEO 保罗·库克，他曾向诺伊斯和摩尔提议可以在瑞侃旗下创办新公司；数据技术（Data Tech）公司联合创始人杰拉尔德·柯里（Gerald Currie），该公司是仙童半导体的客户，也是军工技术供应商，诺伊斯是该公司董事；洛克菲勒投资集团。诺伊斯还提议其母校格林内尔学院（Grinnell College）也应得到投资机会，诺伊斯是校理事会成员（巴菲特也是，对于这笔投资，巴菲特日后的解释是"我们赌的是骑师，不是马"），想法是理事会可以购买股票并捐赠给学校。

洛克本人之所以敢对 NM Electronics 下重注，在于他非常清楚诺伊斯和摩尔这个团队的才华，他自己也曾表示在所有的投资中，英特尔是他最笃定可以成功的。这一点也可从当年 NM Electronics 融资的"商业计划书"中反映出来。诺伊斯拿出了一个措辞极为含糊的文档，只提到 NM Electronics 公司将制造与当前市面上的产品不同的半导体器件，以及这些器件将具备更高的集成度，此外并没有更多的实质内容。这份计划书的简略程度在今天看来简直不可思议。

1969 年，令硅谷与众不同的新公司孵化机制已经存在，但远没有今天这样成熟，而且资金量也小得多。因此，虽然寻找外部投资的流程比现在简单，但也需要广撒网。令人意想不到的是，凭借那份含糊不清的"商业计划书"（甚至都没有人要求看一眼）及创始人如日中天的声望，在洛克开始电话联系各潜在投资人的 48 小时之内，250 万美元的股本便被悉数认购。这一事件成为硅谷历史中的一个转折点，英特尔仅两天内就实现 250 万美元融资的消息传遍了整个电子产业界，这向华尔街传递出一个信号：新一代高科技公司即将强势进入人们视野。这也给当时仙童半导体内部许多雄心勃勃的密谋者打了一针强心剂，这些人决定按照英特尔（白手起家创立一家公司）和国家半导体（接管一家陷入困境的公司）的模式创立新的半导体公司，其中就包括视诺伊斯为偶像的杰里·桑德斯（Jerry Sanders，仙童半导体的销售骨干），他选择做"第二货源"的生意——从其他公司获得产品授权，然后制造同类产品，作为客户的备用货源，超威半导体（Advanced Micro Devices，AMD）公司随之成立。到 1969 年底，圣克拉拉谷地出现了一大批新成立的半导体公司，几乎所有公司中都充斥着"仙童们"，此后硅谷的半导体公司伴随着"美国，硅谷"的新闻标题，开始主宰科技领域，并逐渐成为美国经济的生力军。

39

存储器业务起家

虽然英特尔因 CPU 享誉世界，但从成立到之后相当长的一段时间内，它其实是一家不折不扣的存储器公司，产品包括 DRAM、EPROM、EEPROM 和闪存（Flash）等，并且存储器业务贯穿了英特尔整个发展历程，直到现在，存储器仍是英特尔发展战略中的一个重要环节。最初，诺伊斯和摩尔在谋划创业方向时便意识到，如果想要跟上摩尔定律提出的产业发展的快节奏，必须从存储器这种大规模应用的产品入手。随着公司起步，英特尔先后推出了肖特基双极性 SRAM、ROM，并在大家都以为英特尔将成为又一家双极性技术公司时，突然推出了准备已久的采用 MOS 技术的 SRAM，震惊了业界。之后，英特尔在 1970 年推出了 1kbit 的 MOS DRAM——1103（这是有史以来首款可大规模量产的 DRAM 芯片），从而开创了 DRAM 产业。在存储器业务的支持下，尚未实现盈利的英特尔于 1971 年 10 月 13 日在纳斯达克上市。

与诺伊斯和摩尔当初预料的一样，存储器产业的发展确实迅猛。但同时，存储器行业也经历了残酷竞争的洗礼，美日韩三国的企业你方唱罢我登场，一番激烈厮杀后形成了今天寡头垄断的市场格局。而作为行业元老之一的英特尔却没能笑到最后：先是在 20 世纪 80 年代末退出了 DRAM 市场转而主攻 CPU 方向，又在 2020 年底宣布将闪存业务出售给韩国的 SK 海力士，但保留了其傲腾（Optane）系列固态盘板块。

CPU 业务奠定业界地位

从存储器业务切换到 CPU 业务，可以说是英特尔历史上最痛苦也是最成功的决策。其最初的 CPU 产品 4004 系列是为了满足日本桌面计算器公司 Busicom 的需求而研发的，后来的 8 位系列 8008/8080 产品也在电子手表等市场寻找过机会。然而真正让英特尔迎来新的发展机遇的，还是 1978 年推出的 16 位处理器 8086 及之后低成本（Cost Down）版本的 8088 产品，英特尔通过 8088 获得了 IBM 的秘密项目——个人计算机（PC）的订单。8086/8088 标志着 x86 架构的诞生，英特尔后来推出的 80286，是用于 PC 的第一个"现代"微处理器，也是 80x86 家族架构的第一位真正成员（可向上兼容），推动了 PC 产业的发展，开创了日后"Wintel"组合在 PC 上的辉煌，铸就了英特尔在 PC 时代牢不可破的领导地位。

在英特尔 50 多年的发展史上还发生过许多生动曲折的故事，包括与 AMD

的恩怨、英特尔如何在电子手表业务上受伤而不敢再轻易涉足消费电子等，关于这些已经有相当多的文章和书籍进行了各种精彩的讲述和分析。

关于英特尔成功原因的思考

回顾历史，可以看出促使英特尔成功的因素中至关重要的有以下 6 点。

（1）三个出类拔萃的创始人（算上格罗夫）个性迥异却互补，使英特尔在创立之初便同时具备了伟大的科技公司最需要的素质——洞悉未来的敏锐直觉、强大的技术实力、敢于赌上一切向目标进发的行动力。他们在发展战略上对公司的重要性，从格罗夫卸任之后英特尔似乎开始有些跟不上新时代的节奏就可以体现出来。

（2）硅谷开创的与众不同的文化，即开明的、扁平化的工作环境，以及对员工的激励方式，都与美国东海岸的传统企业不同。硅谷是一片极其包容的创业热土，成就了仙童半导体和英特尔这样的公司。

（3）企业家和风险资本的完美合作，加上上市渠道的通畅（纳斯达克最为人称道的就是孕育了英特尔等高科技企业），使半导体创业公司发展迅猛，由此产生的造富效应又给风险投资机构带来了正向激励。因此在当年的硅谷，可以说是半导体行业与风险投资行业互相成就。更不必提日后"仙童们"创立了红杉、KPCB 这样的顶级投资机构。

（4）婴儿潮及移民政策带来的人才红利也是必不可少的因素。在美国高等教育机制培养下，大量的本土人才及移民被培养成优秀的科学家和工程师，他们投身到集成电路这个新兴的行业中，源源不断地给各大公司输送人才，成为技术创新的基础。

（5）集成电路产品在发明之初主要用于军工及航天领域，随着 PC 等新兴应用的出现，集成电路市场规模呈指数级增长，从而给予了英特尔等公司足够大的成长空间。当然，英特尔前瞻性地对 CPU 进行研发投入，也是在合适的时机做出了正确的决定。

（6）优秀的企业文化带给公司强大的战斗力。在创始人的影响下，英特尔一直秉持提供最先进的技术及最好的产品的理念，即使在企业资金困难时仍保持高比例的研发投入，捍卫着摩尔定律的延续。同时，公司具有非常强大的学习能力，能迅速从成功和失败中吸取经验和教训并调整方向。

因为具备了上述成功的基因，在集成电路产业数十年的赛跑中，英特尔始终保持领先的身位。

长久以来，英特尔作为硅谷乃至世界集成电路产业最知名且最具代表性的公司，一直在引领产业的发展。诚然，进入新的时代后，这位巨人貌似变得有些守成和迟缓，但作为摩尔定律的忠实信徒，它仍然在履行着芯片行业与外部世界定下的神圣契约，努力推动数字革命的浪潮。

案例 09：硅谷风投业界的标杆——KPCB

硅谷的传奇在于这块狭小土地上不断涌现出影响全球科技界的企业，而企业的培育发展离不开资本的支持。在硅谷，各类灵活多变的风险投资形式帮助企业解决早期资金问题，KPCB（Kleiner Perkins Caufield & Byers）是其中最为知名的风险投资机构之一，它投资的企业包括谷歌（Google）、太阳微系统（SUN Microsystem）、亚马逊（Amazon）、美国在线（AOL）、康柏电脑（Compaq）、基因泰克（Genentech）、易贝（eBay）、网景（Netscape）等，投资的科技公司曾占纳斯达克前 100 家的 1/10。KPCB 甚至成为创新企业的金字招牌，若企业得到 KPCB 的投资，则有望成为行业的领导者，这比获得资金的多少更有意义。

KPCB 始创于 1972 年。在那个年代，硅谷本地的风险投资才刚刚兴起，之前的资金主要来源于硅谷之外，具体以波士顿到华盛顿地区为主。这些资金主要来源于富裕的家族企业家，他们通过创办企业获得良好的回报，但其弊端也很明显：资金规模小，投资方向非常局限。20 世纪 60 年代，属于集成电路技术初创阶段，产生的发明专利在市场中拥有绝对优势，开发的新产品能够迅速抢占市场，并获得巨额收益。高额的利润也将转化为风险投资的股权回报，这也是著名的仙童半导体和风险投资机构戴维斯&洛克（Davis & Rock）的故事。受到这种模式的启发，尤金·克莱纳（Eugene Kleiner）决定创办自己的投资公司——KPCB。

尤金·克莱纳，1923 年出生于奥地利维也纳一户富裕的犹太家庭。二战期间为躲避纳粹，克莱纳全家辗转多地来到美国纽约。克莱纳于 1948 年获得纽约理工大学机械工程学士学位，随后在纽约大学取得工业工程硕士学位。毕业后，他加入西电（Western Electric）公司，并在 1956 年受到肖克莱的邀请，来到加利福尼亚州的肖克莱实验室，次年成为"八叛逆"之一，他们共同创办仙童半导体并担任公司的管理职务。其间，克莱纳发现工程师们有很多创新的想法，但是受限于公司的资金和研发的方向而放弃。后来，克莱纳使用自有资金出资给好友诺伊斯、摩尔和格罗夫创立的英特尔（Intel），并获得投资领域的成功。1967年，克莱纳离开仙童半导体，离职后的他扶持创立了多家公司，并逐渐爱上这份"企业孵化器"的工作。此时，美国的钢铁大亨亨利·希尔曼（Henry Hillman）看好克莱纳的能力和半导体行业的前景，委托克莱纳将400万美元的资金投入半导体行业。于是，克莱纳找到志同道合的汤姆·珀金斯（Tom Perkins），一同创立了KP（Kleiner Perkins）投资公司，即KPCB的前身。

珀金斯1932年生于美国，1953年获得麻省理工学院电气工程和计算机科学学士学位，后取得哈佛大学工商管理硕士（MBA）学位。1963年，珀金斯成为惠普公司研究部行政主管，帮助惠普开发小型计算机业务。随后，珀金斯自主创业，从事激光器的销售。1972年，经投资银行家桑迪·罗伯逊（Sandy Robertson）介绍，珀金斯认识了正在寻找合作伙伴的克莱纳，两人一拍即合，开始共同工作。

克莱纳和珀金斯最初得到12位投资人出资的800万美元，在沙丘路（Sand Hill Road）3000号的办公楼里成立KP公司。公司成立后，克莱纳和珀金斯制定公司管理规则，后来这些规则也成为风险投资行业的规范。首先是合伙制的建立，主要内容：出资人只能作为基金的有限合伙人；出资人不能以个人名义投资基金未通过的项目；出资人获利前，投资公司不能获取任何报酬；投资所获利润不再重复投资；基金投资有时间限制。

随着公司规模扩张的需要，KP于1978年增加两位新合伙人：弗兰克·科菲尔德（Frank Caufield）和布鲁克·拜尔斯（Brook Byers），形成最初的KPCB。

科菲尔德出生于1939年，毕业于美国西点军校，毕业后入伍，后因伤退役，并在哈佛大学获得MBA学位，毕业后在曼哈顿从事企业管理顾问工作。科菲尔德曾经在高中利用零用钱买过33股TI股票，而正是这33股帮助他完成哈佛大学的学业。因此科菲尔德对风险投资产生了浓厚兴趣，当时的雇主便派他到旧金山进行风险基金管理。在工作过程中，认识了珀金斯，最终决定加入KP。

拜尔斯出生于1945年，并先后获得佐治亚理工学院电气工程学士学位和斯坦福大学MBA学位。1970年，拜尔斯结识风险投资人富兰克林·约翰逊

（Franklin Johnson），随后迅速加入约翰逊的公司。其间，他以个人名义投资了 50 多家以新科技为基础的企业，其中包括协力电脑公司，让拜尔斯收获了巨大利润。最终拜尔斯离开约翰逊，并接受珀金斯的邀请，成为 KPCB 的合伙人。

KPCB 的成功，主要归功于创始人立下的不成文规定——风险投资的合伙人本身应具有创业经历。因为风险投资的产业属于尚未定型的领域，合伙人的工作经验能够帮助投资人发掘出项目的技术优势，理解其核心技术。同时，被投资企业属于早期发展阶段，创始人原先的职务或许只是某公司的工程师，没有创业经验。合伙人通过自身的经历，可以帮助被投资企业进行财务管理、研发规划、生产管理、市场开发和后期融资活动，成为被投企业的创业导师。

正因如此，硅谷的集成电路企业在风险投资家的支持与帮助下不断扩大，成就了硅谷的传奇。

1972—2006 年，KPCB 一直致力于投资美国本土企业。2007 年 4 月 24 日，KPCB 首次踏出国门，在北京正式宣布成立凯鹏华盈（KPCB China）基金，由赛富投资前合伙人周志雄和华盈基金创始人兼总裁合伙人汝林琪共同领衔 KPCB 中国团队。

案例 10：以色列半导体创业公司发展历程

以色列国土面积小，资源也相当匮乏，但是以色列现在人均 GDP 已超 5 万美元，并且以其科技创新闻名于世。以色列国内极具创造性的工作氛围，使得其集成电路产业非常发达，至今已诞生近 200 家集成电路企业，每年芯片产品出口额都可占以色列总出口额的近 30%。以色列的集成电路产业覆盖很广，通信、计算机、AI 等高科技领域都有以色列企业的身影出现，并且扮演着很重要的角色。

很多跨时代的产品都诞生在以色列。例如，1999 年腾讯推出的 QQ，模仿的是美国在线（AOL）公司的 ICQ，其实 ICQ 是由以色列 Mirabilis 公司于 1996 年推出的一款将电子邮件和聊天软件结合的即时通信软件，只不过在 1998 年被 AOL 收购了。除了 QQ，大家平时使用的 U 盘，曾经风靡全球的摩托罗拉第一款手机，目前全球最强大的搜索引擎谷歌的核心算法，手机短信的传输技术，这些都是在以色列诞生的。

目前集成电路产业的竞争越来越激烈，而以色列的集成电路企业由于其出色的技术能力和创新能力被各个国际产业巨头（如英特尔、高通、博通、苹果、LG、TI 等）所看中。很多大型的集成电路企业都通过收购技术优秀的以色列集成电路公司来扩展自己的业务，当然它们也会选择在以色列搭建自己的研发基地。以色列集成电路产业的持续发展，也不断吸引着各国的投资者。

成为芯片大国的主要原因

一是重视人才培养。以色列人有很强的危机感，他们明白自己的国家想要在世界上具有竞争力，需要依靠聪明且具有创造力的头脑来争取，因此以色列对教育十分重视。据统计，以色列人的受教育水平非常高，超过 50% 的以色列人接受过 13 年以上的正规学校教育，并且还有非常高比例的人群接受过高等教育，成为工程师和科学家，其占比甚至超过美国近 1 倍。

以色列有全民兵役制度，所有成年的以色列人都需要去军队服役，但与其他服役制度国家不同的是，以色列还会从服役的人中选拔出最优秀的人才来接受与高科技相关的培训，主修计算机、数学、物理等理工科类技术课程。这样一来，以色列的年轻人经过军队训练的洗礼后，不仅练就了很好的身体素质，也激发了奋斗精神，同时又学习了最先进的知识。在退役后，这些优秀的人才大部分都会进入以色列的高科技企业，或者自己创业，为以色列的创新王国继续添砖加瓦。

二是风险投资对高科技的促进。从美国以及其他发达国家的成功经验中可以看出，风险投资对高新企业的成长至关重要。在风险投资机构的帮助下，高新企业的成功率大大提升，推动了整体高新技术产业的发展。风险投资可以在向高新企业提供资金支持的同时，帮助企业提高自身的管理能力，并且给企业提供许多投后增值服务，这正是很多高新企业非常需要的。20 世纪 90 年代，以色列的创新企业也曾经历过低谷时期。当时以色列的创新企业基本没有人投资，极度缺乏资金，并且欠缺对市场的把握和企业管理能力，大量的企业倒闭。这个时期的以色列本就缺少风险投资人才和机构，而国外基金也担心风险过高，导致没有资金愿意注入以色列的创新企业。为了破解这一困境，1993 年，以色列政府设立了 YOZMA 基金，政府的风险投资机构注资了 1 亿美元，并且通过该基金引入了更多民间资本共同设立其他风险投资基金来鼓励创业，通过杠杆扩大资本对于创新企业的支持。YOZMA 基金是由以色列政府投资公司、以色列银行、以色列本国的风险投资者、外国的风险投资基金公司共同设立的风险投资基金，该基金在 1997 年进行了私有化改革。该基金自成立以来，共创立了十个私募股权投资子基金，每个子基金注入了 800 万美元。对被投基金的要求是，每个基金必须要集合以色列本土金融机构的资金与外国的金融机构资金。YOZMA 基金项目推动了以色列风险投资产业的发展，同时使得受到了 YOZMA 投资的创新企业也更容易获得其他金融机构的投资。得到足够资金支持的创新企业，在种子期就可以快速发展，保证这些有技术能力的创业团队可以更好地将其研究成果市场化。

跨国企业和初创企业的成长经历

以色列受到过很多国际集成电路企业巨头的青睐，其中最有名的就是英特尔。英特尔从 20 世纪七八十年代就开始在以色列建立研发中心，目前已经在 4 个城市建立了大型的研发中心，共有上万名员工，其中大约 60%的员工从事与集成电路相关的研发工作。英特尔的 8088 CPU，以及后续的奔腾、酷睿等家喻户晓的 CPU，都是在这四家以色列的研发中心诞生的。

英特尔从在以色列建立研发中心以来，持续投资了近 400 亿美元，大量的投资也培育出了很多集成电路人才。每年这四家研发中心都有员工出来创业，平均每年可以诞生三四十家创新企业，可以说英特尔研发中心是以色列最大的集成电路创新人才基地。

英特尔高管曾经表示，以色列的英特尔团队每年都可以给公司提供数百亿美元的收入。正因在以色列的投资大获成功，才使英特尔对以色列研发中心的投入持续加码。

除了英特尔，另一个集成电路巨头英伟达（NVIDIA）在近 10 年中也一直在以色列布局，包括投资创业公司、建立研发基地等。2018 年，英伟达为了增加 AI 相关产品的研发投入，在以色列建立了新的 AI 研发中心，还在当地招揽 AI 深度学习研发人员。

苹果（Apple）公司也在以色列有多个研发中心，并将其作为海外规模最大的研发基地。苹果的高管曾经表示，以色列的苹果研发中心研发的产品都是苹果产品中至关重要的部分，如 iPhone 中的蓝牙芯片、电源芯片等。

众多世界头部芯片厂商都在以色列布局，这也使得以色列有大量有技术、能创新的研发人才，这些人才也孕育出一大批优秀的创业公司，它们之中的大多数都会被集成电路巨头们并购。

以色列公司	收购方
通信芯片公司 ColorChip	三安光电
集成电路设备公司 Orbotech	KLA-Tencor
辅助驾驶技术公司 Mobileye	英特尔
Toga Networks	华为
Leaba	思科
Altair Semiconductor	索尼
Sansa Security	ARM
Annapurna Labs	亚马逊
无线通信公司 Wilocity	高通
3D 传感器公司 PrimeSense	苹果
BroadLight	博通
Anobit	苹果
TransChip	三星
Galileo Technology	Marvell

Mobileye 的发展历程和启示

Mobileye 是一家专注于机器视觉辅助驾驶技术的公司。从 1999 年以色列教授阿姆农·沙书亚（Amnon Shashua）开始研究汽车安全相关的视觉技术，到 2014 年上市，Mobileye 十几年都致力于这一件事情，造就了一个以色列的传奇创业公司。Mobileye 最终在 2017 年被英特尔收购，这也是以色列历史上创新公司最大的收购案例。

Mobileye 是典型的产学研成功商业化的例子。

阿姆农·沙书亚是 Mobileye 的创始人，他在以色列希伯来大学上学时便注意到人的视网膜与计算机技术有很多共通的地方，之后开始了计算机视觉技术的探索。离开希伯来大学后，他在麻省理工学院（Massachusetts Institute of Technology，MIT）继续从事这项研究。沙书亚确定了自己未来的方向——研究计算机通过不同视角捕捉各种几何图形来进行成像，从而识别不同物体的技术，该技术在多年后显现出的价值得到业界认同，成为计算机视觉中的关键技术。

在 MIT，沙书亚师从计算机视觉科学家汤米·波焦（Tommy Poggio）和埃里克·格里姆森（Eric Grimson）。格里姆森后来成为 MIT 的副校长，波焦则是 MIT 研究神经科学和计算机科学的知名技术专家。

从表面上看，从捕捉形状到识别形状并不困难，但在真正编写识别软件时却会遇到很多问题，即使相关技术经过多年的发展，时至今日依旧没有解决"场景理解"的核心问题。比如说，要在识别出一个人的同时，还需要识别出这个人可能要做些什么事情。目前，业内也只是在某些特定的领域和场景中取得了一些成果。例如，目前的汽车可以及时识别出自行车或行人，在可能发生碰撞前提前自动减速。脑科学家和计算机学家也一直在讨论机器到底能不能完成人脑的工作（甚至在某些领域代替人脑）。而沙书亚的想法则简单很多，机器或许不能完全模拟人脑，但是它可以通过其他途径来完成人脑做的事，就好像飞机不能扇翅膀但可以跟鸟一样飞上天空。

沙书亚从 MIT 完成进修后，为了继续研究，回到了自己的母校，在以色列希伯来大学任教。1998 年，沙书亚的研究有了一定的进展，在日本的演讲中分享了自己当时的研究成果，并且他提到自己的技术可以使用摄像头来探测一些物体。该研究成果被丰田（Toyota）公司看中，丰田一直都希望计算机辅助驾驶的能力可以得到增强，通过提升其立体视觉技术的方式来增加汽车的安全性。当沙书亚在多视觉几何领域小有成就时，丰田立刻来向他咨询关于立体视觉的想法。虽然原理上人因为左右眼观察物体的角度有细微的差别，需要通过双眼的反馈来感知物体的深度信息，通过这个视觉上的差别判断物体的位置。但沙书亚认为，一只眼睛同样能够做到双眼的观察效果。丰田认为沙书亚的研究很有前景，但是目前的研究进度还无法证明这个理论可以实践，所以丰田提出为沙书亚提供一定的研究资金，以加快沙书亚对自己理论的实践和商业化。

得到丰田的认可和资金后，沙书亚马上回到以色列招揽研发人员进行研发。几个月后，他便带着一个相机视觉原型去给丰田展示，虽然这个原型机又大又重，但是它实实在在地证明了沙书亚的理论，单个摄像头确实可以判断其观测到的物体的距离。

沙书亚在项目开始大概半年后，得知通用汽车公司（General Motors Corporation，GMC）准备招标一种可以警告驾驶员车辆偏离原本行驶车道的方案。通用汽车一直在寻找可以解决车辆和行人探测问题的方案，这在汽车业界属于一个难题。沙书亚参与了这一次通用汽车的竞标，虽然当时的软件不够完善，但是优秀的整体方案以及实惠的价格，使得沙书亚的方案被通用汽车看中。所以通用汽车直接取消了投标的形式，选用了沙书亚的方案并提供研发资金，来帮助其迅速修复软件的问题。

车辆检测技术可以持续推进相关安全功能的技术发展，这个技术不是用来替代驾驶员的，而是通过计算机安全网络和在车辆中隐秘布置传感器来加强车辆整体的安全性能。比如说，防碰撞制动技术、车辆行驶偏离预警、巡航控制下前方碰撞预警等技术，都在以很快的速度迭代，最终将成为标准的汽车安全系统，提升车辆行驶的整体安全系数。

这期间，沙书亚叫来了自己在商界的朋友齐夫·阿维拉姆（Ziv Aviram），向他表明自己手里技术的价值，并称已经有客户愿意购买。两人合计之后，于 1999 年共同成立了 Mobileye 公司，公司的名称也代表了其核心的思想：为汽车装上眼睛。沙书亚担任董事长、CTO，主要负责研发；而阿维拉姆担任 CEO，主要负责公司整体的运营策略和融资等对外事务。

在最初的几年里，Mobileye 发展迅速，每年都研发一款新的原型产品。同时，公司也进行了多次融资，在 2003 年 Mobileye 启动了 A 轮融资，投后估值近 2 亿美元，融资金额 1500 万美元，在此之前 Mobileye 已经得到过 3000 万美元的融资。

2004 年，Mobileye 自研的 EyeQ 芯片诞生了，这是一款集成进汽车中的算法芯片，为 Mobileye 奠定了客户基础。

2007 年，Mobileye 获得高盛集团 1.3 亿美元投资，投后估值 6 亿美元。这时，Mobileye 已经成立八年了，在此期间，Mobileye 一直专注于汽车安全领域，与多个全球头部零配件供应商成功合作，使 Mobileye 的 EyeQ 芯片可以导入汽车的前装市场，宝马（BMW）、通用汽车（GMC）、沃尔沃（VOLVO）这三家世界汽车巨头成为 Mobileye 的第一批用户。

2008 年，Mobileye 推出 EyeQ2 芯片，这也预示着它开始步入稳步发展阶段。此后 5 年间，Mobileye 的芯片销量迅速爬升，超过了 100 万颗，这是一个重要的里程碑，为其积蓄了更多爆发的能量。

到 2018 年为止，Mobileye 一直保持着非常快的发展速度，累计销售超过 4000 万颗的 EyeQ 系列芯片。该芯片在一辆车上仅需一颗，这也就是说全球至少有 4000 万辆汽车在使用 Mobileye 的产品。包括通用汽车的 Super Cruise、奥迪

A8 的 zFas、PSA RoadPfofile、日产 Propilot、蔚来 NIO Pilot 等自动驾驶控制系统都搭载了 Mobileye 的 EyeQ 芯片。

2014 年 Mobileye 上市，公开募集了近 9 亿美元，让全球都注意到了这颗冉冉升起的新星。2017 年，Mobileye 被英特尔收购，收购金额高达 153 亿美元。Mobileye 始终专注于一个领域，那就是为客户提供低成本、高性能、高可靠性的先进驾驶辅助系统（Advanced Driver Assistance System，ADAS）车规级芯片和算法。只靠唯一的业务线和市场可以做到这个地步，足以证明 Mobileye 的核心技术能力非常高。英特尔正是看中了这一点。英特尔收购 Mobileye 的另一个目的是通过 Mobileye 扩展数十家稳定的汽车企业客户。

国际集成电路巨头在以色列并购创新企业的案例比比皆是，比如 TI 曾经一次性收购 3 家以色列芯片创新企业，博通迄今为止已经收购了十多家以色列的创新公司，苹果曾经花高价在以色列收购过两家芯片公司，高通也在以色列有多起并购。

从上述案例中可以看出，围绕以色列集成电路企业的风险投资和并购非常频繁，且都取得很不错的效果。以色列这样一个人口不太多、国土面积不太大的国家，每年却可以孕育出上千家的创业公司（数量仅次于中国和美国），可见其创新人才比例之高。以色列因此被大家称为"第二个硅谷"，其商业模式也与硅谷类似，依靠着大量风险投资（VC）基金的投资来孵化众多的创业公司。在对以色列创业公司的投资中，有 70%的资金都来自风险投资基金。我国也在以色列有大量的风险投资，并且这些投资基本都有较高的回报，成功退出率很高，这样的良性循环自然会吸引越来越多的投资人将目光转向以色列。

集成电路产业政策及推动作用

作为信息产业的核心，集成电路产业是支撑经济社会发展和保障国家安全的战略性、基础性和先导性产业，因此受到政府的扶持。一般而言，政府对产业的支持主要包括：资金、土地、人才引进和各项发展政策的支持。很多国家和地区将资本、技术、人才等力量汇集起来，大力发展集成电路产业。但是由于政治制度、经济和技术基础、产业发展阶段等因素的不同，各个国家和地区制定的集成电路产业推进政策也有所不同。

美国

美国是集成电路产业的发源地，多年以来形成的鼓励技术创新的氛围，以及将高科技产业作为驱动经济发展主要引擎的国策，注定了美国政府在集成电路产业的发展过程中会通过各种形式的政策予以支持。但在不同的阶段，政策帮扶的侧重点也会出现变化。美国政府对于集成电路产业早期发展的帮助，主要通过政府对研发高精尖技术的课题投入科研经费来实现。一旦科研项目开始具备商业价值，政府将逐渐减少并最终终止对这类课题的资助。政府依靠"看不见的手"对产业发展进行引导。

第二次世界大战和冷战时期，美国军工行业需求旺盛，政府以发展集成电路产业作为国家战略指导方针，开始与企业联盟进行多项先进技术的落地，为国防、航天提供技术服务，同时军工和航天的订单为早期集成电路企业快速扩大规模提供了主要的资金来源。除此之外，美国建立了以风险投资为核心的科创体系，并相继通过政策制定（如 Prudent Person Rule）、设立各种官方和非官方的组织机构[如美国小企业管理局（SBA）、美国风险投资协会（NVCA）等]、给予税收优惠（降低资本利得税）和资金供给（如 VCLP 和 SBIC）等方式，鼓励资本投入集成电路等高科技行业，支持初创科技公司的快速发展。此后，为确保美国在国际产业竞争中的领先地位，美国制订了一系列先进技术计划，包括半导体制造技术研究联合体（Sematech）计划、国家信息基础实施计划（NII）、纳米技术计划（NNI）等。其中，比较典型的就是美国为夺回被日本抢走的半导体产业领导地位而推出的 Sematech 计划。美国在 1984 年颁布了国家合作研究方案（NCRA），重点支持国防用集成电路领域，资源聚焦于包括集成电路在内的信息技术。1987 年，由美国 IBM、TI 和 HP 等 13 个成员发起成立了集成电路制造技术 R&D 战略联盟，围绕该联盟逐渐形成了政府、国家级研究机构、高校、民间研究机构和企业之间的产学研机制，以及使科研成果从科研院所向产业界转化的多层次创新体系。这套机制在美国集成电路产业发展中发挥了突出的作用。

进入 21 世纪以来，美国仍在通过各项产业政策应对国际竞争对手的威胁，比如 2015 年，美国启动了国会半导体核心会议，专门研究半导体产业政策。随后，美国国会研究服务中心和总统科技顾问委员会先后在 2016 年和 2017 年发布了《美国半导体制造：行业趋势、国际竞争与联邦政策》和《持续巩固美国半导体产业领导地位》两份指引性报告。2017 年至今，美国政府为了促进其半导体产业的发展和维护国家安全，颁布了一系列政策性文件和法案，比如 2017 年的《确保美国在半导体行业长期领先地位》、2018 年的《出口管制改革法案》、2022 年的《芯片与科学法案》等。

日本

从 20 世纪 50 年代起，日本经济高速发展。为提升综合国力，在产业链中获取更大的话语权，日本政府决定集中力量发展集成电路产业。日本政府制定了一系列产业政策：颁布临时措施法，促进日本企业在学习美国先进技术的基础上，强化发展电子产业；政策性金融、补贴税收支持兼并与整合；基础设备的国产化要求；对外商投资严格审批；主导建立以企业为主体的"产学民"协同的联合研发机制。日本政府分别于 1957 年、1971 年、1978 年颁布了《电子工业振兴临时措施法》《特定电子工业及特定机械工业振兴临时措施法》《特定机械情报产业振兴临时措施法》，并规定：日本主管大臣有权指示特定工业的经营者采取联合行动，在规定的范围内能够获得反垄断法豁免，以达到特定工业合理化目标。

20 世纪四五十年代，美国半导体行业形成制造产品、制造生产设备和制造生产材料的综合性产业。到 50 年代后期，由于冷战时期的需要，美国积极向日本转移先进技术，如企业间的专利实施权、专家赴美考察等，日本的日立（HITACHI）、东芝（TOSHIBA）、神户工业（KOBELCO）等企业在其中纷纷获利，并建立了自己的晶体管工厂。通过技术转移加上自主研发，日本很快推出针对消费市场的晶体管收音机。由于面向日本大众的消费市场需求量远远超过美国当时的军工市场需求量，日本的晶体管销量大幅超越美国。日本在晶体管市场的赶超，导致美国开始重视日本这位竞争对手。

到了 60 年代，当日本企业再次寻求引进美国集成电路技术时，直接受到美国打压。日本政府随即出台了一系列保护民族工业的政策：严格限制芯片进口品种、征收较高关税、进口限额、外商对日投资采取审批制度，并以"逐步开放市场"为借口，延缓美国企业进入本地市场，为本土企业发展争取时间。

进入 20 世纪 70 年代，虽然日本集成电路产业取得了进步，但是与美国相比仍然存在差距。在得知 IBM 将超大规模集成电路（VLSI）应用到其下一代计算机后，备感紧迫的日本政府立刻组织日本最大的五家计算机企业——富士通（FUJITSU）、日本电气（NEC）、日立、东芝和三菱电机，形成超大规模集成电路（VSLI）研发组合，并提供免息贷款进行资金补助，以国家之力集中人才、资金、资源形成"竞争前的合作"和"合作后的竞争"。研发组合以大型企业为主（从事产品开发研究），国家研究机构、大学为辅（为企业提供基础理论研究）。在研发生产过程中，日本政府要求各企业在涉及半导体生产的原材料、设备、零部件以及产品的规格、产品、技术层面保持一致。在扶持大集团的同时，政府也没有忽略中小企业的发展，这一点与日后的韩国形成了明显反差。日本政府通过资金援助、设备租赁等方式，鼓励中小企业以专业协作的方式融入大企业的生产体系中，提供配套服务。

到了 20 世纪 80 年代，日本迎来集成电路产业的"黄金时代"，不仅对美国形成了以 DRAM 为主的技术超越，同时国内集成电路生产设备也随着技术发展开启了自主研发进程。但 80 年代后半段，日本与美国签署半导体协议，日本企业出口受限，并被迫打开国内市场。90 年代，DRAM 产业发生了变化，下游市场从追逐高品质转变为寻求低价格，而日本厂商未能快速适应市场变化，加上韩国与中国台湾地区在集成电路产业中的崛起，以及市场产能过剩和贸易摩擦，日本企业开始陷入亏损危机，导致日本的集成电路产业规模开始下降。1999 年—2004 年，日本政府主导将 NEC、日立、三菱电机的 DRAM 业务部门合并，成立新公司尔必达（ELPIDA），但是受到金融危机、日元升值、韩国对手强势崛起、市场需求及产品价格双双下滑等多重因素叠加的影响，得到日本政府资金支持的尔必达最终也未能逃过破产的结局。

韩国

相比美、日，韩国政府对集成电路产业的扶持可谓是不遗余力。早在 20 世纪六七十年代，韩国政府便开始通过产业政策引导韩国企业不断进行产业投资，比如在 1969—1976 年间制定"电子工业振兴八年计划"。1976 年，韩国政府成立韩国电子技术研究院（Korea Institute of Electronics Technology, KIET），下设半导体设计、制程、系统三大部门，每个部门的领导都具有美国集成电路产业研究经验。同时，大量招收从美国归来的工程师，开设试验生产线，协助企业研发集成电路关键技术，完成"计划与协调半导体研发、进口、吸收和传播国外技术，为韩国企业提供技术支持，进行市场调研"的目的。

同时，韩国政府通过多种方式引导韩国的大财团进入集成电路领域。获得了政府金融支持的大财团，可以花费重金引进人才和技术，并进行自主研发。

从20世纪80年代开始，由于日本的集成电路产业逐渐赶超美国，美国企业为了降低成本、增强国际竞争能力，以仙童半导体、摩托罗拉为代表的美国公司利用韩国的成本优势，将低端产品的设计环节转移至韩国，并在韩国设立封装厂、组装厂。同时，随着日韩邦交正常化，以东芝为代表的日本集成电路企业也开始在韩国投资建厂。在此基础上，韩国政府于1981年制订"半导体工业育成计划"，以支持DRAM的研发，推动LG、现代（HYUNDAI）、三星（SAMSUNG）为代表的企业进入集成电路行业。

1986—1989年，韩国开始自主研发存储器芯片，并将4Mbit DRAM作为国家项目。政府制订半导体信息技术开发方向的投资计划，国家资金支持6300万美元，将当时已是财团的三星、LG、现代形成同盟，由韩国电子技术研究所作为厂商、大学和政府的协调者，以产、学、研、官联合的模式发展韩国的集成电路产业。1989—1993年，韩国政府持续以这种形式研发16Mbit/64Mbit DRAM。由于DRAM产品的升级换代，研发费用持续增加，同时产品迭代周期缩短，企业常常需要同时研发多代产品，即使对于实力雄厚的财团而言也备感吃力。因此，政府提供持续的资金支持，并参与研发，以缓解财团的资金压力。其间，韩国政府总共投资了1.2亿美元进行相关项目的开发。在国家资金和政策的扶持下，韩国的集成电路产业整体缩小了与美、日之间的技术差距，同时三星、现代、LG等大型企业逐渐形成自主研发能力，其技术水平开始赶超美国和日本。

中国台湾地区

20世纪60年代后期，随着通用仪器（General Instrument，GI）、TI等美国公司开始在中国台湾地区设立封装厂，进行封装产业的转移，台湾地区的集成电路产业开始逐步奠定基础。

70年代的台湾处于社会经济转型时期，岛内资源匮乏、技术基础薄弱，企业缺乏自主技术开发的能力。台湾当局通过对国际科技发展趋势的考量，决定将电子产业作为支撑岛内现代化建设的重点行业。其实早在1966年，美国通用仪器（GI）公司便看中了台湾地区劳动力低廉的优势，在高雄设立晶体管装配厂，这为台湾发展集成电路产业拉开了序幕。1973—1974 年，台湾当局设立"工业技术研究院"（简称"工研院"）及其"电子工业研究所"，进行集成电路的应用研究。1975 年，台湾当局推出"积体电路（即集成电路）示范工厂设置计划"，"工研院"派出年轻的精英前往美国与美国无线电公司（RCA）合作，引进对方先进的集成电路制造技术。同时为了鼓励产业发展，台湾当局开始吸引海外专家来岛创业，并鼓励本地工程师赴美国和日本学习。1980 年，仿照硅谷模式的新竹科学工业园在台湾建成，标志着研究所、大学、私人企业"三角合作"模式的确立。由台湾当局投入资金建立基础设施，并给予土地、税收等优惠政策和研发奖励，通过风险投资机制吸引民间资金进入高科技企业。台湾当局甚至将电子工业研究所中所有集成电路工厂迁至新竹科学工业园，成立了台湾第一家半导体企业——联华电子股份有限公司（简称"联电"）。

到 80 年代末，下游 PC 产品产能扩张，集成电路产业也随之壮大。国际上大量的集成电路企业开始优先生产利润率高的集成电路组件，而将利润率低的通用类芯片的生产和封装测试进行分拆外包。台湾地区抓住这一机会，以低廉的人力成本优势成为美国计算机行业的芯片加工基地。同时，为进一步获取人才，台湾当局在美国硅谷大力邀请海外工作或学习的台湾工程师和科学家回岛参观，并鼓励其创业，张忠谋便在成功召回之列。1987 年，为满足海外圆片制造需求，由"工研院"出资，在新竹科学工业园成立了台湾积体电路制造公司（简称"台积电"），生产设备由"工研院"购置后出租给公司。在分析了集成电路产业后进入者的优劣势之后，台积电独辟蹊径地开创了专注生产环节的圆片代工模式。代工环节不用考虑产品规划，也没有销售端的压力，企业只需全力发展制造技术、提升产品良率，确保在最短的时间内将产品稳定交付给客户即可。这种新型的产业模式一经推出，便引发了热潮，台湾地区涌现出大量的制造类企业。而代工模式促使一直以来以垂直整合的 IDM 模式为主的集成电路产业发生变革，衍生出了无圆片（Fabless）企业、封测企业等。台湾地区也随之诞生了许多优秀的本地集成电路产业链公司，如联发科技（MediaTek）、瑞昱（Realtek）等集成电路设计企业，以及日月光（ASE）等封测行业龙头企业。从此开始，台湾地区逐步形成了以新竹科学工业园为中心的产业集聚生态。台企之间是合作竞争的关系，在市场动态和技术发展趋势等方面互通有无，快速应变，使整个地区的集成电路产业发展步入良性轨道。而当新竹科学工业园的土地资源不足时，产业集群也开始向外拓展。

由于集成电路代工具有资金密集的性质，同时具有规模效应，领先者往往通过先发优势在生产线规模和持续资本开支等方面建立起极高的壁垒，追赶者必须同样具备持续大额投资的能力，否则与先发者之间的差距将越来越大。但这样的投资具有周期长且风险高的特点，不受民间资本的青睐。而台积电建立之初，原本计划其资金来源由台湾地区官方基金出资 50%，剩余 50%由民间资金和外资共同解决。而实际运营中，台湾地区官方占股 48.3%，飞利浦作为主要技术提供商和国外投资者占 27.5%，其他七家台湾民营企业合计只占 24.2%。并且作为将"工研院"引进技术进行产业化落地的衍生企业，在 1992 年之前，台积电使用的都是"工研院"电子所之前的 3 英寸实验线。直至台积电在美国成功上市后，为了满足公司后续的海外融资和员工的股权激励，台湾当局所谓的"国家开发基金"才逐步退出。

从台湾地区集成电路产业的发展中可以看出，政策性扶持有吸引人才、整合资源的作用，对具有人才密集、技术密集、资源密集的集成电路行业起到一定的引导作用，但要实现行业本地化发展，仍然需要依靠技术创新和市场认可的良性循环。

案例 11：全球封测龙头企业日月光

日月光（ASE）于 1984 年在我国台湾地区注册成立，于 1989 年在台湾证券交易所上市，于 2000 年在美国上市。2010 年，日月光收购环隆电气，纵向在产业链上拓展了系统与模组组装。2016 年，日月光与矽品精密（SPIL）完成合并，日月光一跃成为全球第一大半导体封测厂。

日月光的主营业务是半导体封装、测试、电子代工制造服务，主要由公司旗下的日月光和矽品精密（简称矽品）运营。2023 年，日月光营收超过 1300 亿元，而行业排名第二的安靠（Amkor）营收仅为 461.5 亿元。

2017 年 11 月，我国商务部根据《中华人民共和国反垄断法》相关规定，附加限制性条件批准日月光与矽品合并申请：要求日月光和矽品在 24 个月的限制期内，仍需要按照过去的惯例和管理模式分开经营和竞争，日月光和矽品都必须保持独立的法人地位。该限制已于2020年3月25日解除，这就意味着日月光与矽品的合并最终完成。

日月光2023年年度报告显示，日月光的客户主要位于美国、亚洲、欧洲等区域，这些区域的销售额分别占同期销售收入的63.6%、25.1%、11.2%，而公司的生产基地主要分布于美国、中国（包括大陆和台湾两部分）、日本、韩国以及东南亚地区。

韩国是存储器和通信设备厂商集中的地区；日本是封装外包业务的新兴市场，日本本土集成电路制造商逐渐外包其圆片制造业务；美国加州是芯片设计中心。这三个地区都是日月光客户聚集的地区。除此之外，中国大陆是芯片制造和产品需求增长最快的市场，也是重要的封装材料供应地。

靠近客户、圆片制造商和材料供应商是公司选择生产基地的原则。围绕该原则，日月光构建了全球化的生产体系，以便迅速了解客户需求，提高市场响应速度，同时大大缩短产品的研发和生产周期。

日月光的业务扩张以1999年、2004年、2007年、2013年、2018年为节点，每隔3~5年集中拓展业务，保证了公司中长期的稳步发展。

1999年，日月光通过其子公司福雷电子收购全美最大的独立测试厂ISE Labs 70%的股权，同年并购了摩托罗拉在中国台湾地区与韩国的封装厂，开启了日月光与IDM厂商合作的先例。

2004年，日月光并购了NEC在山形县的封装测试厂，延续了与IDM厂商合作的策略，同时标志着公司在日本建立运营平台。同年，日月光基板材料及IC模组生产基地在上海成立。

2007年，日月光进一步大幅扩张其在中国大陆的业务。公司与恩智浦合资成立了苏州封测厂，命名为日月新，提供低阶封装服务。同年，公司整合了上海威宇科技测试封装有限公司，更名为日月光封装测试（上海）有限公司。

2008年，日月光收购了韩资企业威海爱一和一电子有限公司，进军晶体管和模拟IC的封装与测试。

2010年，日月光投资了环电公司并占有98.9%的股权，自此日月光成为首家具备基板、封测和系统制造能力的公司。

2013年，日月光取得了无锡通芝微电子有限公司股权，强化了公司在中国大陆的集成电路封测业务。

2018 年，日月光与矽品分别召开董事会，通过股份转换，由日月光投资控股取得日月光集团和矽品的 100%股权。

纵观日月光发展历程，它一直紧跟集成电路产业发展的节奏。伴随着 IDM 模式逐渐向台积电主导的 Fabless 模式转向，日月光采取了大胆扩张式的策略。1990 年收购福雷电子，建立集成电路测试业版图。随后，日月光通过收购国际大厂业务，获取委外订单。2000 年后，日月光已经成为中国台湾地区排名第一、全球排名第二的集成电路封测企业。2003 年，日月光成为全球最大的集成电路封装测试公司[1]。2007 年，随着中国大陆市场的崛起，日月光迅速跟进，通过积极的并购和扩张策略，更加巩固了自己的市场领先地位。

案例 12：台积电发展简史

台湾积体电路制造股份有限公司（TSMC），简称台积电，是一家位于台湾新竹科学工业园的集成电路代工企业。2023 年底，台积电及其子公司 12 英寸圆片的年产能超过 1600 万片，在台湾拥有 4 个 12 英寸、4 个 200mm（业内俗称 8 英寸）和 1 个 6 英寸圆片代工厂，并在海外拥有全资子公司——美国 WaferTech 公司。因此，台积电有来自其子公司 WaferTech、台积电（中国）有限公司、台积电（南京）有限公司的产能支持。其中，台积电（南京）有限公司成立于 2016 年，拥有 12 英寸的圆片厂和设计服务中心。

发展历程

初创： 台积电的发展历程与其创始人张忠谋有着千丝万缕的联系。1987 年台积电创立时，时年 55 岁的张忠谋已在集成电路行业积累了丰富的经验。彼时，集成电路行业以垂直整合制造（IDM）模式为主导，芯片设计、制造、封装工艺都是同一家公司完成的，市场上没有专门从事芯片制造的公司。张忠谋从中看到了商机，便成立了一家专注圆片制造的公司。

第一个十年： 台积电在成立之初就遇到了很多困难。首先是纯代工模式不为市场所知，而台湾地区的集成电路产业才刚刚起步，代工模式对产业影响不大。在成立的头一两年，台积电的客户很少，订单也很少。此外，台积电成立时行业处于低迷期，全球集成电路市场总销售额增速从高位快速放缓。1988 年，台积电

---

[1] ASE，Corporation Milestone[EB/OL]，https://ase.aseglobal.com/ch/about/milestones

迎来了一个重要的转折点——张忠谋邀请时任英特尔 CEO 的安德鲁·斯蒂芬·格罗夫亲自来台为台积电进行认证。在完成英特尔提出的 200 多项改进后，台积电成功获得英特尔的认证和订单。此后，随着集成电路行业的复苏，台积电的业务快速增长，分别于 1994 年和 1997 年在台湾证券交易所（股票代码 2330.TW）和纽约证券交易所（股票代码 TSM）上市。

第二个十年： 2000 年后，互联网泡沫破灭，全球集成电路行业也受到了影响。2001 年台积电的销售额比 2000 年同期下降了 24%，但次年台积电就扭转了颓势，并实现了 29%的增长，销售额基本回归了 2000 年的水平。此后，除去 2009 年销售额较上一年有小幅度回落外，销售额不断提升。2000 年，台积电的总回报率为 46%。2001 年，受行业环境影响，台积电总回报率下降到 27%，但仍保持着盈利。更重要的是，20 世纪 90 年代末，台积电的发展还落后于英特尔，但在这十年里，台积电的技术实力一直处于世界领先地位。1999 年，台积电率先推出 0.18μm 铜制程技术。2001 年，台积电推出业界首个面向设计类客户的参考设计流程，针对的芯片特征尺寸分别为 0.25μm 及 0.18μm。2005 年，台积电再次领先行业，成功试产了 65nm 制程的芯片。

第三个十年： 此时，台积电遭遇财务危机——2009 年销售额同比下降 11.2%，但 2010 年销售额再次快速增长，同比增长 41.9%。之前担任台积电 CEO 的蔡力行非常重视成本控制，帮助维持利润率，但也因裁员引发劳资纠纷。2009 年 6 月，78 岁高龄的张忠谋重返公司出任 CEO。作为公司的创始人，张忠谋在全体员工中有着巨大的威望，他的回归成功稳定了局势，帮助台积电在金融危机期间迅速恢复业绩。

近况： 2020 年台积电的市场份额约为 61%，在同行中遥遥领先，处于绝对领先地位。随着 AI 浪潮的到来，台积电又进一步巩固了全球市场领导者的地位。

成功的关键

一是企业文化。 台积电的企业文化主要来自创始人张忠谋的强硬性格。张忠谋曾经说过："每个人都应该设定目标，然后设定更高的目标，迫使自己实现它。"台积电业务的各个方面都体现了对这一崇高目标的"强制"态度。在成立之初，台积电就立下了成为世界级公司的目标，制定了完善、详细的业务规章制度，对产品质量提出了高标准要求。

二是高额资本开支与充沛经营现金流的正向循环。 台积电持续的大手笔投资，巩固了其在产能和技术方面的领先地位，让拥有先进工艺节点的高利润业务能够为其带来庞大的运营现金流。运营现金流可帮助台积电在未来进行更多投资，以实现稳健的管理。

三是利用技术领先优势实现成本优势。 台积电设备的折旧政策相较同行较为激进，一旦台积电设备折旧计提完成，设备将继续使用，但产品的会计成本将大大降低，而此时竞争对手的设备折旧仍在进行中。这让台积电能够利用成本优势打压竞争对手的盈利能力。

四是创立之初得到台当局扶持。 台积电诞生于台湾"工研院"的"超大型集成电路（VLSI）项目"。台当局"行政院国家科学委员会"（简称"国科会"）投资 1 亿美元，与飞利浦及一些民间资本共同发起设立台积电，由台湾"工研院"院长张忠谋出任董事长。而台积电成立后，台湾"工研院"电子所的部分员工及相关技术也被迁入台积电。

案例 13：东芝发展简史

日本集成电路产业经历了 20 世纪 60 年代的复苏、70 年代的崛起、80 年代的鼎盛，再到 90 年代的衰落，进入 21 世纪后，产业艰难转型，力争突破窘境。而东芝是为数不多经历全过程的集成电路企业，也是最能"阐述"政府产业政策在集成电路产业中起到作用的企业。

追溯东芝的历史，行业普遍认为成立于明治时期的田中制造所是东芝的前身。田中制造所由天才发明家田中久重于 1875 年在东京（Tokyo）创立。之后，由于迁址到了芝浦（Shibaura），田中制造所改名为芝浦制造所[1]。产品也由原来的发电机等重型机械扩展到了家用电器和电信领域。1939 年，芝浦制造所与一家生产白炽灯泡和台灯的名叫东京电器的公司合并，并分别用两家公司的开头文字组合而成了新名字——东芝（TOSHIBA）。

东芝早期的发展和兴起，离不开日本政府的帮助。在东芝完成合并的当年，第二次世界大战爆发，作为日本知名的重型机电生产企业，在整个二战期间，东芝为日本生产了大量的重型机枪、山炮、各类坦克和舰船电机。战争中的积累，让东芝成为日本的头部军工企业。直到日本战败后，东芝才开

---

1 包晓闻，刘坤山. 企业核心竞争力经典案例：日韩篇[M]. 北京：经济管理出版社，2005.

始转入民用领域。

20 世纪 50 年代，日本为了扭转战败国的弱势地位、摆脱对欧美的依附，打算集中力量发展集成电路产业。借着朝鲜战争和随后到来的冷战，日本工业从美国订单中获得了振兴经济的机遇。借此机会，日本政府于 1957 年颁布了《电子工业振兴临时措施法》，其目的是鼓励日本企业前往美国，积极学习他们的先进技术；与此同时，美国企业也无偿向日本转移了一部分技术[1]。东芝、日立等一批企业在此过程中纷纷获利，推出了一系列针对消费市场的电子产品。

20 世纪 60 年代，日本政府提出了"官产学"一体化的政策。70 年代，日本政府在 1971 年和 1978 年分别颁布了两部旨在强化集成电路电子产业发展力度的法案——《特定电子工业及特定机械工业振兴临时措施法》和《特定机械情报产业振兴临时措施法》[2]。这些法令有效提升了日本企业研发实力，帮助日本企业成功抵御西方集成电路厂商的冲击，加强了集成电路产业的发展，使日本集成电路产品走向世界[1]。

随着这一波浪潮，东芝一跃成为一家巨无霸企业，在全球拥有十几万名员工，业务范围涵盖基建、家电、电机、集成电路、计算机等数十个领域。

在尝到了发展集成电路产业的甜头后，日本政府决定倾全国之力，全力发展集成电路产业。1976 年，在通产省的带领下，以东芝、日立等五大企业为骨干，辅以联合电气技术实验室等三大研究所，为期三年，共同集资 720 亿日元，成立了超大规模集成电路（VSLI）研发组合，就集成电路产业的核心共性技术展开突破研究[3]。在政府的要求下，集成电路企业所涉及的生产设备、原材料、零部件以及产品的规格、技术都具有一致性，同时鼓励小企业为大企业进行配套服务，带领日本全国的集成电路技术长足进步。

到了 80 年代初期，日本国内集成电路生产制造设备的国产化率达到了惊人的 70%多，集成电路产业进入黄金时代。受益于本土汽车产业和大型计算机的发

---

[1] 钟诚. 基于钻石理论架构我国集成电路设计产业竞争力的研究[D]. 天津：南开大学，2009. DOI:10.7666/d.y9044365.

[2] 周千荷，吕尧. 战后日本发展半导体产业的经验分析[J]. 网络空间安全，2020,11(7):130-135. DOI:10.3969/j.issn.1674-9456.2020.07.022.

[3] 贾姗姗. 产业技术创新战略联盟中的政府行为研究——以江苏省半导体照明产业技术创新战略联盟为例[D]. 南京：南京理工大学，2012. DOI:10.7666/d.Y2061888.

展，DRAM 的需求量激增，美日韩集成电路领域的竞争主要集中在 DRAM 市场。日本企业因为有国家政策的正确引导，在集成电路领域显得异常生猛。东芝响应国家号召，斥资 340 亿日元，组织超过 1500 人的研发团队主攻 DRAM，立志拿下 DRAM 第一高地。东芝在 1985 年率先推出了 1Mbit 容量的 DRAM 芯片，这是当时世界上最大的 DRAM 芯片。随后，英特尔更是在 DRAM 领域被东芝打得丢盔弃甲，彻底剥离了 DRAM 业务。可以说 80 年代到 90 年代初期，是日本集成电路产业最辉煌的时期。到了 1986 年，日本集成电路企业所生产的 DRAM 在全球市场份额中占比达到了 80%[1]。那时候的东芝如日中天，每股股价高达 1500 日元，市值位居全球十大集成电路企业第二名。

然而到了 20 世纪 80 年代末，正当日本集成电路产业处于巅峰状态时，一个出人意料的插曲成了之后日本集成电路产业"失落"20 年的导火索。1983 年，东芝以 10 倍的价格向受到"巴黎统筹协会"技术封锁的苏联出口了 4 台精密加工数控机床，并在 1987 年被美国掌握真凭实据。美国对东芝进行了一系列的制裁和出口禁运。再加上从 1985 年开始，因为日本疯狂向美国倾销廉价电子产品，触碰了美国集成电路企业的蛋糕。后来，日本被迫与美国签订诸如《广场协议》、《半导体协定》、超级 301 条款、《日美结构性障碍协议》等一系列条款，一套组合拳打得日本集成电路产业毫无招架之力，日本经济开始陷入危机。1987 年，为了应对日本芯片产业联盟，美国政府出资 10 亿美元，联合 14 家美国集成电路厂商组成"美国半导体制造技术战略联盟"[2]。随后，美国于 1993 年出台了《美国信息高速公路法案》，用于提振国内集成电路产业。

与此同时，PC 开始取代大型主机成为计算机市场的主要产品，市场对 DRAM 产品的要求从高可靠性转变为了高性价比[3]。DRAM 在集成电路中相对技术门槛较低，韩国、中国台湾等通过技术采购，也获取了核心技术能力，再通过低廉的劳动成本，快速取代日本成为 DRAM 市场主要玩家。当时日本政府发展集成电路产业的战略眼光较为短浅，致使产业结构比较单一，全力押宝在 DRAM 市场上，待要调整却为时已晚。1998 年，韩国正式取代日本，成为 DRAM 第一

---

[1] 冯昭奎. 日本半导体产业发展与日美半导体贸易摩擦[J]. 日本学刊，2019(B06).

[2] 陈耀. 我国高技术产业发展战略研究——基于联盟的视角[J]. 江海学刊，2007(5):59-63. DOI: 10.3969/j.issn.1000-856X.2007.05.011.

[3] 邵虞. 半导体存储器期待再创辉煌[J]. 电子产品世界，2007(5):24-32. DOI:10.3969/j.issn.1005-5517. 2007.05.002.

大产出国，标志着日本企业彻底丧失 DRAM 市场，集成电路产业遭受重创。

日本集成电路产业界痛定思痛，首先进行结构性改革，日本政府政也相应重启了一系列"官产学"项目，力求转型突破。最出名的就是"ASUKA"项目，该项目由 NEC、东芝、日立等大企业牵头其余 10 家集成电路厂商，在 2001 年共同出资 700 亿日元，在 5 年内研制出工艺节点为 65nm 的集成电路制造设备。随后，在 2006 年，又开始了被视为"ASUKA"项目延续的新一轮 5 年计划，用于探索 45nm 和 32nm 实际应用工艺。

然而 2006 年，押宝核电建设业务的东芝，被西屋电气（Westinghouse Electric）项目的负债彻底拉入了泥潭，连续多年的亏损导致这个昔日日本制造业巨头的没落，它只得靠变卖优质资产维持经营。现如今的东芝，凭借当年舛冈富士雄博士发明的与非型闪存，在 2017 年和 2018 年存储器疯狂涨价的市场行情中，慢慢从巨额债务危机中缓过劲来，现已成为全球闪存市场中的亚军，仅次于三星。2019 年 10 月，东芝将旗下东芝存储器株式会社改名为铠侠（KIOXIA），昔日的巨头能否依靠存储器业务重现往日的辉煌，这就需要时间去证明了。

案例 14：尔必达——日本集成电路产业的悲歌

尔必达（ELPIDA）的主营业务为动态随机存取存储器（DRAM），公司的全球市场份额排名曾一度达到第三。1999 年，在日本政府的主导下，日立和 NEC 剥离了 DRAM 业务，共同成立了尔必达；2004 年，三菱电机的 DRAM 业务也并入尔必达。2004 年，尔必达在东京证券交易所主板上市，但是随着 2008 年全球金融危机的到来，公司业绩开始急剧恶化。2012 年 2 月 27 日，公司申请破产保护，同年 7 月，存在了 13 年的尔必达正式被美国美光（Micron）科技有限公司以 20 亿美元的价格收购。

十年内由盛转衰的日本 DRAM

日本从 20 世纪 50 年开始通过一系列政策及举措大力发展国内半导体产业。

到了 80 年代，日本半导体制造设备的国产化率已经提高到 70%以上，日本集成电路业的"黄金时代"到来了。以 64Kbit DRAM 为例，该产品于 1980 年推出，日立在 1981 年的市场占有率就达到了 40%，全球第一；排名第二的是富士通，市场占有率约为 20%，而 NEC 的市场占有率达到了 9%。而 256Kbit 时代和

1Mbit 时代则分别由 NEC 和东芝来主导。时间来到 1986 年，日本的 DRAM 产业达到了顶峰，全球市场占有率更是达到了 80%，面对咄咄逼人的日本企业，英特尔也不得不逐步退出 DRAM 市场。

日本政府相关政策

年份	政策名	主要内容
1957	电子工业振兴临时措施法	有效促进日本企业在学习美国先进技术的同时，积极发展本国的半导体产业
1971	特定电子工业及特定机械工业振兴临时措施法	进一步强化政府对以半导体为代表的电子产业的支持力度。同时该法规的成功实施，促使日本企业通过提升其自身研发、生产能力，并帮助日本半导体产业实现了腾飞
1978	特定机械情报产业振兴临时措施法	进一步加强以半导体为核心的信息产业的发展

然而，这样的烈火烹油并不长久，80 年代后期，DRAM 市场发生剧变，随着产品技术的成熟，产品间品质的差距逐渐缩小，而价格成为客户更重要的考虑因素。然而，日本厂商却依旧保持着原本以高可靠性导向的生产标准，未能及时对市场变化做出反应。同时，日本厂商的扩产，导致市场上 DRAM 供给量快速增长，而需求端变化不大，这就导致产能过剩，使得全球 DRAM 价格暴跌。此时，日本已经与美国签署的半导体协议，导致日本企业出口受阻，而国内市场却向国外厂商打开了大门，日本 DRAM 产业由盛转衰，开始大幅衰退。

衰退持续到 90 年代，DRAM 业务的亏损已经成为日本各大集成电路企业沉重的负担。于是 1999 年，在日本通产省的主导下，NEC、日立分别剥离了 DRAM 业务，合并成立了尔必达。2004 年，三菱电机的 DRAM 业务部门也被分拆并入尔必达。在希腊语中，Elpida 是"希望"的意思，它代表着日本通产省对 DRAM 产业的美好期望。但是在行业周期的倾轧之下，尔必达还是没有摆脱破产出售的命运。

DRAM 行业的关键因素——周期

周期就像是一个巨大的筛子，DRAM 的玩家数量从 20 世纪 80 年代的四五十个，被筛减到 2008 年仅剩五家，分别是：韩国的三星电子、SK 海力士，德国的奇梦达（Qimonda），美国的美光，日本的尔必达。而随着三星开启新一轮的价格战，周期筛子再一次动了起来。

2007 年，随着号称内存杀手的微软 Windows Vista 操作系统的推出，DRAM 厂商纷纷对市场做出了乐观的预测，大举投资扩产，然而 Vista 由于销量不及预期,微软迅速推出更节省内存的下一代操作系统,DRAM 随即陷入供过于求的境地,产品价格暴跌。"屋漏偏逢连夜雨,船迟又遇打头风",2008 年金融危机到来,DRAM 价格闪崩,最低时从 2.25 美元跌到了 0.31 美元。而三星电子则投入"巨资"(相当于其 2007 年全年利润的 118%)来扩张 DRAM 业务,DRAM 价格随之一路狂泻,2008 年年中跌破了现金成本,年底更是跌破了材料成本,导致存储器行业整体亏损。至此,尔必达来到了破产边缘。

命运开的玩笑——美光并购案

2012 年 2 月 4 日,在爱达荷州的一个航空展上,热衷于冒险的美光科技 CEO 史蒂文·阿普尔顿(Steven Appleton)驾驶着一架螺旋桨飞机,给观众们做特技飞行表演。飞机起飞后不久便失去控制当场坠毁,阿普尔顿不幸遇难,终年 51 岁。

CEO 去世并未影响到美光的股价,但是尔必达社长坂本幸雄却忧心忡忡。据传闻,经过数月的谈判,坂本幸雄与阿普尔顿已经就美光入股尔必达的事宜达成了秘密协议,关键条款已经谈成。可就在距离交易达成的最后期限仅剩二十多天的时候,阿普尔顿出了意外,美光入股的事情也被无限期推迟。

此时的尔必达已经在债务深渊中挣扎多年。2009 年,尔必达接受了日本政府 3.7 亿美元的注资,同时在政府的担保下向日本政策投资银行融资 12.4 亿美元。然而,这一举措并未收到预期效果。此后,还不时遭遇地震海啸等自然灾害,2011 年那场"3·11 日本地震"对全球半导体产业影响巨大,对尔必达而言完全是雪上加霜。到提出破产保护时,尔必达的负债已达 55 亿美元,再也无力回天。

为了维持尔必达的运营,有日本政府背景的日本政策投资银行提出了给予续贷和注资,但是续贷和注资附带着额外条件:2012 年 2 月底之前,尔必达必须引入一家战略股东。而当时有这个资格成为尔必达战略股东的,除了韩国人就只剩美光。

2012 年 2 月,尔必达失去了救命稻草,正式宣布破产。2012 年 7 月经过多轮竞标,美光最终打败东芝、SK 海力士以及联想控股的弘毅资本,以 20 亿美元的价格收购了尔必达。5 年之后,美光市值迅速从不到 100 亿美元上涨到了 460 亿,而用于收购尔必达的 20 亿美元则相当于美光此后一天的市值振幅。

前车之覆,后车之鉴

在尔必达破产后,坂本幸雄写了一本《非情愿的战败》,由书名就能看出书中要讲的内容。破产前的尔必达在制造和专利方面均有巨量的技术储备，公司还成功研制出全球首款基于 40nm 制程的 4Gbit DDR3 内存，也在 2011 年成为全球首个掌握 25nm 制程的 DRAM 厂商。但是在行业周期的面前，这一切技术优势都被碾成了碎片。

由于扩产周期与市场需求不同步，DRAM 的价格始终保持着周期性的波动，但是整个行业从中长期发展来看，仍会保持暴利状态。因此，穿越周期是 DRAM 厂商的必要技能。如果日本政府能够清醒认识到 DRAM 行业的周期性，维持尔必达的独立性，现在 DRAM 江湖的格局可能是另一番景象。

案例 15：LG 发展简史

乐喜金星（Lucky Goldstar，LG）集团是韩国仅次于三星的第二大财团，1947 年成立于韩国首尔（时称汉城），其总部位于首尔市永登浦区汝矣岛洞 20 号，在 171 个国家与地区建立了 300 多家海外办事机构。旗下包括 LG 电子、LG 显示、LG 化学、LG 生活健康等，业务覆盖化学能源、电子电器、通信与服务等领域。2023 年，LG 电子的营收达到 84.3 万亿韩元（约合人民币 4584.85 亿元），净利润达到 3.5 万亿韩元（约合人民币 193.04 亿元）。

LG 电子前身为 LG 集团在业务扩张中于 1958 年成立的金星社，目前在消费电子、移动通信和家电等领域均为全球领先。其中家电业务是贡献最大的业务板块，年销售额已接近 30.1 万亿韩元（约合人民币 1652.53 亿元），移动通信业务每年则能贡献接近 50 亿美元的收入。

金星社——韩国集成电路产业的起源与先行者

1947 年，战后的韩国百废待兴，在电子工业几乎一片空白的背景下，具仁会创建了 LG 化学的前身——乐喜（Lucky）化学工业会社，标志着韩国著名财团 LG 的开端。公司设立后，首先立足于制造生活必需品，通过梳子、香皂盒、牙刷、餐具等产品迅速占领了韩国国内市场。

1958 年，乐喜继续围绕着国民生活必需品扩充产业，这一次它转向了家电领域，成立了金星（Goldstar）社（后来的 LG 电子）。1959 年，韩国第一台真空管收音机由 LG 电子研发推出，这也被认为是韩国集成电路产业的起源。

随着 LG 电子在电冰箱、电扇、黑白电视、空调、洗衣机和电梯等领域不断取得突破，并于 1962 年首次将收音机销往美国，这引起了韩国政府的特别关注。LG 电子的成功成为 1966 年韩国出台"电子产品出口五年促进计划"的关键契机，可以说 LG 电子是韩国电子产业初期的先行者。

韩国集成电路促进政策中的 LG 集团

尽管电子工业的出口迅猛增长，但那时韩国的集成电路产业仍局限于价值较低的元器件组装环节。为此，韩国政府先后在 1973 年宣布了"重工业促进计划"、1975 年公布了扶持集成电路产业的六年计划，都是旨在加速韩国工业和集成电路产业的自主化，使得韩国能够通过电子工业真正实现经济的飞跃；同时，韩国还举国投入 DRAM 产业，而韩国一系列推动政策的核心即是"政府 + 大财团"的政企协作模式和积极吸纳外来先进技术的国际化思维。

产学研的通力合作与"政府 + 大财团"模式：20 世纪 80 年代中期，韩国政府选择 DRAM 作为重点研发方向，以此组建了产学研联盟，联合三星、LG 和现代三大财团进行技术开发，6 所国内顶尖高校参与研究，政府成立了电子通信研究院（ETRI）负责中间协调，并承担了联盟 50%以上的研发投入。同时，政府不光在融资、税收等方面向大财团倾斜，还推动大财团接收各种民营企业，LG 就是通过接收"凡韩火灾海上保险"进军保险行业，多样化的业务板块也保证了短期内能够以巨大投入专攻集成电路产业。

技术引进与 DRAM 方向的尝试：韩国集成电路产业由为美日企业进行简单的器件装配迈向独立生产的第一步，就是向美日集成电路巨头引进技术。在颁布《引进外资法》等一系列背景下，韩国迎来了仙童半导体和摩托罗拉等美国公司，以及日本三洋（SANYO）、东芝和日立等集成电路公司。这些外国公司在韩国投资建厂生产存储器芯片等集成电路产品，起步中的韩国集成电路企业纷纷前来取经，LG 电子也不例外。

此时的 LG 迎来第二任会长具滋暻，集团也从乐喜金星更名为更加国际化的 LG（Lucky Goldstar），并将目标放在了全国大力主推的 DRAM 上。为了追赶已经遥遥领先的三星，LG 开始大举引进技术与资源：1986 年，投资 1.35 亿美元从美国 AMD 引进技术；其他尝试包括与 AT&T 设立合资公司，甚至直接买入 AT&T 256Kbit DRAM 的成熟技术。

尽管 LG 顺应潮流全力投入 DRAM，但在 64Kbit DRAM 节点上还是没能追上三星和现代的脚步。在后续的 1Mbit 和 4Mbit DRAM 技术攻关中，LG 虽引进了日立的技术，但效果仍不理想，最终 LG 的 DRAM 业务遗憾落幕。1999 年，现代电子（日后的 SK 海力士）以 2.56 万亿韩元并购了 LG 的 DRAM 业务，成为韩国第二大 DRAM 厂商。

尽管在 DRAM 领域三星和 SK 海力士是最后的赢家，但 LG 在其中也投入巨大，三大财团齐头并进的势头足以彰显韩国举国发展集成电路产业的决心。虽 LG 未能在 DRAM 最终称雄，但在其他方面却取得突破：20 世纪 80 年代，LG 主导了彩电、VCR、计算机等高端电子产品的开发，延续了其家电行业领导者的地位，其面板显示业务也通过反周期投资的策略和技术路线的不断创新，与三星一起完成了对日本企业的赶超；另一方面，LG 在通信领域也取得重大进展，包括 LG 电子开发了韩国首款标准交换机，LG 电缆引导了韩国由铜缆向光缆的关键转变等，这些都是韩国通信行业的里程碑事件。

三星和 SK 海力士在 DRAM 上的崛起是韩国举国投入集成电路产业带来的显著成果，而 LG 则配合完成了下游电子电器应用的高端化和韩国通信产业的建设，为韩国消费电子的普及打下了基础。在几大财团共同发力的背景下，20 世纪 90 年代韩国的集成电路产业已经可以与美国、日本的集成电路巨头分庭抗礼，在世界集成电路市场上三分天下。1995 年，韩国的三星、LG 与 SK 海力士均已跻身全球集成电路企业的前 15，占领了 10.4% 的全球市场份额。

总结与启示

"政府＋大财团"的模式对于国家产业的发展往往有利有弊。事实上，韩国对大财团过多的资源倾斜也曾产生诸多社会问题。但在人才密集、资金密集、技术密集与重资产大量投入的集成电路行业，韩国"政府＋大财团"的模式却巧妙地发挥了作用，将本就资源集中的大财团联合在一起，与国家发展目标达成一致，最终实现了整个国家集成电路产业的飞跃。

对于韩国集成电路产业，常以三星为代表的 DRAM 弯道超车为人所熟知，而 LG 在其中的投入和其对消费电子电器普及的推动作用也同样功不可没。

案例 16：三星电子发展简史

三星电子最早可追溯到 1938 年成立的"三星商会"，主要业务是向中国东北地区出口鱼干、面粉等食品[1]。1945 年第二次世界大战结束后，创始人李秉喆延续国际贸易，将生活必需品进口到韩国国内，并逐步由贸易业向制造业转型，建立制糖、制药、纺织等子公司。

20 世纪 60 年代中期，由于集成电路行业竞争日渐激烈，美国公司为提高竞争能力，降低生产成本，开始在东亚、东南亚等劳动力成本较低的国家投资建厂，其中就包括仙童半导体、摩托罗拉等。韩国通过简单的晶体管和芯片组装出口获得收益，但是当时工厂中的组装材料和生产设备仍然依赖于海外公司，对韩国的技术创新没有起到任何作用。

1969 年，三星集团创办"三星电子"，并积极与日本三洋（SANYO）建立合作联盟。在整个 70 年代，三星电子追随日本、美国消费类电子行业的需求，制造电视机、洗衣机、空调、微波炉等产品。当时三星电子的技术能力仅限于生产真空管、放电管和产品组装，关键配件仍然要向海外企业采购。

20 世纪 70 年代中后期，石油危机爆发，致使美国经济滞胀，美国消费市场需求骤降。经过产业链的传导，韩国轻工业出口受到严重打击，甚至影响到韩国国民经济的稳定。为解决这一困境，韩国政府在 1973 年颁布推行"HCI 促进计划"，即通过重工业生产具有高附加价值的产品，实现经济上的自给自足。两年后，韩国政府细化上述计划，提出通过六年的时间扶持本国集成电路产业发展，实现电子配件的本国化替代。这一系列举措推动韩国形成独具本土特征的"大财团"模式，即以政府主导的重工业企业向民营化变革，将资源聚集在少数私人企业。在此背景下，三星集团开始涉足更多领域，包括石化、造船、重工等。

到 20 世纪 80 年代，三星集团开始寻找新的商业机会，计划将由传统工业企业转型为高科技导向企业。1982 年，三星集团组建特别工作小组，其任务是拜访在海外工作的韩裔科学家和工程师，了解产品的技术特点和市场情况，制定行之有效的战略和配套的计划。当时，在国际内存芯片市场中，日本企业（如 NEC、日立、富士通和东芝等）正在以低成本、高良率的产品策略超越美国企业（如英特尔、美光、摩托罗拉、TI 等）。看到日本企业获得了高额利润后，三星集团决定将集成电路业务聚焦于 DRAM 方向，并以较低的成本追赶日本。1983 年 2 月，李秉喆宣布三星集团正式进入集成电路领域，配套总计 1000 亿韩元（约

---

[1] 王棕宝. 起底"三星"王朝[J]. 国企管理，2017(1):86-89. DOI:10.3969/j.issn.2095-7599.2017.01.048.

1.33亿美元)的产业投资。三星集团首先在美国硅谷设立SST国际公司,其团队由5名韩裔美籍电子工程博士和300名美国本土工程师组成[1],通过海外公司的技术授权进行研发,并收集美国的技术资讯。为获得授权,三星集团的子公司三星电子与日立、摩托罗拉、NEC、TI和东芝等头部企业进行交涉,最终获得美光64Kbit存储器芯片设计授权和加利福尼亚州CITRIX高速处理金属氧化物设计授权。当时的美光在日本廉价DRAM的打压下连年亏损,通过与三星电子合作获取资金,得以研发256Kbit产品。除此之外,三星电子在韩国龙仁市器兴区建立本地团队,两名韩裔美籍科学家带领经过美国硅谷公司培训的工程师负责建设工厂[2]。在大家的努力下,三星电子在1984年5月完成第一座DRAM工厂建设,同年9月量产64Kbit DRAM并首次出口到美国,但是产品依旧落后美国4年、落后日本6年。为了摆脱授权费用,三星电子的研究团队决定以逆向工程设计256Kbit DRAM,在1985年7月采用2μm工艺进行生产,此时的产品差距缩短到2年。一年后,三星电子发布1Mbit DRAM芯片,同时获得国际厂商英特尔微处理器的技术许可[3],产品差距缩小到1年。

在此期间,韩国政府发布《半导体工业扶植计划》和《半导体扶植具体计划》,主要是在供给端尽快替代进口的集成电路生产设备,同时在需求端催化韩国国内民用电子产品市场,完成集成电路产业链自产自销的全面闭环[4]。但是,三星电子并未按照政府的思路发展,而是选择引进海外先进技术同时将产品出口。由于集成电路进口替代的技术突破困难重重,1986年韩国政府调整了发展方式,提出《超大规模集成电路技术共同开发计划》:由韩国电子通信研究所(KIST)牵头,联合韩国6所高等学府,辅助韩国各大财团企业攻关1Mbit和4Mbit DRAM芯片。最终,该计划总投入约为1.1亿美元,由政府承担的研发经费约6270万美元,三星电子在这一过程中获得大量的技术支持[5]。

集成电路产业的发展具有周期性,即使快速进行产品迭代也无法阻挡行业的

---

[1] 何健. 后发企业跨国经营研发战略研究——基于三星的案例分析[J]. 南大商学评论,2005(4):25.DOI: CNKI: SUN:NDSP.0.2005-04-012.

[2] 金麟洙. 从模仿到创新 韩国技术学习的动力[M]. 刘小梅,刘鸿基,译. 北京:新华出版社,1998.

[3] 宫学源. 新材料产业如何支撑国家崛起?[J]. 资源再生,2018(9):22-27. DOI:10.3969/j.issn.1673-7776.2018.09.007.

[4] 马淑萍,陈小洪. 政策环境和企业家精神的价值[J]. 新经济导刊,2004(21):70-73.

[5] 冯立果. 韩国的产业政策:形成、转型及启示[J]. 经济研究参考,2019(5):27-47,57.

趋势。1984 年，全球集成电路市场进入衰退期，DRAM 价格快速下滑。三星电子 64Kbit 存储器芯片的单价由最初的 4 美元下滑至 30 美分（1985 年），而生产成本仍然维持在 1.3 美元。随后的四年间，三星电子在集成电路产业累计亏损约 3 亿美元。价格的暴跌使美国英特尔、国家半导体等厂商纷纷撤出 DRAM 市场。同一年，日本 NEC 的销量超越长期占据行业龙头的 TI，成为世界第一。韩国政府看到此次国际行业格局变化的机遇，直接为国内财团企业提供总计 3.46 亿美元的贷款，同时政府作为领投方并募集私人投资 20 亿美元，支持财团们未来的技术投入。解决资金困难后，韩国政府推动本地市场的需求。例如：1984 年，三星电子有 86.2%的集成电路产品在韩国国内完成销售，其中多数来自政府订单。

面对韩国公司如此快速地赶超，日本 DRAM 厂商以地位优势对韩国公司开展价格竞争：单品售价低至三星电子产品成本的 1/2，旨在降低来自韩国新进者们的威胁。结果在 1987 年美国政府对日本企业发起反倾销诉讼案，并要求日本厂商产品的销售价格需要经过美国的成本核算。最终，日本厂商通过降低出口至欧美国家的产品数量从而提高 DRAM 的销售价格。但是终端市场产品需求旺盛，导致全球 256Kbit DRAM 严重缺货，三星电子抓住时机获得盈利并进入国际舞台。

最终三星电子在 1988 年公布 4Mbit DRAM 芯片设计，研发进度仅晚于日本 NEC 半年时间。随后，由于日元升值诱发日本实体经济泡沫破裂，使得日本龙头集成电路厂商大幅减少行业投资，三星电子抓住此机会引进诸多日本顶尖技术人员，最终在 1992 年发布全球首颗 64Mbit DRAM，1994 年率先推出 256Mbit DRAM，成为世界 DRAM 行业的领头羊和规模最大的制造商。

三星电子积累的 DRAM 发展经验在于积极引入相关技术、拓宽产品种类，从而稳固市场地位。引进的技术包括：ARM 的声音处理技术、太阳微系统的 Java 处理器技术、意法半导体（STM）的 DSP 技术等；同时与日本头部企业东芝、NEC、冲电气（OKI）等进行技术交流，与美国、欧洲企业建立联盟合作关系，从而获得产业资源并向其他相关领域进行研究拓展。1990 年，三星电子提出公司目标是成为"综合解决方案的创造者（Total Solution Creator）"，随后相继推出一系列产品，包括闪存（Flash）存储器、与非型闪存（NAND Flash）、或非型闪存（NOR Flash）、MCP。目前，三星电子还有手机处理器、CMOS 图像传感器、显示芯片等产品。

金融支持下的集成电路产业并购与整合

集成电路作为现代高科技技术的代表，顺应着摩尔定律并快速发展。随着产业规模不断扩大、行业竞争不断加剧，并购与整合成为集成电路企业保持自身竞争力的手段之一。尤其是企业发展到成熟期阶段后，更关注保持现有产品的技术迭代。而由于现有产品种类繁多，对基于新技术开发产品的创新效率与市场中其他刚成立的高新技术企业相比将大打折扣，此时企业会考虑寻求产业并购和整合，为企业快速注入新鲜血液。

集成电路产业整合频发的原因是：一方面，经过60多年的发展，产业的集中趋势愈发明显，龙头企业凭借技术、资本等优势获取了更多的市场份额，挤占了剩余企业的生存空间；另一方面，随着移动互联网、物联网、云计算、人工智能等新应用场景的出现，集成电路技术仍将不断演进。通过并购与重组的外延式发展，是企业跨越壁垒并迅速提高竞争力的理想途径之一。

首先，对外并购有助于集成电路企业获得先进技术及完善产品线等目标：一是获取标的企业的技术和专利等知识产权资产；二是吸收标的企业技术团队并强化研发能力；三是借助标的企业拓宽自身销售渠道，形成协同效应。

其次，通过并购重组，产业内部可以实现资源的优化与整合，形成规模效应。资本密集型产业特点在集成电路制造领域尤为显著，制程工艺不断升级，动辄需要数十亿甚至上百亿美元的资金投入，这给企业带来巨大挑战，只有形成一定规模的企业才能实现盈利目标。

并购整合需要企业拥有足够的资金实力，通常规模不大的并购资金可能来源于企业的自有资金。但随着产业集中度的不断提高，并购涉及的资金规模也越来越大，此时仅依靠企业自有资金已经远远不够，借助资本市场的力量成为主要途径。其中可以分为两类：一是以二级市场上的股权融资作为支付并购对价的方式；二是债权类融资，以发行债券或向银行贷款的方式获得并购资金。

首先来看股权融资。股市除了能为上市公司定价，对企业而言最大的功能在于融资。因为并购整合一般发生在企业现有业务表现稳定的阶段，此时的企业往往已经具备上市条件或已上市多年，通过增发股份进行并购资金的募集是一个理想的方式。企业既可以尽量减少对自有资金的占用，另外若将发行的股份直接作为对价，在商业谈判中，并购方也可基于股权未来具备的升值潜力，争取更优惠的收购条件。

而债权融资，多见于私募基金操盘的杠杆收购。所谓杠杆收购，是指公司或个体利用收购目标的资产作为债务抵押来收购此公司的策略。私募基金等投资机构收购标的企业的目的是以合适的价钱买下标的企业，通过经营使其增值，并用财务杠杆增加投资收益。通常，私募基金只出小部分的钱，资金大部分来自银行抵押贷款、机构借款或发行"垃圾债券"（高利率高风险债券），由被收购企业的资产和未来现金流量及收益作担保并用来还本付息[1]。

根据不同的收购背景，企业可以自主选择融资的类型，也可以将股权融资和债权融资组合进行。但无论选择哪种方式，融资的前提都是企业面向一个成熟健全的资本市场。

并购时，尤其是涉及海外并购，其中牵涉的利益方很多，不仅有并购方和被并购方，还有企业所在地的政府审批机构、募集资金的私募机构和投资银行等。若被并购方属于跨国公司，还需要境外子公司所在地的政府给予批准。有些政府为鼓励本土企业通过并购实现"弯道超车"，开始简化外汇资本流动、境外投资监管的监管制度，增加多种并购支付方式，简化行政许可流程，拓宽企业上市和退出的渠道。但在并购过程中，通常会涉及国外政府的审批，一般包括并购审查（外资准入同时避免本国企业的垄断经营）、反垄断审查、国家安全审查（威胁或削弱国家安全甚至控制境内关键的基础设施）。而国家间的关系也直接影响着审查的严格程度，进而影响国际并购的顺利进行。由于集成电路行业的特殊性，涉及海外企业关键技术的并购时，容易因国家安全因素而受到干预。

同时，在并购整合过程中企业也存在风险。

一是运营风险。并购完成后，若双方未能产生协同效应，资源难以实现互补，会导致被并购方拖累企业整体发展。若被并购方处于亏损状态，合并后对母公司的利润贡献尚未可知；而收购相对优质的标的企业后，也需要经过产品、客户及销售渠道等方面的整合，在此过程中可能会出现竞争对手借机抢占市场份额的情况。

二是融资及财务风险。并购需要大量的资金支持，若企业筹资不当，对企业

---

[1] 杠杆收购：小资金撬来大回报[J]. 国际融资，2003(5)：50-51.

资本结构、财务杠杆产生不利影响,将增加财务风险。而收购可能伴随着高额的溢价,形成的商誉等有可能在未来给并购方带来资产减值损失的风险。

三是安置被并购企业员工风险。并购方需要对被并购企业员工进行安置并支付相关成本,这会增加企业自身的管理成本。

案例 17:全球 EDA 发展之路

电子设计自动化(EDA)软件是指计算机辅助设计工具软件,工程师使用 EDA 软件完成超大规模集成电路芯片的功能设计、综合、验证、物理设计(包括布局、布线、版图、设计规则检查等)等设计流程。

EDA 软件诞生前,集成电路设计人员必须手工完成芯片的整体设计以及布局布线等工作,效率很低,并且也无法设计出像现在这样复杂的电路。EDA 软件的出现,不仅解放了设计人员的双手,提高了效率,而且还大大提升了集成电路设计的上限。随着 EDA 技术和集成电路技术本身的发展,集成电路设计越来越离不开 EDA 软件,这时 EDA 软件才被正式称作集成电路设计软件工具,并逐渐成为集成电路产业链的重要组成部分。为了跟上"摩尔定律"推动下集成电路产业快速发展的节奏,EDA 软件也需要持续迭代更新。可以说,EDA 软件与集成电路设计是相辅相成、互相成就的关系。

1970—1975 年,集成电路设计师们逐渐意识到手工设计和布局布线的局限性,于是开始想办法将设计电路的流程实现自动化。业界专家们为了更好地发展 EDA 软件,还建立了一个专门研究 EDA 软件的设计自动化研讨会。

1980 年,艾迪生-韦斯利(Addison-Wesley)出版公司推出了由卡弗·米德(Carver Mead)和林恩·康韦(Lynn Conway)合著的《超大规模集成电路系统导论(Introduction to VLSI Systems)》一书,这是一部对于 EDA 工具发展极为重要的书籍,也是 EDA 软件发展开始下一个阶段的里程碑。随着计算机仿真技术的进步,芯片设计的复杂程度也有了明显的提升,设计人员搭建电路前可以在计算机上先进行仿真模拟,从而减少设计的错误率。

1981 年,EDA 软件开始向商业化转变。1984 年第一个以 EDA 软件为主题的销售展览在国际设计自动化会议(Design Automation Conference,DAC)上举办。1982 年,超高速集成电路硬件描述语言(Very-High-Speed Integrated Circuit

Hardware Description Language，VHDL）被发明出来，该硬件描述语言主要由美国国防部出资支持。1983 年，Verilog HDL 被发明出来，这是另一种硬件描述语言，也是目前最主流的集成电路设计语言之一。

进入 21 世纪以来，EDA 公司逐步涉足圆片制造领域，推出了多种制造用的 EDA 软件。圆片厂开始成为 EDA 软件的重要用户，不仅在制造流程中导入 EDA 软件，并且在 SRAM 设计、构建标准单元库等环节中使用 EDA 软件进行辅助。处于领先地位的圆片厂，基本每两年就会开发一代新的工艺，而新工艺需要验证整套的 EDA 设计流程。为了解决很多复杂的设计规则和难题，EDA 软件也逐渐介入早期的工艺研发中。同时，EDA 软件也是集成电路设计与制造之间沟通的桥梁。设计公司设计出的芯片能否在圆片厂中顺利生产出来，取决于圆片厂提供的签核流程，而签核的主要工具就是 EDA 软件。随着工艺不断迭代，EDA 软件也得随之发展、不断创新，这样才能跟得上越来越先进的工艺。

三大 EDA 公司——新思、楷登和明导

目前，全球的主流 EDA 软件基本都出自新思（Synopsys）、楷登（Cadence）和明导（Mentor Graphics）这三大 EDA 公司。三大巨头通过多次并购整合，逐步完善设计全流程，奠定了自己在行业中的领导地位，形成了三足鼎立的竞争格局。

三家公司的市场份额占比接近七成。其中，新思排名第一，独自占有 30%以上的市场份额；楷登仅次于新思，年市场占有率为 22.0%；明导在 2016 年被西门子（Siemens）收购（之后改名西门子 EDA，但在本文中，我们仍统一使用明导这个名称），目前其市场份额也超 10%。下面分别介绍三巨头中排名前两名的发展历程。

新思的发展历程

新思（Synopsys）是全球排名第一的 EDA 公司，其全球市占率达到 30%以上，其 EDA 软件很多是目前行业内的标杆工具，尤其在逻辑和时序领域，更是不可或缺的产品。

1986 年，以阿尔特·德赫斯（Aart de Geus）为首的团队创办了 Optimal Solutions, Inc.，这就是新思的前身。德赫斯带领团队发明了一个划时代的技术——逻辑综合，该技术能够使设计者通过编程语言直接描述所需要的电路功能，取代以往通过门电路来搭建框架的方法。逻辑综合技术可以给工程师们减负，让他们将设计的重点放在整体的解决方案上，而不是花大量的时间在手动执行上。

1987 年，公司正式更名为 Synopsys（取自 Synthesis optimization systems）。因为新思（Synopsys）最初的发展就是依靠优化系统，所以一开始的重点也放在了其逻辑综合技术上。自此，新思在 EDA 市场上开始了长达 30 多年的快速增长，尤其在逻辑综合市场中保持领先地位。

当逻辑综合工具出现成长瓶颈后，收购新创公司开辟了新思快速增长的新通道。1990—1999 年，为了吸纳更多新技术，以及扩展自己的客户和市场，新思总共进行了 20 多次并购。新思在 1990 年收购了 Zycad 公司的 VHDL 仿真业务，这是新思的第一次收购，原因是新思认为当时自身缺少与硬件描述语言相关的产品。收购完成后，新思吸纳了 Zycad 的 VHDL 技术，开发出自己的测试综合工具。

1997 年收购了从事深亚微米分析的 Epic 设计实验室和开发高级仿真产品的 Viewlogic Systems 公司。

到 2000 年时，新思已经在 EDA 市场中最重要的几个领域占据了领先地位，同时公司的收入和规模也迅速扩张，新思的收入从 1990 年的 2000 万美元，迅速爬升到 1999 年的 8 亿美元。

由于收购战略效果显著，新思从 2000 年开始继续寻找合适的公司，并对其发起大规模的并购。

2002 年，新思看准了 Avanti 公司的技术实力。此时 Avanti 刚刚与新思的主要竞争对手楷登（Cadence）打了一场专利官司，新思马上跟进，以 8.3 亿美元的价格将 Avanti 收购。通过这次收购，新思完善了自己的方案链条，成为史无前例的能独自提供完整集成电路设计方案的公司。之前新思在全球 EDA 市场市场占有率排在第二，这次并购为之后新思超越楷登而坐上第一的宝座打下了良好的基础。

收购 Avanti 后，新思充分发挥 Avanti 工具的优势。先是与 Physical Compile 结合在一起，而后又与其完全整合为强大的 IC Compiler，直接衔接新思的前端和后端工具，使得新思的产品可以并行执行 EDA 设计中的多种功能。2005 年，新思正式推出了一鸣惊人的 IC Compiler，它具有出色的并行处理能力，能够同时优化产品的所有性能，这就意味着更高的效率和良品率。

2008 年，新思看准迅速发展的 FPGA 市场，收购了 FPGA 领域中专注于实现和调试的企业 Synplicity，为自身切入 FPGA 市场打下基础。

2012 年，新思收购当时全球排名第四的 EDA 工具商 Magma，进一步增强了其在电路仿真方向的优势地位。

通过持续不断的收购，新思不断吸纳其他公司的先进技术，给自己带来了技术上的优势，这才确定了它在 EDA 领域中的霸主地位。

楷登的发展历程

楷登（Cadence）成立于 1988 年 6 月，是由 EDA 领域的 ECAD 公司和 SDA 公司合并而成的。当楷登投入运营时，EDA 工具正处在一个快速发展的时期。

ECAD 是由格伦·M. 安特尔（Glen M. Antle）于 1982 年 8 月创立的。在 ECAD 与 SDA 合并之前，安特尔一直担任董事长兼首席执行官。自 1959 年以来，安特尔在德州仪器（TI）、国际电话电报（ITT）、Teledyne 和 Data General 等公司从事半导体和集成电路领域的研究工作。在创立 ECAD 之前，安特尔曾领导位于加利福尼亚森尼韦尔系统工程实验室（SEL）的微电子产品部门。当 SEL 开始研发 32 位计算机时，其 CAD 团队设计了一种非常快速的算法来测试新设计。这种新的 CAD 测试技术就是之后 ECAD 软件产品的基础。

1982 年，SEL 被 Gould 公司收购，安特尔成立了自己的 ECAD 公司，并于 1983 年 1 月开始运营。

ECAD 于 1983 年 4 月开始销售其 Dracula，这是一套用于集成电路布图验证的软件，其运行速度比其竞争对手的软件快很多倍。ECAD 的第二个主要产品 SYMBAD 系列提供了集成电路布局设计的自动化方案。1987 年 8 月，ECAD 收购了 OmniCAD 公司的产品线，从而进入了印制电路板（PCB）设计和布局市场。

1983 年以来，ECAD 每年都在盈利，其营收和利润稳步增长。ECAD 于 1987 年 6 月 10 日公开发售了 150 万股普通股，总共募集到的资金达到 1130 万美元。

SDA 公司是美国国家半导体公司的产品经理詹姆斯·所罗门（James Solomon）于 1983 年创立的，是一家开发、销售可用于集成电路物理设计的计算机辅助工程软件的公司。在国家半导体的支持下，所罗门成立了自己的公司，以吸引开发设计软件所需的特定工程人才。

SDA 通过与领先的芯片公司建立特殊的公司赞助商/客户合作伙伴关系，分别从国家半导体和通用电气（GE）公司获得了 150 万美元的启动资金。随后与哈里斯（Harris）公司和爱立信（Ericsson）公司建立了类似的赞助关系，也分别都获得了 150 万美元的注资。1987 年 4 月，SDA 与日本东芝公司和意大利 SGS 公司建立了类似的技术合作伙伴关系。与来自风险投资公司的资金相比，这些类型的联盟帮助企业以更少的股权获取了更多的融资。而且，与直接销售合同关系不同的是，这种合作伙伴的关系还带来了前期现金以及技术合作。尽管拥有股权，但没有一家公司发起人拥有 SDA 的任何直接控制权。

SDA 的主要技术创新是其设计框架架构，该架构使设计人员可以将来自不同供应商的软件工具链接到一个通用的用户界面和数据库中。1985 年，SDA 成为第一家商业上推出这种框架产品的软件公司。与 ECAD 一样，SDA 当时也提供了可以在不同计算机硬件平台上运行的软件版本，从而在竞争中脱颖而出。

1984 年，33 岁的约瑟夫·B. 科斯特洛（Joseph B. Costello）加入 SDA，担任客户服务副总裁。科斯特洛曾担任多个职务，他于 1987 年 3 月晋升为 SDA 的 CEO 兼 COO。

1988 年 2 月，ECAD 与 SDA 达成协议，以 7200 万美元的股票互换价格收购 SDA，新公司名为 Cadence Design Systems, Inc.，于同年 6 月 1 日成立。科斯特洛成为新公司的 CEO。

楷登很快成为全球集成电路设计软件领域中的佼佼者。根据市场研究公司 Dataquest Inc.的数据，楷登在 1989 年的市场份额为 15.4%，领先于精工（SEIKO）电子公司（市场份额为 11.5%，主要在日本）和明导公司（市场份额为 8.4%）。一年后，楷登的市场份额为 44.2%。

楷登于 1989 年开始实施新的产品策略，扩展到系统设计软件。该软件用于电子产品（如计算机）的整体设计，而不仅是集成电路设计。

为此，楷登收购了其他三家具有互补技术的 CAD 企业。1989 年 3 月，楷登收购了 Tangent 系统公司。Tangent 提供门阵列产品、集成电路布图设计软件。1989 年 11 月，楷登收购了 Gateway 设计自动化公司。Gateway 的优势在于仿真软件，其主要产品是 Verilog 系列逻辑仿真软件。1990 年 4 月，楷登收购了 Automated 系统公司，这是一家位于威斯康星州密尔沃基的 PCB 设计软件和制造服务的供应商。

除了并购，楷登还通过持续的研发投入不断提升自己的竞争力，如公司在 1989 年投入 2900 万美元巨资进行研发。为了专注于系统设计市场，楷登成立了专门从事系统设计和模拟设计的新部门。1990 年 9 月，楷登还推出了完整的系统设计软件包 Amadeus。

之后，楷登便基于新的系统设计方法开发了 CAD 软件，该方法使设计人员能够以高级硬件描述语言（HDL）而不是门级电路来描述他们的想法。这种"自上而下"的系统设计方法，是之后最主流的方法。

楷登的 Verilog-XL 模拟器软件（通过收购 Gateway 设计自动化而获得的软件）已经使用了自己的 HDL。1990 年 5 月，楷登宣布打算在公共领域提供 Verilog HDL，以用于定制和第三方软件开发。楷登随后赞助了 OVI（Open Verilog International）委员会的成立，以监督与 Verilog HDL 的文件兼容性，并促进美国电气电子工程师学会（Institute of Electrical and Electronics Engineers，IEEE）采用 Verilog HDL 作为标准。尽管楷登从其竞争对手那里获得了一些 Verilog HDL 的支持，但业内其他人更喜欢现有的 VHDL 标准。1992 年 5 月，楷登呼吁 Verilog HDL 和 VHDL 相互兼容。最后，到 1993 年，楷登推出了基于 VHDL 行业标准的产品，即名为 Leapfrog 的模拟器。

1991 年 12 月，楷登并购了 EDA 供应商 Valid 逻辑系统公司。Valid 是专用于电子系统和 PCB 设计的 EDA 软件开发商，其产品线在 1992 年合并到楷登的产品线中。至此，楷登成为全球领先的 EDA 供应商，并且超过明导的市场份额，市场占有率到达 24%。

1993 年 7 月，楷登以 1300 万美元的对价收购了 Comdisco 旗下的子公司 Comdisco 系统公司。Comdisco 系统公司是用于数字信号处理和通信应用设计软件的领导者，约占有该领域 70%的市场份额。该公司的技术使设计达到了比现有技术更高的抽象水平，在 1988 年通过引入其信号处理工作系统而率先进行了系统级设计。因此，楷登在不断增长的块图数字信号处理设计工具和网络分析工具市场中占据领先地位。

楷登比小型初创企业更具优势的一个方面是其提供全套支持和咨询服务的能力。1991 年，楷登成立了一个咨询服务小组，作为其新系统部门的一部分。该小组为 EDA 用户提供有关设计环境选择和开发工具的建议。楷登于 1993 年建立了自己的频谱服务（Spectrum Services）咨询小组，不久便开始被楷登的一些大软件客户使用。

2001 年 7 月，加利福尼亚高级法院裁定，Avanti 因在 20 世纪 90 年代中期窃取了楷登的一些商业秘密，被判有罪，须向楷登支付接近 2 亿美元的刑事赔偿金。至此，楷登在对 Avanti 的长期诉讼中获胜。

楷登一直致力于建立战略合作伙伴关系，以重振其在行业中的地位。2001 年，楷登与安捷伦（Agilent）科技公司、IBM 和太阳微系统合作开发了用于无线和有线通信的射频设计以及其他各种尖端技术。它还收购了设计技术领域的硅谷远景公司（Silicon Perspective Corporation）和设计工具领域的 Cadmos 设计技术公司（CadMOS Design Technology Inc.）。

进入 21 世纪，在雷·宾厄姆（Ray Bingham）的领导下，楷登在 2001 年实现了创纪录的销售额——净收入猛增至 1.413 亿美元，比 2000 年增长了 182.6%，楷登从设计服务到设计工具的重心转移以及模拟和数字设计的新产品开发已开始获得回报。在新世纪初期，随着技术以惊人的速度不断变化，楷登管理层对公司将继续引领 EDA 行业充满信心。

进入 21 世纪后，楷登继续并购了数十家 EDA 公司，包括 Celestry Designsystem, Neolinear, Denali Software 等。

楷登部分收购案例

年份	事件	被收购公司优势领域
1997	收购 Acquired Cooper & Chyan 技术公司	PCB 和集成电路自动布局布线软件
1998	收购 Quicktum 公司和 Ambit 公司	
2002	收购 IBM 测试设计自动化事业部	
2003	收购 Verplex 系统公司	形式验证产品
2004	收购 Neolinear 技术公司	快速模拟电路仿真软件
2005	收购 Verisity 公司	功能验证自动化解决方案
2007	收购 Invarium 公司	光学处理
2007	收购 Clearshape 公司	可制造型设计技术
2008	收购 Chipshape 公司	集成电路设计以及可重用知识模块的管理等
2010	收购 Denail 软件公司	存储器知识产权模块的研发与销售
2011	收购 Atos 设计自动化公司和 Azuro 公司	
2012	收购 Sigrity 公司	高速 PCB 和集成电路的封装分析
2013	收购 Cosmic Circuits 公司、Tensilica 公司和 Evatronix SA SKA	
2014	收购 Forte 设计公司、Jasper 设计公司	
2016	收购 Rocjetick 技术公司	
2017	收购 Nus emi 公司	超高速 SerDes 通信 IP
2022	收购 Future Facilities 公司	能源性能优化解决方案
2023	收购 Rambus PHY IP 资产	
2024	收购 BETA CAE 系统国际 AG	多领域工程仿真解决方案
2024	收购 Invecas 公司	设计工程、嵌入式软件和系统级解决方案，涵盖半导体设计到系统级验证

总结

通过行业巨头新思和楷登的发展轨迹可以看出 EDA 行业的鲜明特征和成功企业的基因。

EDA 软件本质上是工程师使用的工具，是用软件的方法、依据物理和数学公式（算法）完成特定的芯片设计功能。要开发这些 EDA 软件，开发人员必须是复合型人才：对特定的芯片设计功能有深入的了解，对算法有透彻的理解，对软件编程方法有熟练的掌握。因此，成功的 EDA 公司必定有一个出色的创办人（或团队）：他们有多年的工作经验，了解当前用户的痛点（即现有工具的局限性），对算法的创新有新的想法，有足够的领导力去带领一个团队克服艰难险阻，从而开发出一个成功的工具。

芯片设计对 EDA 软件性能的提升有持续性的要求。平均来说，芯片产品每 18 个月需要推出具有更多器件、更快速度、更多设计层次的新版本产品。在很多情况下，EDA 产品不仅需要增加功能，还要有新的算法、新的软件架构。这就给很多有经验的 EDA 开发人员提供了用新方法开发新工具的机会。而这些机会，就是很多初创企业成功的起点。

EDA 的产品有很多种类，每个产品对开发人员知识结构的要求也非常不同。例如：仿真软件的开发需要开发人员有很深的计算数学功底，而射频软件的开发却需要开发人员拥有物理学中的电磁场方面的教育背景。不同工具对不同知识结构的这些要求，决定了 EDA 开发人员可以做得"深"，但很难做得"广"。这也是绝大多数的 EDA 初创企业没有办法长大的原因。这些公司可以在某个产品线上取得突破，但当公司业务扩展到其他产品线时，开发人员的知识结构可能跟不上，如果引进新的开发人员，又可能出现水土不服的问题。

大多数 EDA 初创公司只能提供单点工具，即解决单项设计功能的工具。从芯片设计工程师的角度来看，需要用 EDA 工具来完成整个设计流程，从系统功能设计、电路设计，到布局布线、验证等，这样一来就需要一系列的单点工具，每个工具通过读取上一个单点工具的输出来完成特定的任务，并将结果写入公共文档（数据库），供下一个工具使用。大型的 EDA 巨头具有完整的设计流程，尤其是公共文档的格式等，这是这些巨头构建的行业竞争壁垒。

综上，EDA 企业若想保持核心竞争力，需要在技术上保持优势。与其他高新技术企业类似，EDA 企业获取技术优势的途径包括收购兼并其他企业的成熟技术、高研发投入和政府扶持等。

高额的研发投入： 三大 EDA 巨头每年的研发投入占公司总体费用的比例都接近 50%，因为 EDA 领域最重要的就是保持技术领先。

频繁并购： EDA 工具有非常强的客户黏性。三大 EDA 巨头在持续迭代自有技术的同时，也在搜寻有潜力的创新公司进行收购，从而完善自己的软件产品线。EDA 软件有两种使用方法，一种是图形界面法，用户通过图形界面使用工具；一种是脚本文件法，通过事先编好的脚本文件来运行 EDA 工具。后一种方法是行业内通行的做法，这样做的好处是可以流程化、标准化，形成公司特有的设计方法。新的工具要想取代旧的工具，就必须支持旧工具的脚本文件。在很多情况下，尤其当旧工具有长时间积累的大量脚本文件的时候，用户一般是非常保守的，不会随意更换新的 EDA 软件。因此，EDA 巨头并购其他 EDA 企业，可以获得更多的客户资源。

在集成电路 EDA 领域中，目前头部玩家仅剩下新思、楷登和明导这三家公司，其他规模较小的 EDA 公司要么被这三家收购兼并，要么默默消亡。

新思自 1986 年成立以来，已经并购了数十家创新企业，目前仍在搜寻已经被市场证明成功的产品及其企业，就是想通过持续的并购操作，壮大自己的业务规模，同时进行技术上的整合和优化。

楷登在发展历程中也收购了数十家 EDA 公司。

明导自成立以来，非常关注各个细分领域中出色的创新公司，也收购了其中许多家在某些细分领域中最优秀的中小型 EDA 公司，融合其技术，取长补短，使得自身稳步发展壮大，最终成为第三大 EDA 工具厂商。

这些成功的并购，是这三家 EDA 公司保持活力和技术领先的重要原因之一。

案例 18：博通——私募打造的高科技巨头

博通（Broadcom）是常年排名全球前三的集成电路设计公司，2023 年其营收规模达到 358 亿美元。在博通成长的过程中，安华高（Avago）、博通和 LSI 三家重量级集成电路企业之间的并购至关重要。

安华高的由来

安华高可以追溯到 1961 年，当时的安华高还是惠普内部的半导体产品部门。20 世纪 80 年代，惠普的管理风格（The HP Way）代表了当时的硅谷精神：用目标而不是监视来管理员工，决策时每个人都有发言权，上班时间灵活，鼓励员工内部创新。这种管理模式让惠普进入了多个新领域，但也影响了决策速度和工作效率。1999 年，惠普将元器件、测试与测量、化学分析和医疗仪器等业务部门剥离出来，成立一家独立的测量公司——安捷伦（Agilent），安捷伦在纽交所 IPO 融资 21 亿美元。

然而，安捷伦正好赶上了互联网泡沫破灭和经济危机，公司迅速从盈利陷入亏损。2005 年夏天，新上任的 CEO 比尔·沙利文（Bill Sullivan）决定低调寻找买家，出售四大业务板块中的半导体业务和自动化测试业务。

而此时，KKR 和银湖（Silver Lake）资本这些私募行业巨头找上门来，KKR 和银湖资本对安捷伦表现出浓厚的兴趣。在私募投资人眼中，安捷伦是最理想的标的：业务线成熟、现金流稳定，但是效率低下导致成本过高。而私募投资价值正在于此，利用杠杆收购企业的债务可以通过企业本身的现金流偿还。而私募投资可以进一步通过专业化内控管理团队，优化公司内部生产管理流程，提高效率、削减成本，实现公司价值的总体提升，最后再通过 IPO 实现退出。

2005 年 KKR、银湖资本和淡马锡控股（Temasek Holdings）以 26.6 亿美元收购了安捷伦的半导体产品部（Semiconductor Products Group，SPG），并将其命名为安华高（Avago）。收购完成后，私募基金开始对安华高进行大刀阔斧的改革，裁员、降本、提效，三板斧下来成效立竿见影。2007 年，安华高便实现营业收入 15.3 亿美元，同比 2006 年上升了约 2 亿美元，而库存则由 2006 年的 2.3 亿美元，收窄至 2007 年的 1.6 亿美元。

2008 年 10 月，安华高正式提交上市申请，并于 2009 年完成 IPO，实际筹资 6.48 亿美元。安华高上市后，市值从 40 亿美元逐步涨到 80 亿美元，KKR 和银湖投资也利用杠杆赚到了约 4.5 倍的回报。

LSI 的前世今生

LSI 创始人威尔弗雷德·科里根（Wilfred Corrigan）在 1981 年创立 LSI 之前，曾担任仙童半导体的 CEO。1983 年 5 月 13 日，LSI 在纳斯达克（NASDAQ）证券交易所上市，IPO 当天的市值就达到了 53 亿美元，是当时规模最大的科技公司 IPO。

LSI 拥有自己的圆片制造厂、封装和测试设施。身为 IDM 厂商也同时与东芝展开合作，利用其富余的生产能力为东芝代工，因此 LSI 可以算是 Fabless 模式的早期践行者之一。LSI 上市后，迅速开始在全球的扩张，在日本、欧洲和加拿大都建立了联营公司。其加拿大子公司（LSI Logic Canada）甚至在多伦多证券交易所实现了 IPO。

除了推出业界首款 ASIC 系列产品，LSI 陆续在标准电池、结构化阵列、DSP 和微处理器（如 MIPS 与 SPARC）领域开展研发工作，不断充实产品和 IP，逐渐实现了"系统单芯片"解决方案的全方位设计开发。

在开展业务的同时，LSI 也在积极并购。LSI 于 1998 年从韩国现代手中收购了 Symbios 逻辑公司。2007 年 4 月 2 日，LSI 并购 Agere 系统公司。2012 年，LSI 被并入安华高。

博通的过去

1991 年，亨利·萨穆埃利（Henry Samueli）博士与亨利·T. 尼古拉三世（Henry T. Nicholas III）博士各出资 5000 美元，共同创立了博通。萨穆埃利是加州大学洛杉矶分校（UCLA）的教授，也是尼古拉三世的导师。

创立之初，由于租不起办公室，博通的办公地点被放在了尼古拉三世的海滨别墅中。一年以后，博通才在西木（Westwood）市租下了第一间办公室。

创新根植在博通的基因中，公司曾发明光学鼠标传感器、高亮度 LED、世界首台低成本高速红外线收发器等。1998 年上市后，博通一直保持着蓬勃发展的势头。在与安华高并购案发生前，博通的产品线包含有线基础设施、无线通信、企业存储、工业产品等多个业务条线。产品的品类非常丰富：包含了用于机顶盒/CMTS 的半导体器件、电缆调制解调器和 PON/DSL、以太网 NIC、滤波器和放大器、ASIC、无线连接解决方案、嵌入式处理器、HDD/SSD 控制器、企业 SAS/SATA/光纤通道连接、数据中心交换机和路由器、光隔离/运动编码器/LED 以及光纤解决方案等。

2015 年，经过数轮磋商与谈判，安华高以 370 亿美元的价格收购博通，原安华高的 CEO 霍克·坦（Hock Tan）成为新公司的 CEO，而收购完成后的新公司则沿用了"Broadcom"这个对外名称。

第二篇

中国集成电路产业与投资发展历程

1949—1978 年：计划经济为主的积累时期

1949 年中华人民共和国成立后，为发展重化工业和国防事业所需要的尖端科技成为国家发展重点。1956 年初，我国提出"向科学技术进军"，随后国务院成立科学规划委员会，组织 600 名全国各领域科学家和近百名苏联技术专家参与制定《一九五六—一九六七年科学技术发展远景规划（修正草案）》，提出围绕"两弹一星"的国家任务发展建设电子学、精密仪器、冶金技术等尖端科技。这一年也成为我国集成电路产业发展史上具有里程碑意义的一年。这是我国首次将半导体科学技术列为国家当下最重要、最急迫发展的科学领域，因此紧急成立中国科学院应用物理研究所（1958 年更名为中国科学院物理研究所）半导体研究室，1960 年 9 月 6 日在该研究室的基础上成立中国科学院半导体研究所。

分立器件发展阶段（1956—1965 年）

由于国务院在 1956 年明确提出发展半导体技术的目标，依据海外半导体产业的发展进程，国内半导体专家们决定首先进行半导体器件研究，从提炼半导体材料锗（Ge）入手。当时，国内与半导体相关的课题研究、可供参考的技术资料和试验设备基本空白，专业人才非常匮乏。因此组建团队成为关键，一方面以中国科学院应用物理所和第二机械工业部第 11 研究所第四研究室（即中国电子科技集团公司第十三研究所前身）为主，召集相关研究所和大专院校的科技人员，进行设备、材料、器件和测试过程的全面攻关。

中国科学院组建的科研团队由王守武担任负责人,下设三个研究大组:半导体材料组(王守武兼任组长)、器件组(吴锡九任组长,下设三个小组,即晶体管组、二极管组、化学腐蚀组)、电子学组(成众志任组长)。

为使人员快速进入工作状态,中国科学院内部开设短期训练班,传授晶体管设计、晶体管制造工艺和半导体线路等相关知识。授课的老师多是曾经在欧美留学的专家,其中包括:曾就读于英国布里斯托大学物理系的黄昆博士,曾就读于美国哈佛大学应用物理系的黄敞博士,曾就读美国宾夕法尼亚大学固体物理系的林兰英博士,等等。一时间,报名参加培训的人数超过 100 人。

另一方面,国家兴办中国首个半导体物理专业,为后续发展储备人才。这项工作由北京大学发起,联合复旦大学、东北人民大学(1958 年更名为吉林大学)、厦门大学和南京大学的教授共同授课。[1]其中,黄昆任教研室主任、谢希德任教研室副主任,主要授课教授包括黄昆(中国固体物理和半导体物理学科的开创者之一,中国科学院学部委员)、谢希德(固体物理学家,中国科学院学部委员、第三世界科学院院士)、王守武(半导体器件物理学家、微电子学家,中国科学院学部委员)、汤定元(物理学家,中国半导体学科和红外学科创始人之一,中国科学院学部委员)、洪朝生(物理学家,中国科学院学部委员、资深院士)、林兰英(半导体材料科学家,中国科学院学部委员)、高鼎三(半导体与光电子学专家,中国工程院院士)、黄敞(微电子专家,国际欧亚科学院院士,国际宇航科学院院士)等。到 1958 年 8 月,已有 241 名具备半导体专业知识的高才生毕业。后来,该专业的优秀毕业生陆续成长为我国半导体行业的中坚力量,其中包括中国科学院院士王阳元、秦国刚、甘子钊、夏建白,中国工程院院士许居衍,以及中国电子器件工业总公司总工程师俞忠钰等。随后,清华大学、吉林大学、中国科学技术大学等高等院校也逐步开设半导体专业。

经过所有科研人员的共同奋斗,攻克了晶体管基础材料锗的制备及晶体管中的铟球制造等技术难关后,1956 年 11 月中国科学院研制出中国第一个锗合金结晶体三极管,并且具备完整的 pn 结特性。随后,王守武带领团队继续研制锗晶体管,成功推出 12 个不同种类的晶体管,为中国科学院计算技术研究所成功开

---

[1] 朱贻玮. 中国集成电路产业发展论述文集[M]. 北京:新时代出版社,2006.

发的 109 乙型计算机提供必要部件，协助国家"两弹一星"计划顺利实施。

随着晶体管研制的成功，1958 年我国成立了第一家锗高频晶体管的生产工厂——中国科学院 109 工厂[1]。到 20 世纪 60 年代，全国超过十个厂区有提供半导体器件的条件，其中以北京电子管厂和上海元件五厂为代表，主要生产低频合金管和锗晶体管。

在丰富锗晶体管种类的同时，硅基器件领域也频传佳音：1959 年,利用直拉法制出的中国第一颗实用硅单晶；1960 年，提纯硅单晶棒纯度至 99.99999%；1963 年，研制成功中国首个硅平面晶体管，同时科研人员还自主研发自动控制扩散炉、压焊台、光刻机等设备。硅器件的研制成功为我国集成电路产业发展创造了条件。之后，晶体管材料由锗、硅扩展到砷化镓（GaAs）单晶，并逐步制备出多种类型的化合物半导体。

由于当时的器件多采用平面结构，批量生产非常方便，技术需求迅速流入民用领域。例如：20 世纪 60 年代的晶体管收音机在市场流行。相比于电子管收音机，晶体管收音机在体积、重量、性能上都具有很强的优势，为此人们为它取了一个通俗易懂的名称——半导体。

这一时期，在国家"科学进军"的号召下，一大批富有家国情怀科研工作者们克服国外技术封锁、国内产业空白的艰难困苦，作为产业先驱投身建设，倾尽全力进行实验并最终完成批量生产，逐步缩短与国际先进技术水平之间的差距。

集成电路初始发展阶段（1965—1978 年）

在成功量产硅平面工艺器件后，中国开启了集成电路研发之路。在 1959 年美国德州仪器（TI）的基尔比和仙童半导体技术负责人诺伊斯均放弃在小规模集成电路（SSI）上采用电阻-晶体管逻辑（RTL）情况下，我国于 1965 年 12 月发明出了首个采用二氧化硅隔离的二极管-晶体管逻辑（DTL）型的集成电路。这一数字逻辑电路推出后，生产晶体管的工厂也逐步转向集成电路的研发，其中北京电子管厂和上海元件五厂分别推出了采用介质隔离的 DTL 型数字电路和采用 pn 结隔离的晶体管-晶体管逻辑（TTL）型数字电路。这类 DTL 型和 TTL 型数字电路主要是以与非门为主的双极性小规模数字集成电路，最终应用到我国第一台

---

[1] 华良甫，王守武：执著创"芯"六十年[J]. 创新时代, 2015(1):23-26. DOI:10.3969/j.issn.1674-6538.2015.01.006.

第三代计算机中。

为迅速壮大集成电路行业，国家决定建设专业化集成电路制造工厂。1968年，由第四机械工业部（简称"四机部"，1982年改称"电子工业部"）牵头，从北京电子管厂抽调技术骨干，成立国营东光电工厂（即 878 厂）。而上海则由上海仪表局组织成立上海无线电十九厂。1970 年，这两家工厂均建成投产。在当时国际贸易渠道封闭的环境下，凭借优良的产品性能，这两家工厂生产的集成电路迅速成为国内市场上的紧俏产品，但是在计划经济时代，电子元器件的订单也不由市场决定，而是通过每年召开的两次全国电子元器件订货会促成。若有急需购入的产品，需要经过部长的亲自批示。由于集成电路的紧俏和高额利润，全国各地掀起建厂的高潮。到 20 世纪 70 年代末期，全国共有四十多家集成电路工厂[1]。工厂的产能也逐渐提升，以国内年产值最高的上海无线电十九厂为例，其年产量由数十万个提升至约 500 万个。

国内科研机构在成功研制双极性电路后，转而进行 MOS 电路开发，并在 1968 年成功研发 PMOS 电路[2]。在随后的五年内，我国相继研制出 NMOS 电路和 CMOS 电路。1972 年，四川永川半导体研究所推出我国首个 PMOS 型大规模集成电路（LSI），其中包括 120 位静态移位寄存器，集成度为 1084 个元件/片[3]。

尽管国内半导体行业已在多个领域实现零的突破，国家依然没有忘记与国际先进技术的对接。1973 年 5 月，我国政府派出一支电子工业考察团赴日考察，并参观了八家集成电路龙头企业：日立、NEC、东芝、三菱、富士通、三洋、冲电气和夏普。中国专家对日本的先进工艺表现出浓厚兴趣，最终决定引进日本 NEC 的 3 英寸生产线设备[1]。

在计划经济时期，国内集成电路产业的发展主要是为了保障国家安全、满足军用计算机及其配套产品的公共需求。相比于当时美国和日本蓬勃发展的电子终端市场，我国的下游消费需求明显不足。在这一阶段，我国集成电路产业呈现出计划性强、小批量的特征，市场化竞争不足，技术迭代能力弱，导致发展速度逐渐减缓，但这一时期也为后续产业振兴与转型积累了宝贵的经验。另外，由于长

---

1 朱贻玮. 中国集成电路产业发展论述文集[M]. 北京：新时代出版社，2006.
2 曹永胜. 中国的"芯"路历程——中国集成电路发展历程回顾[J]. 中国军转民，2019(6):73-78. DOI:10.3969/j.issn.1008-5874.2019.06.025.
3 张厥宗. 半导体工业的发展概况(续)[J]. 电子工业专用设备，2005,34(4):10-16. DOI:10.3969/j.issn.1004-4507.2005.04.002.

期受到技术封锁和经济制裁，存在与国际先进技术脱节、工艺设备落后等问题，导致与国际先进水平之间的差距逐渐加大。总体来看，我国集成电路行业无论是前期的 SSI 还是后来的 LSI，都要依靠自主力量来发展，行业振兴迫在眉睫。

1978—2000 年：转型摸索时期

20 世纪 70 年代初是我国半导体产业的转型期，当时全球科技都在飞速发展，我国的半导体行业比欧美发达国家起步晚了 5 年，但第二年差距就可能被拉大到 20 年。当时国内有多家半导体生产厂，但这些工厂产能普遍较低。而此时的美国和日本的集成电路产业却在突飞猛进，至今仍是行业内龙头的英特尔就是在这一时期由诺伊斯和摩尔创办的，日本也在此时联合多家企业和科研机构成立日后具有很大影响力的"超大规模集成电路（VLSI）研究开发委员会"，在各大企业和科研机构中建立了沟通的桥梁。

中国芯片发展史上落后的无奈，一直持续到改革开放之后才有所好转，但是这段时期的阵痛也成为日后中国半导体人前行的动力。

第一波技术引进和"531"发展战略

改革开放初期，我国整体的经济和产业都处于恢复的状态中，在多年的计划经济体制下，人们尚未清醒认识到资本市场可以给企业带来巨大力量，中国的芯片企业也还处于萌芽阶段。此时地处无锡的国营江南无线电器材厂（国营第 742 厂，简称 742 厂）开始尝试合资开办集成电路生产厂，目标是引进日本东芝的一条制造用于彩色电视机和黑白电视机上的集成电路生产线。从日本远道而来的技术到底能不能在中国的市场生根发芽，在当时没有人能说清楚，所有人都是走一步看一步。

742 厂的这条集成电路生产线，于 1982 年正式建成、验收、投产。这条生产线不仅拥有先进的 3 英寸工艺设备的芯片制造线，还有与之配套的封装线。而且在引进制造工艺技术的同时，还附带相关的"软件"，甚至连非常先进的洁净间、制造设备以及动力设备等"硬件"也一起打包引进。这条生产线的引进是我国首次尝试引进国外先进集成电路技术，该项目的第一期投资总共 2.7 亿元。当时计划的最终目标是产能达到每个月 1 万片圆片，每年产出 2600 万个集成电路成品，产品主要用在电视机和音响等消费类的线性电路中。1984 年，742 厂的这条生产线实现满产，每年至少可产出 3000 万个集成电路成品，742 厂成为国内同时期规模最大、技术最先进的集成电路制造厂。

742 厂取得的空前成功，带来了席卷全国的芯片产业引进热潮。一时间，全国有 30 多家单位引进了各种技术和设备，准备复制 742 厂的模式。然而这种"拿来主义"也有显而易见的"副作用"——并非所有先进的技术都能在中国市场存活下来，这 30 多家单位引入的生产线最终能够投入使用的只有零星的几家。

1982 年，国务院在"六五"计划中制定了中国集成电路的发展规划，同时成立"电子计算机和大规模集成电路领导小组"，由时任国务院副总理万里担任组长。成立该小组的主要目的是为了对我国整体半导体产业进行技术改造，明确我国半导体产业的发展战略。

1983 年，领导小组提出新的发展战略，目的是治理当年国内集成电路产业的散乱现象。针对我国半导体产业各个地区同时引进外国生产线导致的重复布局问题，领导小组提出在南方和北方分别建立半导体产业基地，按照不同地区的优势有选择性地引进和建设生产线，被称为"建立南北两个基地和一个点"的发展战略：北方基地主要指北京、天津和沈阳；南方基地主要指上海、江苏和浙江；一个点是指在西安建立为航天产业做配套的产业基地。

1986 年，电子工业部在厦门召开集成电路发展战略研讨会，提出了"七五"期间我国半导体产业相关技术未来发展的主要目标，其中包括普及推广当时比较成熟的 5 微米技术、研发 3 微米技术以及解决 1 微米技术的技术难题，这被称为"531"发展战略，后被列入国家"七五"计划中。

在此之后，随着我国集成电路产业市场化序幕的拉开，第一批先驱者开始了建设工作：上海多家元器件厂商共同研发技术并引进项目，与国外厂商合作，组建了中外合资的半导体生产厂——上海飞利浦半导体公司；上海无线电十四厂也改头换面，在跟国外先进公司合作后引进了技术，同时进行了扩产，最终设立了中外合资的半导体生产厂——上海贝岭微电子制造有限公司。

从 1965 年第一块国产集成电路诞生开始，中国集成电路产业用了 23 年时间逐步实现工业化大生产，1988 年年产量达到一亿块。

"908"工程和"909"工程

1989 年 2 月，机械电子工业部（简称"机电部"）在无锡召开集成电路产业发展战略研讨会，提出"八五"期间"加速基地建设，形成规模经济，注重发展专用电路，加强科研生产结合，安排好设备、仪器和材料的发展，振兴我国集成电路产业"的发展战略。

1989 年，一开始引领我国半导体产业发展的 742 厂为整合现有的技术以及扩展自己的业务，与永川半导体研究所无锡分所合并，成立了中国华晶电子集团公司。

1990 年 8 月，机电部提出集成电路的"908"工程建设计划，12 月 15 日中央政治局听取了机电部关于"908"工程的汇报，同意实施"908"工程，1992 年 3 月机电部正式上报了《集成电路"908"工程项目建议书》，其主要建设内容包括：建设一条 6 英寸 0.8μm/1μm、月产能 2 万片、年产 3000 万块大规模集成电路的生产线；建设一批集成电路设计中心，为生产线开发产品，满足整机对集成电路的急需；建立一个集成电路封装厂和一个掩模版制作中心，为全行业服务；对 6 个专用设备、仪器厂（所）进行技术改造，形成设备仪器的配套能力；建立 6 英寸硅片及多晶硅的供应能力，其他材料由相关主管部门在"八五"技改计划中予以安排。

其中，建设我国第一条 6 英寸生产线是"908"工程的核心项目，项目最终确定落地无锡。"908"工程共安排基本建设投资预算 27 亿元（含外汇 3.12 亿美元），其中中央资金 20 亿元（拨款占三分之一），地方资金 7 亿元。在广大建设者的努力下，华晶 6 英寸生产线项目于 2001 年 4 月 18 日通过国家验收，此前其余项目均已完成建设任务，至此"908"工程完成了预定的建设目标[1]。

"908"工程虽然投产，但是由于中间的可行性论证等环节花费了较长时间，而国际半导体产业一直遵循"摩尔定律"不断发展，因此尽管华晶项目通过验收，但其工艺和技术却已经落后。

"908"工程未能解决我国半导体产业落后于世界先进水平的问题，因此继

---

[1] 王阳元. 集成电路产业全书（全三册）[M]. 北京：电子工业出版社，2018.

"908"工程之后,国家在"九五"期间启动了"909"工程,主体内容是建设国内第一条 8 英寸集成电路生产线。

1995 年 11 月,电子工业部以电子基〔1995〕826 号文向国务院报送了《关于报请国务院召开会议研究设立"九五"集成电路专项的请示》,其主要内容有:建设我国第一条集成电路 8 英寸 0.5μm 生产线、3~4 个集成电路产品设计开发中心和一条 8 英寸硅单晶生产线,总投资额为 110 亿元。该请示于 1995 年 12 月得到了国务院总理办公会议的批准。8 英寸生产线的业主单位是上海华虹微电子有限公司,注册资本为 48.3 亿元,其中:中央资金 29.3 亿元,由中国电子信息产业集团公司代表,占比 60.66%;上海市资金 19 亿元,由上海仪电控股公司代表,占比 39.34%[1]。同时,由电子工业部和上海市政府牵头,成立"909"工程项目推进委员会,该委员会由时任电子工业部部长胡启立及时任上海市市长徐匡迪任主任。同时,由胡启立担任上海华虹微电子公司董事长。

吸取了以往的经验和教训,"909"工程没有再走老路,而是从稳步发展的思路转向跨越式发展的思路,技术上选择国际最先进的引进,打造高起点的建设目标。中央和上海市都对"909"工程给予了高度重视,对"909"工程的建设推进所需尽可能满足,流程上也是一路开绿灯,极大地提高了整个项目的效率。

在此背景下,华虹的核心领导班子搭建完成后,工厂也已经开始建设,但是还缺少几个很重要的因素,即核心技术、需要主流技术的芯片设计订单、有经验的管理人才和技术人才,这些都是需要从国外引进或通过合作获得的。当时华虹走访了德国、美国、日本等国家的各大著名电子企业,最终选择日本 NEC 作为合作对象。NEC 提出的合作方案很符合当时华虹的需求,他们不仅提供技术,还负责培训员工,并且可以为华虹提供大量的订单,最后还能管理整个公司的经营事务来确保公司获得一定的利润。所以,1997 年双方达成共识,开始正式合作,合资成立了上海华虹 NEC 电子有限公司。NEC 当时也很看重我国的市场,很有合作诚意,拿出当时最先进的技术给新成立的公司建设了一条 8 英寸 0.35μm 工艺的集成电路制造产品线。

实际上,当时的国际半导体行业形势并不乐观,整体处于周期性的低潮,大部分半导体产品的价格急速下滑,而华虹实际上是当时唯一一个反其道而行之的

---

[1] 王阳元. 集成电路产业全书(全三册)[M]. 北京:电子工业出版社,2018.

半导体工厂，不仅没有放慢脚步，反而不断加快建设。而从结果来看，当时的国际形势反而帮助了华虹，市场的低潮使得工厂的建设成本降低了很多，同时也加快了整个项目的建设速度。

1999 年，上海华虹 NEC 的新厂正式投产，当时的产能可以达到每个月 2 万片。经过验收确认，当时华虹的产品在世界范围中也属于领先水平，所有指标都达到了验收标准，符合其应有的设计指标。华虹 NEC 的顺利投产，标志着我国半导体产业缩小了与国际先进水平之间的差距，对产业发展有着重大的意义。

美中不足的是，华虹微电子虽然是华虹 NEC 的控股公司，但是 8 英寸圆片生产线属于华虹 NEC，公司的核心管理人员由 NEC 指定，订单也都是 NEC 给的，相当于 NEC 在我国建造了一个车间。在这种合管模式下，我方的科研人员无法通过在生产线积累经验而成为真正掌握先进技术的核心团队，也不能自主研发产品，更培育不出成熟的国内市场，因而无法带动中国集成电路产业的整体发展，达不到对先进技术的自主可控。

此时在国际半导体市场中，日本在美日韩存储大战中连连败退，NEC 虽然曾经在世界上名列前茅，但由于在存储战争中失败，其 DRAM 市场迅速收缩。从 2000 年开始的全球半导体市场低迷，导致 DRAM 价格下降了 90%，NEC 已经处于自顾不暇的状态，导致华虹 NEC 也受到了影响，全年亏损近 14 亿元。2004 年，NEC 彻底退出 DRAM 领域，这也让华虹 NEC 失去了最重要的订单来源，从此华虹开始转型为代工厂。

虽然这种与外资合作的"拿来主义"模式，在后来受到了许多非议，但是"909"工程仍然是我国在探索芯片自主创新道路上浓墨重彩的一笔。"909"工程顺利完成了华虹的建设，达到了初步目标，同时也为中国半导体产业的发展打下了基础，为后来的"909"工程二次升级以及国家集成电路产业投资基金（俗称"大基金"）的建立起到了奠基作用。"909"工程也证明了自主创新是一条艰难且极具风险的路，但也有着与风险所对应的回报。我国的半导体产业还有很长的路要走，"909"工程是一个成功的开始，也预示着创新才是发展中最重要的一环。

案例 19：国内三大封测厂——长电科技、华天科技、通富微电

在我国集成电路产业链中，封装测试（简称"封测"）行业是唯一能够与国

际厂商全面竞争的领域，加上封测属于重资产制造环节，所以更多资本也自然而然地向封测产业倾斜。从最初的原始积累、引进外部技术和人才，到后来在国家政策和资金的大力扶持下迅速发展，我国的封测行业一步步走向主流，在国际上的竞争力也越来越强。

目前我国的集成电路封测行业处于三足鼎立的态势，长电科技、华天科技、通富微电三家封测企业领跑市场，同时市场中还有一些规模相对较小的封测企业在努力追赶，跟随我国大力发展集成电路产业的政策，通过科创板扩充自己的规模和产能。

江苏长电科技股份有限公司是我国第一家封测企业。长电科技源自1972年成立的江阴晶体管厂。长电科技的主要业务是给全球芯片厂商提供封测服务，其中包括封装设计、产品开发和认证等。2015年，长电科技为了扩展业务，与国家集成电路产业投资基金（俗称"大基金"）和中芯国际旗下的芯电半导体一起，对星科金朋发起了收购。收购后成立了长电新科公司，长电科技、大基金、中芯国际各占该公司51%、29.4%、19.6%的股份。经过这一次重组后，长电科技与大基金和中芯国际紧密合作，形成了上下游通透的产业链合作关系，向客户提供一体化服务，有很明显的竞争优势。除此之外，对于长电科技而言，星科金朋还带来了很多优质的客户资源，也补充了长电的技术储备。星科金朋在2013年的财报中曾披露过自己持有2000个以上的IP知识产权，其中最突出的是叠层封装（Package of Package，PoP）、圆片级封装（Wafer Level Package，WLP）、硅通孔（Through Silicone Via，TSV）等技术。当时星科金朋的主要客户都是欧美等芯片产业较为发达地区的集成电路设计企业，这是长电科技最缺少的客户资源，自己导入这些客户需要花费较大的力气和较高的成本，收购星科金朋恰好解决了这一难题。

天水华天科技股份有限公司成立于2003年12月25日，其主要业务是提供芯片封测服务。华天科技每年可以封装大概100亿颗芯片，拥有12个系列的产品、约200多个品种。华天科技的封测能力广受业内好评，销售收入在我国封测行业中位居第三。华天科技在昆山、天水、西安三个地点都有布局，为了拓宽欧美市场，先后并购了迈克光电、FCI、纪元微科这三家公司，2016年还在美国硅谷设立了新的办事处。华天科技的昆山厂主要聚焦于圆片级芯片尺寸封装（Wafer Level Chip Scale Package，WLCSP），这是目前世界主流的先进封装技术，除了供应本土客户，更是面向国际市场；西安厂定位在中端封装领域，主要服务手机客户，包括指纹识别和 MEMS 等细分领域；天水厂主要做 LED 和 MEMS 相关的封装服务。与其他封测企业相比，华天科技的优势在于对成本的把控较好，这使得华天科技在布局更高端的先进封装技术时，能够有效降低学习成本和后续制造成本，让其在导入新技术和新客户时保持良好的利润收益，加速自身发展的速度，成为世界一流的封测企业。

南通富士通微电子股份有限公司（简称"通富微电"）成立于 1997 年 10 月，其主要业务是提供芯片的封测服务，是我国目前排名第二的集成电路封测企业。2015 年，通富微电为了扩展自己的业务和优质客户，以 3.7 亿美元的价格收购了 AMD 的两家从事高端封测业务的子公司。这两家公司的主要产品都是先进封装产品，其中包括 CPU、GPU、APU 等处理器的封装。在收购之后，通富微电吸纳了 AMD 两个厂商先进的倒装芯片（Flip Chip，FC）封装技术，跟自己原有的技术融会贯通，目前通富微电在先进封装领域的销售占比也超过了自己总销售收入的 70%。通富微电目前拥有多种先进封装技术，包括：FC、Bumping、球栅阵列（Ball Grid Array，BGA）、WLCSP、系统级封装（System in Package，SiP）等，同时传统封装技术仍在继续迭代。通富微电的总部在江苏南通，在合肥、厦门、苏州、马来西亚槟城还拥有七大生产基地。通富微电对 AMD 相关资产的收购，使其正式从 AMD 的一个供应商变成了外包半导体（产品）封装和测试（Outsourced Semiconductor Assembly and Testing，OSAT）企业，布局国际先进封装领域市场，逐渐变成一个国际化的公司。

接下来详细介绍三大封测厂中排名第一的长电科技的发展简史。

长电科技的前身是成立于 1972 年的江阴晶体管厂，2000 年改制为江苏长电科技股份有限公司，三年后成功上市，这是我国封测企业中第一家上市的公司。2015 年，长电科技为了扩展业务范围，增加优质客户，收购了处于国际领先地位的星科金朋，吸纳了其先进的技术和客户，从而成为全球第三大封测公司。

江阴晶体管厂是在我国号召全国发展晶体管的形势下成立的。1984 年，国家还表彰了江阴晶体管厂，对其为我国同步通信卫星成功发射所作的贡献给予了很大的肯定。

改革开放后，具有明显技术优势的外资集成电路企业对我国集成电路企业有很大的冲击，江阴晶体管厂也濒临倒闭。

1990年,王新潮临时接到上级通知,让他去接任濒临倒闭的江阴晶体管厂厂长,他一干就是近三十年,直到2019年卸任长电科技的董事长。他曾经在就职演说中对两个方面进行了郑重承诺:"一是确保企业有持续发展的后劲;二是确保员工收入逐年提高"。这两个承诺稳定了当时厂中已经涣散的军心,为后来的发展打下了基础。为了兑现自己说过的这两个承诺,王新潮决定先想办法让企业可以自负盈亏不至于倒闭。为此王新潮和同事做了很多努力,四处拉订单、给其他厂或客户做咨询等服务性工作、加强新产品的研发等等,最终保住了江阴晶体管厂,整体的经营情况越来越好。1992年江阴晶体管厂正式更名为江阴长江电子公司。

然而好景不长,在临近2000年时,东南亚金融危机爆发,而长江电子有大量的东南亚客户。并且当时国家鼓励外贸交易,有很多走私产品趁机流入国内,挤压了国内的市场,公司再次濒临倒闭。

2000年长江电子改制为江苏长电科技股份有限公司。王新潮与公司的领导层决定背水一战,面对走私产品和低迷的产业周期,选择加大投资扩产,这与当年三星电子在存储器战争中的选择有异曲同工之妙。扩产后,长电科技的产能增长到13.5亿颗/年,这是之前产能的4~5倍,长电科技变成当年中国最大的器件厂商。

与此同时,国家也在大力打击走私商品,市场中泛滥的走私产品被清除。因此长电科技完成规模扩张后,一举夺得大量的市场份额,在接下来的几年里每年都以翻倍的速度增长,公司进入高速发展阶段。到2003年,长电科技的产能已经达到200亿颗/年。同年,长电科技在上海证交所上市。

21世纪初期,众多小型的封测企业开始出现。长电科技想通过价格战的方式打压新兴的小型封测企业,但效果甚微,自己的财务状况反而急转直下。因此长电科技管理层做出重大决策,决定改变策略,以"规模+技术+品牌"的领先优势为基础来发展企业。

2004年,长电科技为了扩展自己的高端客户,与新加坡先进封装公司合作,合资建设了我国首个、全球第四个8英寸和12英寸圆片级封装厂——长电先进封装有限公司。长电先进的成立是长电科技从低端迈向高端的里程碑。长电先进的主要技术攻关是在圆片级封装技术和铜柱凸块技术上,这也是现在长电科技引以为傲的两大具有全球专利的技术。

长电先进最初专注于研究铜柱凸块技术，但没有找到稳定的客户，无法在市场上站住脚。但长电先进认为铜柱凸块技术非常有价值，属于该技术的市场随时可能出现。2009 年终于出现了转机，全球排名第一的模拟器件公司德州仪器（TI）当时正在寻找解决其产品散热问题和集成度提升的方法，搜寻多家封装厂后找到了长电先进，从而打开了长电先进的凸块市场。与此同时，长电先进的另一大技术——圆片级封装的产能已经达到每年 30 亿颗。

长电科技为了确立国内"技术+规模"的领先地位，在 2007 年申请了 16 亿元的银行短期贷款，并在 2007 与 2009 年进行了两次定向增发，积极布局手机核心芯片与部件的高端封装市场。长电科技与国内多家顶级公司合作，成功导入手机、摄像头、射频等领域的客户，在高端封装产品市场上站稳脚跟。为了应对高端需求，长电科技还自主研发或购买了 TSV、SiP 等技术，也因此步入了世界一流封装厂商行列。

长电科技不仅布局高端市场，也深挖中低端市场。长电科技在江苏宿迁与安徽滁州建立了中低端的生产基地，目的是在低端市场的低成本化中占得先机。

长电科技将高中低产品分开布局进行战略转型的方法，让公司取得了空前的成功。2009 年，长电进入了世界前十封装公司的行列，排名第八。到了 2012 年，长电科技的世界排名上升到第六，在我国的封测行业排名第一。

2014 年，作为国内封装业龙头的长电科技并未安于现状，继续研发新技术和新工艺。但管理层意识到长电科技当时最大的困难是无法快速导入高端市场和客户，这是公司必须突破的瓶颈。先进的技术和导入国际高端客户的能力才能使长电科技成为世界一流的封测企业。

为了解决先进技术的攻关和导入国际高端客户的问题，长电科技开始整合并购路线。首先，长电科技与我国排名第一的圆片代工厂中芯国际寻求合作，共享彼此的高端客户。2014 年，由长电科技和中芯国际双方共同投资 10 亿美元成立了中芯长电半导体（江阴）有限公司，与中芯国际和长电科技一起组建全国产化的 12 英寸高端产业链，即中芯国际负责圆片制造，中芯长电负责中段凸块制造（Bumping），长电科技负责封测。

其次，2015 年长电科技联手大基金和中芯国际收购了有着世界先进的技术、市场、人才和客户的星科金朋。对星科金朋的收购不仅可以使长电科技的技术得到一定的提升，并且还可以带来很多优质的客户。与星科金朋完成整合后，长电科技拥有 6 个研发中心、7 个生产基地，其生产、研发、销售覆盖了全球市场。

长电科技的高层很早就意识到，产品的高端化需要大量的投入和人才的支撑，而创新的核心动力也来源于优秀的人才，所以要把握全球最顶尖的技术，就需要有全球最顶尖的人才。

长电科技为了提升自己的技术能力，从 2000 年开始就一直在海外招揽高新技术人才，引进了多名业界技术大拿。在 2008 年由美国次贷危机引发的全球金融危机爆发后，长电科技又趁着海外大厂自顾不暇之时，以相对较低的价格收购了新加坡 APS 研发机构。2015 年长电科技在对星科金朋的收购中，除了吸纳顶尖技术和优质客户，更关键的是得到了星科金朋的团队，其中包括具有高端技术经验的研发人员，以及已经具有全球视野和管理经验的销售和管理人才，这对正在迈向国际化的长电科技来说真是如虎添翼。

在这 30 年发展历程中，长电科技从一家两次濒临倒闭的落后厂商，逐渐成长为一家世界级的企业。

案例 20：华润微电子发展简史

华润微电子有限公司是中国领先的拥有芯片设计、掩模制造、圆片制造、封装测试等全产业链一体化经营能力的半导体企业，产品聚焦于功率半导体、模数混合、智能传感器与智能控制等领域。经过多年发展及一系列整合，华润微电子是目前国内领先的运营完整产业链的半导体企业。

说起华润微电子的前世今生，最早可追溯至 1960 年创立于无锡北塘区棉花巷的江南无线电器材厂，它以生产二极管起家，1963 年被收归国有，改称国营江南无线电器材厂（国营第 742 厂，简称 742 厂）隶属于国家第三机械工程部第十管理总局（即后来的第四机械工业部），承担国家新型半导体工艺设备的研究和生产。1978 年 10 月，在原国家计划委员会（简称国家计委）号召下，投资约 2.6 亿元，成功引进日本东芝完整的 3 英寸生产线和双列直插式（DIP）塑料封装线。在之后的六年时间里，742 厂完成生产线的投产、开通、验收。最终在 1985 年生产出彩色电视机用线性集成电路共 11 个品种，年产量约 2600 万块集成电路成品，成为当时中国规模最大的专业化工厂。

1989 年，国家为达到科研成果快速转化为生产力的目的，将 742 厂和已建成五年的四川永川半导体研究所无锡分所合并，成立中国华晶电子集团公司。这是国内首个集成电路企业合并案例，也是科研、技术、生产的联合。

1990 年初，为拉近与国际领先技术之间的差距，国内启动"908"工程，为华晶引进美国朗讯 6 英寸 CMOS 芯片生产线。由于建设期过长，华晶与国际主流技术之间的差距进一步增大，出现"投产即亏损"的现象。

为寻求公司出路，华晶决定以"市场为导向"，慢慢将部分设备租赁给香港上华半导体公司。香港上华则通过对外筹集资金、引进技术和团队，帮助无锡工厂逐步实现量产。其中引入的团队，正是张汝京在 1997 年带领的中国台湾地区团队。在张汝京和香港上华的陈正宇指导下，华晶的生产能力和市场能力得以改造。1999 年 8 月，华晶与香港上华正式建立合资公司——无锡华晶上华半导体公司，其中香港上华持股 51%，华晶持股 49%，主营业务为 6 英寸 MOS 圆片代工，成为我国第一家圆片代工企业。

2003 年，为实现在香港上市，公司决定引入华润集团资本，即华润集团旗下的华润励致收购华晶上华的全部股权，将华晶上华更名为华润上华科技有限公司。在公司成立的同一天，华润上华以每股 1 美元的价格发行价值 8300 万美元可购回、可换股的优先股，以此吸引国际投资机构进行投资，结果 3i 集团、CCI、邓普顿股本基金和国际金融公司都参与了投资。在引入外部资金后，华润上华以现金加股票的形式出资 3300 万美元收购当时世界第三大芯片代工厂新加坡特许半导体（Chartered Semiconductor Manfacturing，CSM）的一所旧厂，从而获得 6 英寸生产线、技术许可和相应的客户资源。2004 年 8 月，华润上华在香港联交所主板成功上市。上市四年后，华润集团取得华润上华的控制权，并将下属的微电子企业华润矽科、华润华晶、华润安盛、华润赛美科等合并，合并后的公司名称为无锡华润微电子有限公司，业务范围扩大到集成电路设计、开放式圆片代工、集成电路封测和分立器件制造。此时的华润微电子拥有三条 6 英寸/8 英寸圆片生产线，一条封装测试生产线以及 4 英寸、6 英寸分立器件生产线[1]，成为当时国内规模最大的集成器件制造商。

随着我国资本市场的不断成熟，华润微电子决定在 2011 年 11 月的香港联交

---

[1] 朱美琼. 华润 70 年[M]. 深圳：海天出版社，2009.

所私有化退市。在退市后的第六年，华润微电子在上海设立华润微电子控股有限公司，国内控股总部的诞生预示着其主营业务更侧重国内市场。之后，国务院国有资产监督管理委员会（简称国资委）将中航航空电子有限公司（简称中航电子）持有的华润微电子（重庆）有限公司（简称重庆华微）的52.41%股权无偿划转至华润微电子，加持公司在MOSFET、IGBT、SBD等功率半导体制造能力。到2018年底，华润微电子销售额达到21.7亿元，净利润实现扭亏为盈，一举成为我国半导体行业营业收入规模排名前十的企业，也是其中唯一的一家集成器件制造商企业。华润微电子MOSFET产品种类齐全，成为国内少数能够提供-100V～1500V全系列产品的公司之一。华润微电子在国内功率市场所占份额约为8.7%，仅次于德国英飞凌（Infineon）和美国安森美半导体（ON Semiconductor）。2019年，公司继续开拓市场，收购杰群电子，进入车规级封装业务。2020年初，华润微电子以"第一支红筹股"身份在科创板成功上市，并逐步研发第三代化合物半导体业务，将现有产品拓展至汽车电子、数据中心、5G基站等应用领域。

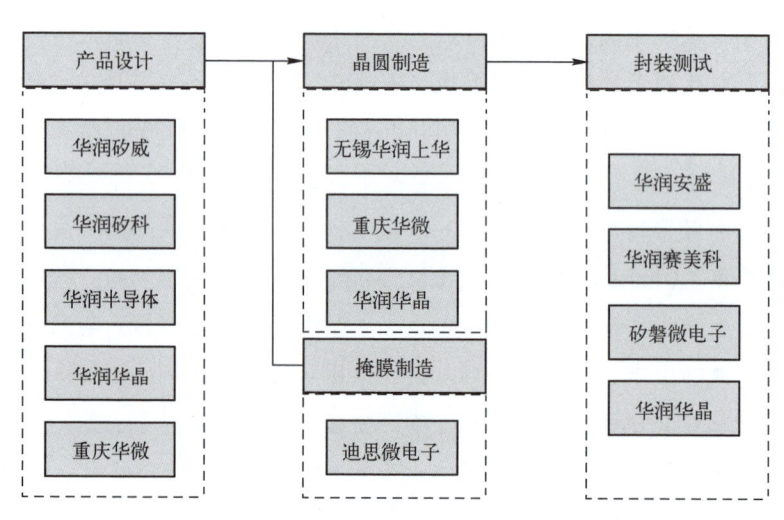

华润微电子主要子公司及其业务领域

产品设计	晶圆制造	封装测试
华润矽威	无锡华润上华	华润安盛
华润矽科	重庆华微	华润赛美科
华润半导体	华润华晶	矽磐微电子
华润华晶	掩膜制造	华润华晶
重庆华微	迪思微电子	

案例21：士兰微电子发展简史

杭州士兰微电子股份有限公司成立于1997年9月，是我国最早一批境内上市的集成电路设计公司之一，同时也是我国集成电路IDM模式的标杆企业。士兰微电子依托其自有的特色生产线，形成了器件（主要为功率器件MOSFET、

IGBT、二极管等产品）、集成电路（主要包括 IPM、MCU、MEMS 传感器、电源管理芯片、数字音视频电路等）、LED 芯片及外延片等丰富的业务板块，是国内产品线最为齐全的集成电路 IDM 厂商。2023 年，士兰微电子总营收已达 93.4 亿元。

前身：华越微电子与"士兰七君子"

在改革开放初期，各大国营厂是中国集成电路的骨干企业，甘肃天水的国营第 871 厂就是其中之一。1984 年初，871 厂在浙江绍兴建立分厂，以寻求更广阔的市场空间。1988 年，绍兴分厂改制并更名为绍兴华越微电子有限公司。

华越微电子是当时中国集成电路的明星企业，而以陈向东为首的打造了我国首条民营 IDM 生产线的士兰微电子团队，就是在华越微电子积累了集成电路设计、制造和生产的宝贵经验。

1982 年，复旦大学半导体专业毕业的陈向东被分配到 871 厂，从芯片设计做起，1984 年初被提拔为绍兴分厂的车间副主任。1988 年，年仅 26 岁的陈向东升任常务副厂长，4 年后成为华越微电子的代总经理。

陈向东在华越微电子的道路可谓一帆风顺，但他却在 1993 年选择了辞职。而当时他的"同道中人"还有范伟宏、郑少波、江忠永、罗华兵、宋卫权、陈国华等六人，他们也和陈向东类似，虽在华越微电子经过十余年的工作积累一路升迁至资深高管或总工程师，却在国企的体系中感受到了种种限制。

陈向东对于辞职曾表示"感觉国企的机制还不够灵活"。公司的另一位创始人，曾任华越微电子副总工程师的范伟宏也回忆，当时他们踌躇满志地自主研究了企业生产改进方案，却被职工大会最终否决。在如此境遇下，几位华越微电子的同事带着理想选择了自主创业，他们也就是当时的"士兰七君子"。

士兰微电子的成立

在华越微电子任职期间，陈向东结识了中国台湾友顺科技股份有限公司高耿辉董事长。高耿辉对陈向东颇为欣赏，便在陈向东等人离开华越微电子时，邀请陈向东、范伟宏、郑少波、江忠永、罗华兵、宋卫权、陈国华等七人加入自己刚成立的杭州友旺电子有限公司，全面负责友旺电子的产品设计、生产管理、市场营销等工作。在陈向东团队的努力下，友旺电子得到了快速的发展，累计开发出 80 多种双极性集成电路产品，公司研发水平和销售收入均获得了较快的提高。

1997 年 9 月 25 日，陈向东等七人出资创立了杭州士兰电子有限公司。同年 10 月，士兰电子与友顺科技签定了《关于杭州友旺电子股份与资产转让的协议》，友顺科技将其持有的友旺电子 40%的权益无偿赠送给士兰电子。这样一来，士兰电子的资产和业务规模均获得了较大的增长。

确立坚持 IDM 模式的方向

2000 年，与当时众多科技公司一样，士兰电子也在筹备上市。同年 10 月，士兰电子整体改制为杭州士兰微电子股份有限公司，进入"士兰微"时代，团队开始思考如何选择公司前进的方向。

与此同时，国际上已经颇具规模的跨国集成电路企业纷纷来到我国开拓市场。当时国内的集成电路企业无论自身技术实力、业务规模，还是资金上的支持，都与成熟的国际集成电路大厂相差甚远，因此国际厂商很快占据了我国市场的大量份额。另外，只要有几个工程师和不多的资金，就能够创立一家单纯做芯片设计的公司，行业门槛较低。因此陈向东意识到单纯掌握芯片设计带来的发展空间十分有限，几经思考，陈向东认定，要使士兰微电子朝规模化发展，必须拥有自己的生产线，只有这样才能禁得住市场竞争的考验。

团队也发现那时国内的代工厂仍较少，基本只有无锡华晶上华、北京首钢可以合作，虽然其用于收音机和遥控器中的产品做得还不错，但在一些特殊工艺上却还是无法配合。

由于前两年士兰微电子的发展比较顺利，也积累了部分资金，所以此时正好是筹划建设生产线的好时机；同时团队也意识到，建设集成电路生产线的投资高得惊人，公司需要的资金还差很多，再者集成电路生产线的建设周期很长，有极大风险。于是，陈向东决定做多方面准备，一边寻找收购现成生产线的机会，一边筹备建设，同时寻求上市融得资金。

起初，他看中了华越微电子拥有的成熟芯片生产和封装生产线。尽管陈向东等人对华越微电子有较深的情结，但因他曾带领一众骨干离开华越微电子，老东家对此次收购有较深的芥蒂，所以收购最终未能成功。

到了 2001 年，集成电路产业进入下行周期，士兰微电子看准了当时低成本投资的机会，推动了筹资设厂。他们先是从工商银行得到了上亿元的贷款，在杭州下沙建立了自己的芯片制造基地，建成了我国首条民资建设的集成电路生产线"士兰集成"。2002 年底，士兰微电子又在杭州投产了一条 0.8 微米工艺的 5 英寸/6 英寸兼容生产线。如此一来，士兰微电子初步完成了芯片设计和制造的协同布局，将产业链上最关键和利润最高的两个环节掌握在自己手中。

2003年2月24日，士兰微电子在A股顺利上市。上市后，士兰微电子没有停下生产线投入的步伐，士兰微电子将上市募资的2.87亿元顺势投入在新建6英寸芯片生产线上。

获得政府支持，发展特种工艺

随着士兰微电子的发展壮大，公司将目标又转向了更先进的8英寸和12英寸芯片生产线。同时陈向东也意识到，由于涉及工艺研发与产品设计研发的多个环节，IDM模式在特色工艺（如高压电路、MEMS传感器、射频电路和器件等）领域有着独特的优势，于是士兰微电子选择联合地方政府和大基金，继续壮大与拓宽公司的生产规模和业务领域。

首先士兰微电子在大基金的支持下，在杭州开始建设第一条8英寸芯片生产线：2016年3月，士兰微电子与大基金共同签署投资协议，第一轮由士兰微电子和大基金各出资2亿元共同增资士兰微电子子公司杭州集华投资有限公司，第二轮由大基金和集华投资各出资4亿元共同增资士兰微子公司杭州士兰集昕微电子有限公司，在大基金合计6亿元的助力下，士兰集昕8英寸芯片生产线一期项目顺利开工，2017年6月实现投产，2017年底月产能达到1.5万片。

2017年，士兰微电子与厦门市海沧区政府签订了战略合作框架协议，士兰微电子与厦门半导体投资集团有限公司共同投资220亿元，规划建设两条12英寸65～90nm特色工艺芯片生产线和一条4/6英寸兼容先进化合物半导体器件生产线，前者投资170亿元，后者投资50亿元，由厦门士兰集科微电子有限公司实施，士兰微电子和厦门半导体投资集团分别持有士兰集科15%和85%股权。

2019年12月，士兰集科12英寸特色工艺芯片制造生产线厂房封顶仪式和先进化合物芯片制造生产线投产仪式在厦门举行，两条12英寸线正式投产，生产MEMS传感器、功率器件等产品。

2020年底，士兰微电子正式发布重组预案，士兰微电子通过发行股份方式购买大基金持有的集华投资19.51%的股权以及士兰集昕20.38%的股权，根据公告，士兰微电子本次拟向大基金发行股份数量为8235万股，占士兰微电子交易完成后总股本5.91%，本次重组发行价为13.63元/股，标的资产的整体作价合计为11.22亿元，大基金将正式成为士兰微电子占股5%以上的重要战略股东。

总结：我国民营IDM的先驱

在我国举国发展集成电路产业的年代，以陈向东为首的"士兰七君子"在华越微电子证明了自己的能力，同时也认识到国企体制带来的局限性，于是他们带着理想与抱负选择了走 IDM 道路，创立了具有中国特色的集成电路企业。

在公司的成长过程中，他们清楚地认识到 IDM 模式的优势与高投入、长周期的风险，经历了收购、自建生产线的多方布局，凭借资本市场和政府资源的支持和多样化的生产线配置，士兰微电子成了我国极具代表性的 IDM 厂商。

案例 22：北方华创发展简史

北方华创科技集团股份有限公司源自 2017 年 2 月两大国有企业的整合，即北京七星华创电子股份有限公司（简称七星电子）和北京北方微电子基地设备工艺研究中心有限责任公司（简称北方微电子）的重组。其中，七星电子是在北京电子控股有限责任公司（简称北京电控）整合北京的六大国有电子厂资产的基础上于 2001 年 9 月设立的，六大电子厂分别是 700 厂、706 厂、707 厂、718 厂、797 厂和 798 厂。七星电子主要生产半导体制造设备及相关电子元器件。而北方微电子是由北京电控在 2001 年 10 月联合北京大学、清华大学、中国科学院微电子研究所、中国科学院光电研究所共同出资设立的，主要业务是高端半导体设备制造。通过两者的合并，北方华创成立四大业务部门，即半导体装备、真空装备、锂电新能源装备、精密元器件。其中，半导体装备是北方华创的主要业务，产品线涉及领域广泛，包括单晶炉、氧化扩散炉、气相沉积设备、清洗机、刻蚀机、固化机等。

因此，今天的北方华创集团，其历史渊源最早可以追溯到 20 世纪 50 年代。中华人民共和国成立之初，百废待兴，电子工业基础薄弱，生产能力几乎是空白。1951 年，国家决定利用北京东北部（朝阳区酒仙桥附近）的大片空地建立北京电子管厂（774 联合厂）、华北无线电器材联合厂（718 联合厂）和北京有线电厂（738 厂），以发展国内的有线电和无线电事业。其中：北京电子管厂（774 联合厂）由苏联援建，主要负责电子管制造和研发；华北无线电器材联合厂（718 联合厂）由德意志民主共和国（简称"民主德国"或"东德"）援建，主要生产无线电工业所需的元器件；北京有线电厂（738 厂）通过参考苏联工厂布局自行建设，主要生产电话交换机和计算机。最终，这三个工厂分别在 1956 年 10 月、1957 年 10 月和 1957 年 9 月建成投产。在此期间，苏联和东德的专家们把从厂房建设、安装机器，到选取原料、生产产品、检验产品等环节的要领和知识传授给了国内工厂技术人员。

1964年4月，第四机械工业部决定撤销华北无线电器材联合厂（718联合厂）的建制，并分立为四机部直属独立的706厂（原四分厂）、707厂（原七分厂）、718厂（原二分厂）、797厂（原一分厂）、798厂（原三分厂）及751厂（原五分厂）。在酒仙桥这个新兴的电子工业基地建成后的40余年历程中，我国的无线电工业逐渐摆脱对国外进口的依赖，研发出5000余种新产品，填补了国家技术空白，并取得870个国家、省市级科技成果奖，诞生了中华人民共和国成立后的第一只真空管、第一块集成电路、第一台计算机、第一台电话交换机等，因此这里被人们称为"新中国电子工业的摇篮"。

20世纪80年代改革开放后，在广东东莞、北京中关村出现电子城。但是，国营工业企业却依旧遵循高度集中的计划管理体制，产品也无法由军品快速转为民品，因此在市场中逐渐失去创新活力，陷入亏损困境。1992年，北京市12名国营工厂厂长联名上书，呼吁改造、振兴老工业基地。北京市政府后来将这片著名的工业基地命名为"北京电子城"，并给予区域性优惠政策：区内企业税费部分定期返还以用于技术改造、引入外资、转换经营机制，同时大力发展电子产业配套的经营项目。1999年，北京电子城基地正式纳入中关村科技园区，从而享受各项专项基金以及中关村科研院所的人才输入政策。国有企业开始通过合资、兼并、重组的方式自救，其中774联合厂改制成为京东方科技集团，738厂以"兆维集团"身份从事通信产品生产。2001年，700厂等六家国有厂改制成为北京七星华电科技集团有限责任公司（简称七星集团）。后来，七星集团将部分闲置厂房出租，逐渐演变成北京著名的"798艺术区"。

七星集团成立后，迅速成为国内规模最大的电子装备生产和高端电子元器件制造基地。伴随北京市政府给予的优惠政策，公司的年销售额呈现两位数的增长。2009年12月，七星电子作为国内首家集成电路设备公司在深交所成功上市，主要的集成电路设备产品包括用于光伏硅晶片生长的单晶炉、用于圆片前道加工的氧化炉、清洗机、气体流量计等。公司上市后开始承接国家专项拓展集成电路设备业务。

2015年，七星电子获得亦庄国投母基金和大基金的战略投资，总共募集9.3亿元的配套资金，从而收购了北方微电子的全部股权。北方微电子的主要产品是用于圆片前道加工的刻蚀机、物理气相沉积（PVD）设备和化学气相沉积（CVD）设备。2017年2月，公司完成收购后正式更名为北方华创，并形成以芯片、光伏、LED、面板领域为主的半导体装备、真空装备、锂电池新能源装备和精密元器件四大业务板块，成为国内领先的半导体制造设备供应商。例如：公司逐步将12英寸硅刻蚀机、PVD、ALD、LPCVD设备实现量产，成功导入至长江存储、中芯国际等国内主流集成电路生产企业；8英寸硅刻蚀机、金属刻蚀机、金属PVD、湿法清洗机等设备也获得客户采购。未来北方华创将继续提升成熟制程设备的产品覆盖率，并进行先进制程设备的研发。

2000年之前的市场化探索期，集中表现为如下三个特征：一是传统计划经济体制下的国有企业面对市场竞争缺乏竞争力，在国外产品的冲击下很快七零八落，被迫退出市场；二是技术引进（尤其是日本技术的引进）成为建设主流，20世纪80年代是地方自主引进，到90年代升级为国家项目的整体引进；三是建设以IDM模式为主，但是也出现了"908"工程八大配套设计公司这样的模式，内部产业分工初步成形。

2000—2013年：市场化机制推动产业快速发展的时期

从2000年到2013年，我国集成电路产业发展逐渐进入市场化阶段，这个过程由民企主导，其中海归创业者扮演了重要角色。特别是在2010年以前，有大量的海归创业公司诞生，这得益于国家相关政策的出台。2000年6月，经过一年多的起草和准备，国务院正式印发《国务院关于印发鼓励软件产业和集成电路产业发展若干政策的通知》，即国发〔2000〕18号文件（简称18号文），从税收、行业管理及知识产权保护等方面，给予国内集成电路产业以支持。对当时尚处于市场化探索期的我国集成电路产业而言，18号文的发布犹如一针"强心剂"。随着社会经济的发展和信息化浪潮的来袭，彼时我国消费电子市场出现了众多的创业机会，而18号文则从政策层面给海归创业者和本土企业家们提供了施展才华的舞台。因此从新千年开始，我国集成电路设计业首先迎来了一波热潮。与此同时，国家延续了20世纪八九十年代对重资产项目的规划和支持，这也给中芯国际集成电路制造有限公司、上海华虹集成电路有限责任公司这些日后我国集成电路产业的中坚力量提供了发展机遇。

制造业发展

中芯国际成立于千禧年，其创立 20 多年来走过的征途也是我国半导体产业砥砺前行的缩影。中芯国际引入了包括央企、地方政府、主权基金、台资机构、美资机构等背景各异的股东，不同股东间诉求的差异给公司管理带来了动荡。历经 5 位董事长和 4 位 CEO 之后，中芯国际再次步入发展的快车道，并在科创板的助力下，正向着世界一流集成电路制造企业的目标进发。

半导体产业归根结底是制造业，制造是半导体产业链中最核心的环节，因此中芯国际作为我国圆片代工龙头企业的重要性不言而喻。了解中芯国际的历史，可以深入体会半导体行业所具有的资金密集型、智力密集型及市场属性的内涵，也将有助于理解圆片代工对整个产业链的支持与带动作用。

案例 23：中芯国际发展简史

中芯国际（SMIC）及其控股子公司是世界领先的集成电路圆片代工企业之一，也是我国技术最先进、配套最完善、规模最大、跨国经营的集成电路制造企业集团，提供 0.35 微米到 14nm 不同技术节点的圆片代工与技术服务。中芯国际成立于 2000 年，总部位于上海，拥有全球化的制造和服务基地，截至 2023 年底，公司拥有员工 2 万多人，在上海、北京、天津、深圳建有多个 8 英寸和 12 英寸圆片制造厂。

成立背景

1999 年，在党中央、国务院对高新技术发展高度重视和国民经济高速发展的形势下，我国微电子产业迎来了新的机遇期。当时，一直在思考如何更好地推进中国集成电路产业发展的中国科学院王阳元院士敏锐地感受到了这一点，于是在总结国际集成电路产业的发展规律以及我国集成电路产业数十年发展历程的基础上，指出了我国集成电路产业发展的关键在于：要在机制上有所创新，突破传统模式，走出去、引进来，与海外资本合作，引进国际化的一流爱国团队和技术，共同创建我国具有世界先进水平的集成电路制造企业。

适逢 1999 年底，同样胸怀振兴中国集成电路产业的张汝京从海峡另一侧的台湾来大陆考察建设集成电路芯片生产线的可能性。王阳元院士随即联系上了张汝京，向其阐述了建设集成电路生产线的建议和可行性。随后，在张汝京一行对大陆考察的基础上，双方再次于深圳共同讨论了合作建设的方案和措施。就是通过这两次短暂却高效的会谈，一项伟大的事业从此开启——创立中芯国际。中芯国际的创立，可谓是集"天时、地利、人和"于一身。

这里对张汝京做一个简单介绍：出生于南京的张汝京不满周岁时被父母带到了台湾，从台湾大学机械工程学系毕业后留学美国。1977 年，获得博士学位的他进入德州仪器（TI）工作。张汝京在 TI 工作了 20 年，先后从事研发及工厂运营，在美国、日本、新加坡和意大利等地建设了 10 多家大型芯片工厂，成了集成电路行业内赫赫有名的"建厂大师"。

受到父母的熏陶，张汝京自幼就有很强的家国情怀，很早他已萌生回国建厂的念头。1996 年中国电子代表团到 TI 总部参观时，向他发出回国邀请，这更坚定了他的决心。1997 年，张汝京毅然从 TI 退休来到中国大陆，筹划建厂事宜。但考虑到当时大陆在设备、技术和人才上的不足，最终他决定在条件更完备的中国台湾地区创立世大积体电路公司（WSMC），计划在台湾先建 2 个厂，之后再复制到大陆。在他的带领下，世大成立仅 3 年便开始盈利。面对迅速崛起的世大，台积电选择了高价收购的策略。之后，张汝京离开世大前往大陆创业建厂。

这中间还有一个小插曲：香港回归后的 1998 年，首任特首提出设立名为"硅港（Silicon Harbour）"的电子技术开发区，以振兴香港科技产业。当时，香港的确具备一定的电子产业基础，所以张汝京曾考虑在香港建厂发展。但在多种因素影响下，硅港计划最终未能成功，因此大陆便成为张汝京建厂的首选地。

2000 年 1 月，中芯国际召开第一届董事会，决定总部定在上海，并得到了上海市政府的全力支持，在张江定下了厂址。

中芯国际的发展主要分为奠基时期、积累时期和高速发展时期三个阶段。

奠基时期（2000—2004 年）

这一时期公司的主要成就概括如下。

- 2000 年，中芯国际开曼公司及上海公司先后成立，8 月公司开始在上海张江高科技园兴建首座 8 英寸制造厂。
- 2001 年，中芯国际上海 8 英寸生产基地竣工开始试产，公司完成 A 轮

10.19 亿美元融资（同年还获得 4.8 亿美元贷款）。
- 2002 年，中芯国际实现 0.18 微米的全面技术认证和量产。同年，中芯国际（北京）公司成立，并举行 12 英寸生产基地奠基仪式。
- 2003 年，收购天津摩托罗拉圆片制造厂，并成立中芯国际（天津）公司。公司陆续实现 0.35～0.13 微米的全面技术认证和量产，标志着中芯国际完成圆片代工技术的初步积累。
- 2004 年，中芯国际首次实现盈利，并成功于美国纽交所及香港联交所上市，融资 18 亿美元。

2000 年 4 月 3 日，中芯国际集成电路制造有限公司（SMIC）在开曼群岛设立，团队以此为平台募集资金，再以外商投资的身份在上海建厂。创立伊始，"中芯国际"这个名字便已经概括了公司的基因及肩负的使命——立足中国、放眼全球，以国际化的运作方式打造中国芯片制造业的巨人。

上海项目启动初期，因为申报和建设同步进行的原因，海外股东的资金无法到位。在王阳元院士及其夫人杨芙清院士的大力支持下，从北京北大青鸟软件系统有限公司拆借了 5000 万元作为启动资金，解决了从无到有的问题。

2001 年，在得到了上海市和北大青鸟的支持后，中芯国际终于完成了 10.19 亿美元的 A 轮融资，股东来自中国、美国、新加坡等国家和地区，包括上海实业、北大青鸟、汉鼎亚太、淡马锡祥峰、高盛、华登国际等。

在团队方面，除了部分来自世大的旧部，张汝京还在美国四处奔走，奋力招揽到不少华人回国。组建完成由数百位来自中国（包括大陆和台湾）和美欧日韩等地的人才团队后，中芯国际正式开始运作。为体现对中芯国际的支持，中国科学院和北京大学均同意由王阳元院士出任公司首任董事长及法定代表人，张汝京则担任 CEO。2000 年 8 月，中芯国际在上海投资的 8 英寸圆片制造厂动工，并且创造了全球最快的圆片代工厂建厂纪录：从 2000 年 8 月 1 日上海厂房打下第一根桩，到 2001 年 9 月 25 日上海 8 英寸厂第一片 0.25 微米以下线宽的芯片上线生产，前后只用了 13 个月。更不可思议的是，中芯国际在上海接连建成了 2 个 8 英寸厂；2002 年 9 月，在北京开建两个 12 英寸厂及 1 个金属连接件制造厂；2003 年 9 月，换股收购摩托罗拉位于天津的 8 英寸厂。这种投资规模，在当时的中国大陆尚无先例，因为一条 8 英寸生产线的建设就要耗费数十亿美元，而建设一条 12 英寸生产线的投资金额更大，更不用说多条生产线同时开工建设。

根据中芯国际2004年的招股说明书，2001—2003年，公司累计资本开支达19.04亿美元。有了巨大投资规模的支持，同时又招引到大量的世界级优秀人才回国，中芯国际迅速进入全球半导体代工行业产能前三名，仅次于当时的台积电和联电。值得一提的是，虽然中芯国际创立之初的愿景是成为中国大陆的圆片代工龙头企业，但为了生存，公司在起步时也涉足了存储器业务，这为日后的发展积蓄了力量。

显然，成立初期募集到的十多亿美元无法支撑如此大规模的投资，于是中芯国际在2002年1月、2003年9月分别进行了0.5亿美元及6.36亿美元的融资。截至2004年中芯国际IPO之前，其主要股东包括包括上海实业、北大青鸟、摩托罗拉、芯成半导体（ISSI）、汉鼎亚太、淡马锡祥峰、高盛、华登国际、恩颐投资（NEA）等。

积累时期（2004—2015年）

这一时期，中芯国际遭遇内忧外患，一度出现管理层动荡，但仍实现了一系列里程碑式的发展。

- 2004年起，中芯国际在北京的12英寸生产基地逐步投入生产。12英寸代工业务的成功落地，标志着公司成为兼备8英寸及12英寸集成电路圆片代工能力的企业。
- 2005年，中芯国际年度营业收入首次突破10亿美元，并分别在2006年、2009年、2011年顺利实现90nm、65/55nm、45/40nm的升级和量产，技术服务能力实现跨越式提升。
- 2013年，中芯国际年度营业收入首次突破20亿美元。

2004年3月17日，中芯国际在美国纽约交易所发行存托凭证（ADR）。2004年3月18日，中芯国际在香港联合交易所主板市场上市。中芯国际从这两个交易所募集到约18亿美元。

完成上市的中芯国际开始了新一轮扩张：2005年相继开工成都8英寸生产线和上海12英寸生产线；2006年开工武汉12英寸生产线；2008年在深圳开建8英寸及12英寸生产线。最终，中芯国际形成了华东、华南、华北、西部四地的菱形布局。

但是上市之后，在台积电的知识产权诉讼、全球金融危机带来存储器价格崩盘等外部事件的影响下，急需补充资本的中芯国际陷入困境。

（1）知识产权诉讼。

台积电的创始人张忠谋曾在 TI 与张汝京共事十年，与张汝京几乎没有交集，但从他们先后到中国台湾地区建立台积电和世大开始，两人就从昔日同事变成了对手。世大仅用三年时间便做到台湾第三的代工厂，但此时的台积电已经发展了十三年。台积电果断选择了高价收购世大。当张汝京回到大陆开始打造中芯国际并再次取得耀眼成绩时，即使早已成为全球圆片代工龙头企业的台积电，对这个快速发展的对手不敢放松警惕，早早祭出了高科技行业惯用的撒手锏——知识产权诉讼。

由于当时中国大陆缺乏高端半导体人才，因此中芯国际初创之际，张汝京从世大（此时已属于台积电）带来一批"老部下"作为核心管理层的班底。由于张汝京团队早已习惯了台积电的工厂运营模式，忽视了知识产权方面的问题，而人员的流动和工艺流程的模仿给日后双方之间的诉讼埋下了伏笔。2003—2005年，台积电多次起诉中芯国际侵犯其专利及窃取商业秘密，双方于 2005 年 1 月达成庭外和解，中芯国际赔偿台积电约 1.75 亿美元。2006 年 8 月，台积电再次以中芯国际不遵守和解协议为由，将其告上法庭，这场官司一打就是 3 年，台积电要求巨额赔偿。中芯国际董事长江上舟、CEO 张汝京带领律师团队与台积电副董事长曾繁城在香港经过了艰苦的谈判后，2009 年 11 月 7 日双方再次达成协议，针对所有待决诉讼进行和解，中芯国际分 4 年向台积电赔偿 2 亿美元现金，同时支付 8%的股权及 2%的认股权。

长达 6 年的知识产权之争终以台积电获胜而结束，台积电成了中芯国际第二大股东。除了赔偿现金外，中芯国际付出了更加惨痛的代价——2009 年 11 月 10 日，中芯国际发布公告，创始人张汝京辞去执行董事、总裁、CEO 等职务。

（2）管理层动荡。

由于知识产权诉讼及长期亏损，中芯国际上市后股价一路走低。而在 2008 年全球金融危机的影响下，存储器产业陷入低谷，这也拖累了中芯国际的股价，使其在 2008 年 10 月达到了历史低点。此时的中芯国际难以获取银行贷款，只能依靠新的投资者进入。在此困难情况下，时任董事长王阳元院士专门向上海市委领导做了汇报，强调了中芯国际发展的战略意义和重要性，以及当前遇到的暂时性困难，希望得到支持。这一背景下，国内的大唐电信科技股份有限公司和一家本土民营企业均有意投资中芯国际，此外一些国际知名的私募股权基金（如黑石、TPG 等）也表示希望收购中芯国际股权。最终，大唐电信成为中芯国际第一大股东，国资在中芯国际股权中的比例上升、在董事会中的话语权加大，这也意味着中芯国际"走出去，引进来"的过程基本完成——团队、股权结构、人才技术等方面实现本土化，也为其日后进一步带动产业链上游环节的国产设备、材料等企业快速发展奠定了基础。

随着中芯国际走过初创期并不断成长，王阳元院士认为自己已经完成使命，按照相关政策规定，在 2006—2007 年将全部实体的法定代表人任职转给了张汝京，并在与张汝京达成共识后，于 2009 年 6 月正式辞去董事长职务，同时推荐江上舟接替自己出任董事长。同年 11 月，张汝京卸任之后，江上舟邀请王宁国接替张汝京的执行董事及 CEO 职位，并邀请杨士宁出任中芯国际首席运营官（COO）。

王宁国比张汝京大 2 岁，二人均出生于南京、在台湾长大。在美国加州大学获得材料学博士学位后，王宁国加入贝尔实验室从事半导体研究工作。20 世纪 80 年代，王宁国加入美国应用材料公司，曾任该公司全球执行副总裁及亚洲区总裁；2005 年，应华虹集团邀请，王宁国出任华虹集团 CEO 及华虹 NEC 董事长。

杨士宁出生于中国大陆，获得上海科学技术大学（现上海大学）电子仪器及测量技术专业学士学位、美国伦斯勒理工学院物理学硕士学位和材料工程学博士学位，后加入美国籍并进入英特尔工作 10 多年。中芯国际创立早期，在张汝京的邀请下，杨士宁担任公司高管。2005 年离开中芯国际后，杨士宁加盟新加坡特许半导体任首席技术官（CTO）及高级运营副总裁。

中芯国际在王宁国、杨士宁及首席商务官（CBO）季克非的领导下，成功扭亏为盈，2010 年度收入达到 15 亿美元并实现了全年盈利。然而公司管理层内部逐渐出现分歧，外部股东的介入使情况变得更加复杂。

自创立之初，中芯国际便制定了章程，规定各股东方委派的董事皆为非执行董事而不得担任执行董事，其目的是避免股东对公司经营过度干预，确保公司作为第三方代工企业的独立性和国际性。无论张汝京时代还是王宁国时代，执行董事均由 CEO 代表管理层出任，该执行董事不代表任何单一股东的利益。在大唐电信入股后，为了再次平衡央企、地方政府及其他海内外股东的关系，江上舟说服了中国投资有限责任公司（简称中投公司）入资中芯国际成为第二大股东。但不幸的是，2011 年 6 月 27 日，江上舟因癌症恶化而辞世，中芯国际各股东及企业内部各派系的平衡被打破。在股东会上，大唐电信率先发难，否决了王宁国的董事席位，随后派系之争愈演愈烈。最终王宁国、杨士宁先后离开，原华虹集团董事长张文义出任中芯国际董事长，邱慈云也从华虹集团空降中芯国际成为 CEO。这场内部争斗使中芯国际伤筋动骨，也打消了大唐电信控制中芯国际的念头[1]。

（3）恢复元气。

邱慈云接任中芯国际 CEO 被业内人士形容为"不幸中的万幸"。邱慈云在半导体行业有 20 多年的丰富经验，曾在贝尔实验室、台积电等企业长期任职，并且于 2001 年追随张汝京创立中芯国际，担任高级运营副总裁。虽然之后因为理念不同，邱慈云离开中芯国际前往华虹 NEC 出任 CEO，但如今作为早期参与创业的高管重新回归，对稳定企业将起到重要作用。

事实也的确如此，中芯国际在风格务实的邱慈云带领下，通过注重成熟制程工艺的研发，逐步恢复了元气。2016 年，中芯国际年销售额达到 29 亿美元，虽然与 2011 年的 13 亿美元相比实现了翻倍增长，但与国际先进工艺之间的差距仍被拉大。

高速发展时期（2015 年至今）

这一时期是国家集成电路发展的黄金时期，各项促进政策及资本市场建设的完善为我国集成电路企业带来了空前的机遇。在管理层成功交替并理顺股权结构之后，中芯国际重新步入高速发展的阶段。时至今日，中芯国际作为我国圆片代工龙头、全球排名前 5 的领先企业，仍秉承优质和创新的服务理念，为客户提供优质的代工服务。

- 2015 年，中芯国际成为我国首家量产 28nm 制程的企业，标志着我国高端芯片生产实现了零的突破。同时，公司进入战略调整后的高速发展期，分别在上海、北京、天津和深圳启动生产基地的新建和扩建。
- 2017 年，中芯国际年度营业收入首次突破 30 亿美元。2019 年，公司取得重大技术进展，实现 14nm FinFET 的量产，第二代 FinFET 技术进入客户导入阶段。同年，公司从纽交所退市。

---

[1] 苏龙飞. 股权战争[M]. 北京：中国法制出版社，2019

- 2020 年 7 月，中芯国际成功在上交所科创板上市，最终募集资金 532.3 亿元。

随着半导体产业作为基础性、先导性产业的重要意义被广泛认可，中芯国际在中国半导体产业发展战略中的重要地位更为凸显。2015 年，周子学出任中芯国际董事长，公司理顺股权结构、调整战略，坚定以打造世界一流代工企业为公司发展目标。

截至 2017 年，大基金对中芯国际的投资近 160 亿元，成为仅次于大唐电信的第二大股东。2018 年 1 月，中芯国际宣布和大基金、上海集成电路产业投资基金共同投资 102.4 亿美元，用以攻克 14nm 及以下先进制程的芯片研发和量产。2020 年 5 月，中芯国际宣布大基金二期和上海集成电路产业投资基金二期将分别向中芯南方集成电路制造有限公司注资 15 亿美元、7.5 亿美元，总计折合人民币 159 亿元。

2016 年底，紫光集团有限公司也开始通过紫光科技（控股）有限公司买入中芯国际股票，成为中芯国际的第三大股东。

在一系列有效措施下，中芯国际渐渐走出了困境，邱慈云也圆满完成了任务。2017 年 5 月，中芯国际发布公告，61 岁的 CEO 邱慈云因个人原因请辞，由毕业于清华大学电子工程系的赵海军出任公司新任 CEO。赵海军 2010 年加入中芯国际，后来担任首席运营官（COO）。同年 10 月，中芯国际宣布台积电资深研发处长梁孟松入职任职 CEO，带领中芯国际向 28nm、14nm 先进工艺制程冲刺。赵海军负责运营，梁孟松负责研发，中芯国际自此开启双 CEO 模式。

技术大咖梁孟松加盟中芯国际后，公司在工艺上取得长足进步：2018 年 10 月中芯国际宣布 14nm FinFET 工艺研发成功；2019 年第 3 季度，第一代 14nm FinFET 成功量产、第二代 FinFET 工艺 $N+1$ 研发稳步推进，客户导入进展顺利；2019 年第 4 季度，中芯国际 14nm 工艺贡献有意义的营收。

同时，我国投融资体系建设日益完善。《国家集成电路产业发展推进纲要》出台后，VC、PE 对半导体产业的关注迅速提高，加上 2019 年科创板的横空出世，国内半导体企业获得了前所未有的资本支持。中芯国际也于 2019 年从纽交所退市，并在 2020 年以 46 天创纪录的速度实现从 IPO 申请获受理到科创板上市交易，成为科创板首家"A+H"股红筹上市企业。中芯国际科创板 532 亿元的募资金额成为继 2010 年中国农业银行上市后 A 股最大规模的 IPO，体现了市场对

"中国第一芯"的高度认可。

2021年9月3日,周子学因个人身体原因辞去中芯国际董事长及董事会提名委员会主席职务（仍继续担任执行董事），由执行董事、首席财务官（CFO）高永岗出任代理董事长,并担任董事会提名委员会主席；2022年3月17日,高永岗正式担任中芯国际董事长。2023年7月17日,高永岗因工作调整而辞任中芯国际董事长、执行董事及董事会提名委员会主席,相关职务由刘训峰接任。

随着工艺制程微缩的不断演进,圆片代工行业资金和技术壁垒日益提升。不仅十多年未出现新的代工企业,而且在制程分水岭出现的情况下,以格罗方德半导体股份有限公司（Global Foundries）和联华电子股份有限公司（简称联电）为代表的越来越多的参与者选择放弃对最先进制程的跟随,转而深耕成熟工艺,这就意味着继续研发先进制程的玩家仅剩台积电、三星和英特尔。而新时期的中芯国际,肩负带动我国集成电路产业向国际先进水平迈进的使命,作为技术追赶者也将持续投入,跟随先进制程的步伐继续前进。

关于中芯国际发展的思考

自从以台积电为代表的圆片代工（Foundry）模式出现后,全球半导体产业的格局也发生了深刻变化,轻资产的无圆片（Fabless）半导体设计公司开始大量涌现。圆片代工和无圆片这两种模式相互成就,共同推动产业发展和技术进步。正是由于中芯国际、华虹这样的圆片代工厂设立,我国半导体产业才有了长足发展的基础,无论是从2000年开始的设计公司创业热潮,抑或是在材料、半导体设备等用于圆片生产的环节诞生越来越多的优秀本土企业,都离不开本土圆片代工厂的带动。

而在公司发展必需的企业家、人才和市场元素都到位的情况下,资本成了决定中芯国际发展成败的关键。

圆片代工是一个资金和技术壁垒极高的行业。对于追求先进工艺的企业而言,一种良性的发展模式是圆片代工厂投入资金研发先进工艺→设计企业采用先进工艺生产高性能芯片产品→圆片代工厂从中获取高额利润并再次投入研发→良好的盈利水平使其股价维持高位,这正是台积电长盛不衰的原因。但作为后来者,像中芯国际这样的本土代工企业注定要走一条更曲折艰辛的路：一方面需要投入大量的资本追赶国际先进工艺,可是在西方社会对我国半导体相关技术的封锁之下,公司无法获得最先进的设备,导致其工艺常年落后全球业内龙头2代或更多,因此只能生产相对低毛利的产品；如此一来,前期高额投入的成本无法快速回收，而为了紧跟国际产业发展又必须持续投入研发。所以为了获取资金，中芯国际形成了央企、主权财富基金、地方政府、国际资本等复杂的股东结构，以赶超为先还是盈利为先的抉择也给其坚持的代工企业独立性、国际化策略带来挑战。在国内资本市场不够完善的情况下，中芯国际的遭遇也折射出我国半导体产业的困境。

值得庆幸的是，国家越来越重视半导体的发展，通过设立大基金带动地方政府和民间资本投入产业，并以科创板等重大资本市场改革措施为半导体企业快速上市融资提供渠道，形成产业和资本的良性循环。相信中芯国际也会在此历史机遇下奋力前行，打造中国"第一芯"。

在"909"工程中，为了配套华虹集团的 8 英寸生产线，我国选择了 8 家本土芯片设计领域的种子选手进行重点培养，包括深圳市国微电子有限公司、成都华微电子科技有限公司、熊猫电子集团电子设计公司（南京微盟电子有限公司）、北京华虹集成电路设计有限责任公司等。当时华虹的设计产能为每月可生产 0.35/0.5 微米制程工艺的圆片 20000 片，而作为上游的本土 IC 设计公司除一两家外，绝大多数根本达不到相应工艺节点的设计水平，这也是华虹选择与 NEC 合作的根本原因：如果依靠国内公司，很快就会面临"无米下锅"的窘境；而 NEC 不仅提供技术，还负责人员培训和运营管理，更重要的是可以为生产线带来充足的订单。

与 NEC 合作初期，确实让华虹迅速尝到了甜头。但是"909"工程承载着带动国内集成电路整体发展的责任，为了避免华虹 NEC 沦为 NEC 在中国的"生产车间"，就必须具有自主的研发能力和知识产权。于是华虹开始从研发和产品两方面进行布局：一方面，华虹集团在 1999 年成立了技术中心，并与欧洲技术领先的独立研究组织 IMEC（微电子研究中心）签订了合作协议，派遣技术人员参与前沿技术的开发，共享知识产权。另一方面，在经过充分论证后，华虹决定主攻 IC 卡、通信、家电类芯片市场，并以 IC 卡为突破口进行自主研发。1999 年以后，华虹陆续推出如非接触式 IC 卡芯片、金融 IC 卡芯片等一系列具有自主知识产权的产品。

其中，在非接触式 IC 卡芯片的基础上，华虹开发了国内首个具有自主知识产权的非接触式储值智能 IC 卡，连同用于 POS 机的 ASIC 芯片、POS 机具、结算清算系统以及自动售票检票系统一起，构成了国内第一个具有国际水平的城市公交现代化管理付费系统——上海公交"一卡通"系统。1999 年底，该系统正式在上海地铁、公交和轮渡线路上试用，上海成为原建设部全国试点第一个实现公交"一卡通"的城市。

此后，华虹相继拿下上海市社保卡、第二代居民身份证等项目。通过这几个项目，华虹具有了从 IC 卡芯片设计、制造到系统集成的整体能力，既为芯片生产线提供订单，也为后来自主经营和实现企业从单一的存储器生产向具备多品种集成电路产品代工能力的 Foundry 转型发展打下了基础。1999 年，华虹已经发展成拥有多家企业的集团。2000 年 1 月，按照现代企业制度的要求，上海华虹微电子有限公司更名为上海华虹（集团）有限公司，下属 7 家全资或控股子公司，初步形成了集成电路芯片设计、制造、销售及相关整机应用的能力。

作为"909"工程的承载主体，华虹得到了国家的全力支持，而中芯国际则是依靠国际化的股权结构发展起来的。华虹和中芯国际这对双子星，谁发展得更好更快，谁就能够成为代表中国半导体制造业水平的旗帜而得到国家的进一步支持。当时，面对国内市场上已经遥遥领先的中芯国际，华虹需要在新时代明确自己的定位。

中芯国际在 2000 年成立后，便向着大圆片、先进工艺节点进发，这样高举高打的战略未必适合华虹，因此它选择了更匹配国内厂商设计水平的发展路径——将特色工艺作为自己的发展主线。特色工艺（包括嵌入式存储、功率半导体、模拟、射频等）可以满足约占下游市场 40%的需求，其特点是对于工艺节点的追求并不那么极致，而更多依靠成熟工艺和特种技术带来的性能稳定性，追求性能表现和成本的综合最优。至 2023 年底，华虹实现连续 52 个季度盈利，稳健的路径选择和差异化的定位，使得华虹的业绩持续稳定。

设计业发展

进入 2000 年，原计划经济体制下积累的数百家纯国有半导体公司或工厂，几乎都已成为历史。比如上海的无线电 1 厂到无线电 19 厂，北京的 878 厂和 774 厂等，都在 20 世纪 90 年代因无法适应市场化竞争，被欧美等公司冲垮了，当然也有一部分原因是当时国家正在进行体制改革，国内没有相关的行业性保护措施。所以当信息时代来临的时候，对于我国信息时代的粮食——芯片产业而言，除了通过"908"工程、"909"工程产生的华晶和华虹（而且当时都作为 IDM 存在），整个集成电路设计的产业基础几乎为零。

那时候硕果仅存的基本上都是一些国资背景的、为华虹（"909"工程）配套的几个设计公司，比如上海华虹微电子有限公司、大唐微电子技术有限公司、中国电子华大科技有限公司、北京同方微电子有限公司等，全都在国有集团体系中。而且产品应用几乎都以卡为主，比如交通卡、电话卡等，那是一个封闭的市场。2000 年我国集成电路进口额约为 1000 亿元，而国内芯片设计公司大概的销售额与之相比尚不足 1%。

之后，从 2000 年到 2013 年，民营企业尤其是海归创业企业大量出现，推动国内产业逐渐进入市场化阶段。而这类公司的大量出现是在 2005 年之后，其中最重要的影响因素是投资。

政府支持的窘境

当时中央政府给予集成电路产业的资金支持很少，只有"863"计划加上一个电子工业生产发展基金，两项大概每年各能提供数亿元的资金，这就是全部的资金支持。而且支持的形式都是以补助项目为主，承接项目的基本都是比较成熟的公司，小公司和创业公司根本拿不到项目。2006 年出现了一个比较重要的转折点，即国家重大专项计划的出台，其中 01 专项和 02 专项与半导体行业相关，能够补助研发，所以每年国家级的资金扶持就从数亿元增加到数十亿元的规模，比之前有了很大提高。

虽然国家级扶持资金规模对于国内集成电路产业彼时羸弱的基础而言还是远远不足，但至少对填补国内产业空白发挥了重要作用，因为这就是重大专项的任务。所以国内很多半导体设备、材料公司，无论民营性质还是国有性质，只要做的是补缺这方面的工作，就有可能拿到资助。从 01 专项、02 专项当中获益的公司有不少，前提是研发和产品需要达到一定程度。

半导体行业具有人才密集和资金密集的性质，国家通过重大专项或其他方式可以为产业提供一些资金扶持，但跟企业真正需要的资金支持相比，两者不是一个量级。所以，企业发展基本上还是主要依靠民间的社会资本。

海归创业

2000 年前后，我国的风险投资（VC）几乎不存在。我国第一波美元基金大概是在 2005 年以后集中出现的，包括金沙江、北极光、红杉等具有硅谷背景的风险投资机构。这些美元基金之后投资了一些半导体公司，但因为他们比较了解海归留学生的技术能力，所以投资对象大部分是海归创业公司。而且投资模式也按照硅谷的模式——考察有几张纸的商业计划书（Business Plan，BP）以及创始人，当然那时的海归创业者普遍缺少创业经验，大都是从国外大企业做了几年工程师或者设计经理就回国创业的。所以风险投资机构考察公司时就主要从创始人的教育背景以及回国前工作过的公司知名度等角度入手，投资了许多看起来背景光鲜亮丽的公司。很快，国内就出现了数百家设计公司，但在集成电路的发源地美国，其实整个硅谷的 IC 设计公司总共不过百十家。中国一时间出现大量企业进行竞争，单个企业规模小、产品较为单一（被戏称为"一代拳王"），这都是产业发展初期的典型现象。随着时间的推移，这些公司绝大部分都被淘汰，只有一二十家企业幸存下来，而存活下来的日后都成了龙头企业和典型代表，比如北京兆易创新科技股份有限公司、博通集成电路（上海）股份有限公司、江苏卓胜微电子股份有限公司、澜起科技股份有限公司等。关于这一时期企业成功和失败的原因，我们会在后续章节中进行简要分析。总而言之，在市场化产业运作机制开始建立并不断发展的时期，只有对中国市场有正确认知，同时结合自身特长选择合适产品作为切入点的企业，才有机会从这个野蛮生长的阶段脱颖而出。

上市和退出渠道逐步建立

资本市场的助力对于科技类企业的发展具有重要的推动作用，如美国纳斯达克便成就了大量传奇公司。而资本市场的重要性也在中国再三得到印证。在美元基金进入中国后，大约从 2010 年开始，人民币基金陆续兴起，其中重要的背景就是 2009 年创业板的正式设立。此前由于 A 股缺乏针对科技类创新型企业的制度建设，国内半导体公司、高科技公司大都到美国去上市融资。所以，包括中星微电子有限公司、展讯通信有限公司等半导体企业也只能选择在美国纳斯达克上市，一是因为国内当时没有创业板，类似企业无法上市，二是企业的早期投资者大多是美元基金，如果选择在国内上市需要进行红筹架构的拆分等调整，企业也基本不会进行这样的操作。

创业板给国内半导体行业提供了新的机会，有部分半导体企业成功上市，如北京君正集成电路股份有限公司，这就带来了一种造富效应。虽然针对研发投入高、无法快速实现盈利的高科技企业而言，创业板上市标准的门槛仍然较高，但是至少为风险投资人通过企业在国内上市实现退出打开了一条通路。有了退出渠道，人民币基金就开始不断涌现，企业也开始慢慢接受了拆红筹、拆合资公司（Joint Venture），然后再到国内来上市的方式。一时间，国内出现数千个人民币基金，但其中绝大部分都不投资半导体行业。因为之前美元基金在 2005—2008 年投资了很多半导体公司，但后来发现成功率极低，半导体行业成了不被主流投资机构看好的行业。在 2009—2013 年期间，投资半导体行业的风险投资机构非常稀少。

当时主要的半导体创投机构有华登太平洋创业投资管理有限公司（简称华登国际）、北京清石华山资本投资咨询有限公司（简称华山资本）。华山资本在这期间投资了 6 家公司，其中 5 家属于半导体行业，而华登国际更是老牌的半导体投资人。一个有趣的现象是，如果按照投资回报来计算，最终退出的回报最高的半导体投资案例恰好也发生在这个阶段，例如兆易创新科技集团股份有限公司、安集微电子科技（上海）股份有限公司、矽力杰半导体技术（杭州）有限公司等。

当然，除了资金的重要作用，2013 年前的产业发展还有其他特点，如国产替代等。

案例 24：中星微电子发展简史

回顾我国集成电路产业的发展历程，"中星微电子"是一个绕不过去的名字。中星微电子有限公司成立于 1999 年 10 月，作为首批由硅谷回国的海归人才创立的企业之一，中星微电子曾占据全球计算机图像输入芯片 60%以上的市场份额，是"中国芯"走向世界的一次很有意义的尝试。更重要的是，在中星微电子设立和运作的过程中，我国政府首次尝试通过风险投资支持高科技企业发展并成功实现退出。2005 年，中星微电子成功在纳斯达克上市，这也标志着国家工程、国家重点实验室、国家级高新技术企业互为支撑、高效运作的创新体系的成功，形成了具有中国特色的"中星微电子模式"。如今，中星微电子和以其为主体承担的"星光中国芯"工程深耕人工智能及安防领域，致力于打造完全的自主芯片、自主标准、自主产业链和自主可控的独立信息系统,是我国电子信息产业领域开展核心技术自主研发、实现高科技成果产业化的重要力量之一。

关于中星微电子的思考

中星微电子的成功,在于将硅谷创业、风险投资和发展模式与中国特色相结合。在 2000 年 18 号文颁布前后,我国在一、二级资本市场融资机制和条件均不够完善的情况下,以企业为主体、以市场为导向,国家电子工业生产发展基金提供了初始资金支持,并对海归技术团队给予技术入股的持股激励,通过"星光中国芯工程"的实施,开创了新型举国体制。

此后,面对市场的变化,公司围绕核心技术积累灵活地进行了产品方向切换,陆续又开发出多个芯片系列,均达到国际或国内领先水平。

中星微电子概况

1999 年,中星微电子成立,总部位于北京中关村,2005 年在纳斯达克上市,成为我国首家登陆纳斯达克的具有自主知识产权的芯片设计公司,2015 年从纳斯达克私有化退市。公司承担了"星光中国芯工程"项目,致力于数字多媒体芯片的开发、设计和产业化。目前,公司重点发展安防及人工智能方向,进一步做大做强,助力我国电子信息产业发展,并满足国家重大战略和安全需求。

成立背景

20 世纪 80 年代末,邓中翰在中国科学技术大学地球和空间科学专业完成学业后,以优异的成绩获得赴美顶尖大学深造的机会,在美国加州大学伯克利分校先后获得了物理学硕士、电子工程学博士、经济管理学硕士学位,成为伯克利建校 130 年历史上第一位横跨理、工、商三科的学生。

毕业后的邓中翰先后在太阳微系统(SUN Microsystem)公司及 IBM 的 Watson 研究中心工作,在对当时还属于产业前沿的超大规模集成电路(VLSI)设计产生了浓厚的兴趣后,就前往硅谷创立了 Pixim 公司,开发监控、卫星、外太空探测等领域使用的高端数码成像半导体传感器。当时在美国事业小有成就的邓中翰,遇到了时任中国科学技术协会主席并兼任国际物理学联合会副主席的中国科学院资深院士周光召先生,周院士请邓中翰一同思考中国集成电路产业如何破局。带着这一沉甸甸的问题,邓中瀚后来又收到了来自祖国的邀请,请他回国建设我国集成电路产业。深受感召的邓中翰当即决定带领团队回国创业。

中星微电子与"星光中国芯工程"

就在邓中翰团队回国创业的同时，我国也在探索如何进一步统筹资源，壮大国内的科技产业。当时，风险投资在国内还是新兴事物，整个风投行业由 IDG 等为代表的美元基金在主导。有关部门出访以色列后，从当地政府成功的风险投资案例中得到启发，也希望在我国摸索出一条政府通过风险投资调动更多资源，将科学家变成企业家，从而助推产业发展的道路。邓中翰团队的创业计划正好给政府试水风险投资提供了机会。

邓中翰和几位伙伴对比了中美集成电路产业发展的异同，向国家提出了以市场为导向、将企业作为创新主体带动产业和技术发展的建议，并提议参考美国硅谷的投资及创业机制，结合我国在举国体制方面的长处，形成一种新的举国体制来发展集成电路产业。

邓中翰团队的建议得到了国家的认可。1999 年 10 月，由周光召院士倡导，在原信息产业部、财政部、科学技术部、原国家发展计划委员会、北京市政府的直接领导下，国家电子工业生产发展基金投入 1000 万元启动资金，邓中翰在中关村注册中星微电子有限公司。由邓中翰、张辉、金兆玮、杨晓东、张韵东等人组成的海归团队以知识产权等无形资产入股（折股 35%），并负责产品研发和公司运营管理。同时，由邓中翰担任总指挥，CTO 张韵东担任副总指挥，中星微电子承担并启动实施"星光中国芯工程"，承建数字多媒体芯片技术国家重点实验室，致力于具有自主知识产权的数字多媒体芯片的开发、设计及产业化工作，目标是以数字多媒体芯片为突破口，将"中国芯"大规模打入国际市场。

创业伊始，秉承国产芯片产业化、市场化的理念，中星微电子避开了 CPU、存储器等竞争激烈的主流赛道，而是选择了从 PC 摄像头领域切入多媒体应用市场。2001 年 3 月，中星微电子研发出第一块具有中国自主知识产权、世界先进水平的百万门级超大规模 CMOS 数码图像处理芯片——"星光一号"，一举打入最大的 PC 外设厂商罗技（Logitech）公司，并通过微软 Windows XP 的 WHQL 认证，成为当时中国唯一通过该认证的产品。"星光"系列数字多媒体芯片是针对 PC 多媒体应用而开发的专用高性能芯片，有别于通用 CPU，它主要用于摄像头等 PC 多媒体外设输入的多媒体数据。后续的星光系列芯片（星光二号至星光五号等），陆续进入当时几乎所有 PC 厂家的供应链，包括惠普、戴尔、康柏、索尼、苹果、富士通、联想等，占领了该领域全球市场约 60% 的份额。

2003 年，随着手机行业的逐渐兴起，中星微电子也开始布局移动多媒体处理芯片，先后推出针对手机铃音处理及嵌入式数码相机图像处理的"星光移动"系列产品，不仅为三星、LG 等国际客户供货，而在国内市场上更是占据了约 80%的份额，相关产品被联想、波导、中兴、夏新、TCL-阿尔卡特等知名手机厂商所应用。

2005 年 3 月，在 2004 年度国家科学技术奖励大会上，"星光"数字多媒体芯片荣获最高奖项——国家科技进步奖一等奖。2005 年 11 月 15 日，中星微电子公司在纳斯达克上市，成为首家登陆纳斯达克的中国芯片设计公司。

"星光"系列芯片的成功，以及中星微电子的海外上市，都标志着"星光中国芯工程"开创的新型发展模式通过了市场的检验。首次由国家基金扮演风投角色提供启动资金，核心技术团队以知识产权等无形资产方式入股公司，在实际经营中由团队进行决策，不是单纯地通过不计成本的研发填补技术空白，而是以市场化和产业化为导向，兼顾技术目标和成本收益，瞄准多媒体芯片市场广阔的发展机遇，快速实现了芯片大规模的产业化，避免了以往国有体制下存在的产品定位与市场需求脱节的情况，这正是当时中国芯片设计产业的迫切需要。成功上市后，国家电子工业生产发展基金的 1000 万元原始投资也获得了 22 倍的回报并退出，创造了良好的经济效益和社会效益。

同时，中星微电子十分重视人才的积累和培养，形成了独特的"10%海归人＋60%研发人"模式，即指：10%的公司员工毕业于世界名校，有国际顶级公司研发工作经历，从而奠定公司在产品定义方面有开阔的眼界，以及与国际公司同台竞技的魄力；研发人员占比超过 60%，除了招募北大、清华等国内顶尖高校的人才进行培养，也吸引许多业内资深的芯片设计工程师加盟，形成一支优秀的技术人才队伍。

资本运作

在中星微电子成功上市后，珠海炬力集成电路设计有限公司、展讯、锐迪科微电子有限公司、澜起等中国芯片设计企业也相继登陆纳斯达克。不过，随着展讯首先从纳斯达克退市，上述企业陆续告别纳斯达克，其中也包括中星微电子。2015 年，母公司 Vimicro China 完成对中星微电子（VIMC）的私有化，中星微电子从纳斯达克退市。这一方面由于中美文化、市场环境和半导体产业发展阶段存在的差异，使得美国投资者无法完全理解中国集成电路产业业务模式和价值，造成这些企业在纳斯达克股价表现不佳；另一方面，国内资本市场的建设日趋完善，一级市场 PE/VC 机构迅速成长，二级市场的主板和创业板不断发展，给集成电路企业融资带来了便利，让企业有了回归的动力。

因此，中星微电子在 2015 年退市后，开始寻求国内上市的方案。

2016 年 1 月，A 股上市公司综艺股份（SH600770）公告拟以 101 亿元收购中星微电子旗下安防业务，但后续综艺股份再度公告因国内证券市场环境、监管政策等客观情况发生变化，重组终止。

2020 年 7 月，深交所公布创业板改革并试点注册制的第八批获受理企业，其中申请 IPO 的包括中星技术股份有限公司。

20 多年来，以中星微电子为主体承担的"星光中国芯工程"坚持自主创新，实现了多媒体数据驱动并行计算技术、多核异构低功耗多媒体处理器架构技术等多项核心技术的突破，积累了 4000 多项国内外技术专利，构建出了一个完整的数字多媒体芯片技术体系，成为我国电子信息产业领域通过自主创新取得突破性进展的成功范例。

案例 25：展讯——海归创业的样板

展讯的诞生

20 世纪 90 年代后期，中国市场全面开放，在国际大厂的冲击下，国内仅有的数百家国有半导体企业遭受重创。2000 年，18 号文印发，首次确认了软件与集成电路产业地位。得知此消息后，大批海外华人准备回国创业，为中国集成电路产业添砖加瓦。2001 年 4 月，武平和陈大同带领由 30 多名海归人才组成的团队成立了展讯通信有限公司，目标是研发拥有自主知识产权的手机基带芯片。

武平和陈大同是清华校友。武平 1984 年本科毕业于清华大学电子工程系，随后获得中国航天空气动力技术研究院硕士与博士学位，1990 年出国后，先后在美国 MobileLink、Trident 和瑞士 Biels 等公司从事 IC 设计和管理工作。陈大同在 1977 年考入清华无线电系本科，并继续攻读硕博学位，直到 1987 年毕业，是清华大学首批半导体专业博士研究生。1989 年留学美国，在伊利诺斯大学和斯坦福大学从事博士后研究。1993 年起，陈大同在美国国家半导体公司工作，1995 年成为美国豪威科技（OmniVision Technology）的联合创始人。2000 年，豪威科技在纳斯达克上市，陈大同的第一次创业宣告成功。

在武平和陈大同的带领下，刚成立的展讯展现出强大的研发实力和工程能力，成立 6 个月就完成了第一个产品的设计工作，第 10 个月完成了芯片的仿真验证，第 12 个月就完成了软硬件集成。经过之后一年的测试及认证，在公司成立的第 24 个月，展讯的芯片开始了大批量生产。2003—2007 年四年间，展讯的销售额每年都有 2~3 倍的增长，2007 年销售额达到 10 亿元，并成功在美国纳斯达克上市。

国人自己的核心技术

2002 年，展讯自主研发的 2.5G GSM/GPRS 芯片具有里程碑意义。因为它不仅是亚洲首颗具有自主知识产权手机主控芯片，同时也让中国在移动通信核心技术上实现了突破，终结了外企的技术垄断[1]。此外，该芯片还成功打入海外市场，让众多海内外品牌手机拥有了中国芯。

此后，展讯深度参与到中国的通信事业发展中来，公司参与了 TD-SCDMA 的研发，这是有史以来中国的第一个通信标准。展讯也借此机会推出了世界首颗 TD-SCDMA 3G 手机主控芯片。到 2011 年，展讯占有 TD-SCDMA 市场 70%的份额。

自主知识产权

手机的主控芯片（基带+AP）是技术含量最高、开发难度最大、涉及 IP 最多的芯片之一。除此之外，展讯还在此基础上提出了多协议融合、网络与多媒体融合、通信与消费电子融合的高集成度、一体化设计理念。当时在全球范围内，主控芯片的高集成度也是高难度课题。而展讯将领先的创新设计理念赋能本土工程师团队，成功研发出了全球领先的高集成度的一体化 SoC。

长期以来，集成电源管理、多媒体模块的数模混合芯片都是困扰欧美大厂的难题，通常这些功能都是以多芯片方案来实现的，即使有所谓的"高集成度"也仅仅是二合一。而展讯却攻克了包括数字电路对模拟电路的干扰、噪声隔离在内的多个难关，成功实现了真正的"高集成度"解决方案。展讯后续还创新推出了包括双卡双待等特色的手机功能。

加强知识产权保护

展讯在开展项目研发工作的同时，对知识产权的保护工作也在迅速展开。这

---

[1] 王茹燕. 技术获取型海外并购整合与目标方自主性：基于资源相似性与互补性的视角[D]. 杭州：浙江大学，2015.

也在一定程度上为公司的发展起到了保驾护航的作用，使得公司在市场竞争中占据了有利的地位。

在成立前 5 年的开发阶段，展讯就已经在中国、美国及欧洲等地申报了数百项发明专利，这些专利涉及软件与硬件设计的各个领域。

人才的引进与培养

展讯的创业团队是由海归人才组成的，他们主要来自海外知名通信和集成电路企业，或是拥有成功的海外创业经验。公司成立后，展讯植根于中国，不断吸纳国内人才，既包括具有丰富市场和研发经验的"老人"，也包括刚刚踏入社会的应届毕业生。正是海归人才与本土人才的结合，使得公司在技术研发和市场拓展方面没有出现明显的短板。

展讯也与学界积极合作，与科研机构和高校多次进行技术交流，积极开展项目合作，为公司的下一步发展，乃至全国的半导体产业发展储备人才。

案例 26：锐迪科——市场造就的半导体传奇

当我们回顾锐迪科微电子有限公司的发展历程时，会发现锐迪科的发展策略着重强调了市场竞争在企业发展中的导向性作用。这样的发展策略被证明十分成功，锐迪科的投资人也收获了丰厚的回报。

2004 年 1 月，Himix 技术有限公司（Himix Technologies Incorporated）在英属维尔京群岛成立。同年 3 月，Himix 更名为锐迪科（RDA）。

2004 年 4 月，锐迪科微电子（上海）有限公司成立；2005 年 12 月，锐迪科北京成立。自此以后，公司的研发重心不断向 RDA 上海和 RDA 北京转移。

第一桶金

2004 年，海外集成电路企业已经抢占了中国市场，在射频集成电路领域也是如此。同样在这一年，刚刚成立的锐迪科杀出重围，成功切入大唐集团供应链，为大唐集团提供"大灵通"射频芯片。锐迪科也成了首个实现射频芯片商用化的中国企业。锐迪科凭借一支二三十人的技术团队，在准确的产品定位下，仅用一年时间就快速研发出拥有自主知识产权的 SCDMA 射频芯片，产品迅速打开市场。2006 年，该产品的销量突破了 200 万颗。[1]

---

[1] 牛禄青. 中国"芯"崛起[J]. 新经济导刊, 2014(4):20-29.

杂牌手机带来的腾飞

"锐迪科的芯片要首先解决买不起 iPhone 用户的需求。"处于市场中低端的杂牌手机被戏称为"山寨手机",但其海量需求给了包括锐迪科在内的我国芯片设计公司一个快速崛起和壮大的机会。

凭借过去在大唐集团射频芯片的技术积累,2006 年,锐迪科推出了拥有自主知识产权的"小灵通"射频芯片组,实现了国产企业在这一市场零的突破。该芯片凭借其高集成度和性价比,迅速占领市场,在中国市场占有率达到了 60%。锐迪科在"小灵通"上的成功,让其逐渐熟悉了手机市场。

2006 年,联发科推出了 TurnKey 手机方案设计,这使手机生产的技术门槛大大降低,一大批新生代手机制造商如雨后春笋般迅速崛起,造就了一个巨大的市场,同时也拉开了轰轰烈烈的"山寨手机"时代的序幕。2007—2008 年,我国杂牌手机制造商的数量超过了 6000 家[1]。而锐迪科凭借其在射频领域的技术积累,瞄准市场,在国内率先推出了多款手机芯片,包括了 CMOS FM 收音机芯片、支持 FM 的蓝牙单芯片、2G/2.5G 终端射频芯片组、3G 双模射频芯片等。

以锐迪科为代表的中国射频芯片设计公司开始进入主流市场,并与国际大厂展开竞争。在市场竞争中,有更多的厂商开始选择、信赖具有中国自主知识产权的产品,我国本土芯片公司的市场占有率也在不断提升。

创新是生存之本

2008 年全球金融危机爆发,所有企业都如履薄冰,而锐迪科却在低迷的市场中实现了 5550 万美元的营收,同比增长 405%。

芯片的高集成度、准确的产品定义能力和极致的成本管理是锐迪科的核心竞争力。通过把基带、射频、电源管理等多个分立芯片整合在单芯片中,大幅降低了方案成本,叠加公司运营层面的成本优势,锐迪科把产品的成本压缩到了令人叹为观止的程度。

除此之外,锐迪科还推出了多款具有里程碑意义的创新产品:全球首颗不需要滤波器和 26MHz 晶体的蓝牙芯片,全球首颗全集成的对讲机芯片,全球首颗集成蓝牙和调频收音机功能的 GSM 芯片,全球集成度最高的智能手机单芯片,等等[2]。锐迪科产品线覆盖面非常广,包括手机基带、功率放大器、蓝牙、Wi-

---

[1] 陈云君. 山寨手机行业组织场域及其灰色制度创业研究[D]. 广州:暨南大学,2014.
[2] 牛禄青. 中国"芯"崛起[J]. 新经济导刊,2014(4):20-29.

Fi、FM、GPS、各种制式的广播电视调谐器芯片、电视机主控芯片等，针对的市场也覆盖了包括手机、电视机、机顶盒、平板电脑、对讲机甚至是智能穿戴产品在内的广大领域。

生死一搏攻下基带芯片

早期的锐迪科自己不做基带芯片，但随着在手机市场上的不断深入，公司很快意识到基带芯片的重要性。当时，虽然联发科和展讯等主芯片厂商与锐迪科展开了广泛合作。但一旦这些主芯片厂商自己开发外围芯片，锐迪科的产品马上就会面临市场消失的风险。

正是看到了这一点，锐迪科才毅然选择开始研发基带芯片。2012年，锐迪科以4600万美元收购基带芯片厂商互芯（Coolsand Holding及其子公司），在此之前锐迪科已于2011年11月10日，在纳斯达克挂牌上市。但是无论是人力、物力还是技术积累，相较于当时的基带芯片巨头联发科、晨星半导体（MStar）和展讯等竞争对手，锐迪科均处于劣势地位。同时，一旦锐迪科开始研发自己的基带芯片，公司原有的产品线将失去与联发科和展讯等主芯片厂商共同销售的机会。

锐迪科具有强大的硬件研发实力，而互芯的团队则以软件实力见长，能否快速融合两个团队是成功与否的关键。收购成功后，锐迪科在管理上打破互芯原有架构，将"超强整合能力与低成本运营能力"的理念逐渐融入公司整体的运营、管理和研发之中。当年就在中芯国际的55nm工艺平台上成功推出了业界集成度最高的GSM单芯片。2012年底，锐迪科2G基带芯片市场占有率达到了25%，成为该市场仅次于联发科的第二大供应商，也为公司推开了基带芯片市场的大门。

传奇落幕

2014年7月19日凌晨，紫光集团公告，集团以9.07亿美元的代价完成了对锐迪科的并购。对比2004年组建时3000万美元的投资，锐迪科的价值翻了30倍，而公司的早期投资方华平投资集团（Warburg Pincus）获得了接近20倍的回报。

收购完成后，2016年2月，由紫光和展讯组成的紫光展锐成立，但两家公司在运营层面仍保持相对独立。在产品方向上，展讯主要专注于智能手机芯片领域，而锐迪科则把研发重心更多地放在与物联网相关的应用上。

2018 年 1 月 19 日，展讯与锐迪科正式合并成立展锐，锐迪科成了历史名词，传奇落幕。

总的来看，2000—2013 年可以归结为中国集成电路产业的野蛮生长时期。这一时期，国家的资金扶持集中在制造业和重大专项上，但制造业（如华虹和中芯国际）得到的支持远远不够，重大专项又更多地承担填补产业空白和预研的工作，所以广大的消费类、低端的市场实际上开放给了一大批具有冒险精神和情怀的创业家，尤其是海归创业家。在社会资本（美元 VC 及后来的人民币基金）的推动下，国内集成电路设计产业快速扩张，大量的初创企业诞生。

这些企业想要成功，一般都是通过两条路径：第一条是国产替代，第二条是走农村包围城市的路，而且进军海外一般都是从亚非拉市场进行切入，几乎没有例外。在野蛮生长时代，还没有并购和整合的环境，企业竞争的结果就是优胜劣汰。凡是存活下来的企业都有各自的绝招，所以生命力极强。经过十几年的大浪淘沙、去芜存菁，这一批脱颖而出的企业都成长到了相当大的规模，极具战斗力，将是未来我国半导体产业发展的主力军。

2014 年至今：以市场化为主体，产业政策大力支持的快速发展时期

2000—2014 年，国内设计公司销售收入实现了 30%～50%的年复合增长率，在十几年间产值扩大了上百倍，发展很快。但由于 20 世纪 90 年代几个大型工程的成效没有完全达到预期，国家对半导体产业的投资力度出现了明显滑坡。在这个阶段，圆片制造具有高投入的特点，民间资本没有能力介入该领域，导致产能投放停滞，每年代工产能的增长率不到 5%，这就带来严重的代工需求与能力的错配。大量的国内设计公司必须到国外去做圆片加工，这使得国内的设计公司不得不面临配合较差、产能紧缺时中国公司没有优先级等一系列问题。

整个产业发展的不均衡，推动了《国家集成电路产业发展推进纲要》的出台和国家集成电路产业投资基金（俗称"大基金"）的成立，也促使了大基金一期的投资重点偏向制造业。

中央政府政策和国家级基金的示范作用

大基金作为国家级基金，成立后开展了一系列重要的投资，包括：一，大基金加注华虹、华润微电子、中芯国际等公司，解决了部分代工产能缺失问题；二，大基金投资武汉新芯集成电路股份有限公司，并推动紫光集团加入，在武汉新芯的基础上成立了长江存储科技有限责任公司；三，大基金投资各领域龙头企业，实现财务回报；四，投资了一些子基金，形成了一个以大基金为核心的"航母战斗群"，子基金作为其中的护卫舰在不同时期、不同投资阶段相互配合。

大基金最重要的还是它的示范作用，这是国家第一次以政府主导加上社会资本参与的产业基金形式进行大规模投资。过去政府有 VC 引导基金，但是从来没有专项产业基金，这就造成政府的投资体系跟计划经济时代相比没有太大区别，政府资本和社会资本没有形成联动效应，效率较差。集成电路大基金因为有社会资本的约束，要考虑基金的整体回报，因此除少数战略性项目外，绝大多数项目都要按照市场化方法来做。这样就使得政府的投资从"市长说了算"逐步过渡到"市场说了算"。

集成电路大基金获得成功后，国家发展改革委和财政部成立了一系列的国家级基金，配套社会资本。很多地方政府设立的基金也采用这种模式。

地方政府补充多点开花

大基金刚刚成立时，为了避免重复投资，设想以北京、上海、深圳、武汉为主。但真正启动之后，各地方政府的热情还是远远超过了最初的预期。

首先是福建省晋华存储器集成电路生产线项目和合肥市长鑫集成电路制造基地项目），福建和合肥分别表示可以由地方自己推动项目建设，不需要国家资金支持。在示范效应下，各地纷纷效仿，掀起一波热潮。不可否认，其中有重复投资的问题，但也意味着市场中出现了两个以上的参与者，这就形成了竞争机制。对于市场经济而言，竞争正是核心要素。因此，即使是发生了重复投资，只要有竞争，投资的效率最终也会远远高于没有竞争的、只在一个点进行投资的情况。竞争带来的高效率可以驱使如合肥长鑫、中芯绍兴、粤芯等优秀项目脱颖而出。这些企业都实现了快速量产和增长，成为国内半导体产能的有益补充。

当然，地方政府在这个过程中的作用非常重要。从地方政府决策者的角度考虑，虽然重资产项目的投资周期长、回报慢，但能带来 GDP 增量和高端人才的引入。

科创板造就投融资闭环

美国硅谷最伟大的创造其实是在数十年的时间里打磨出一套成熟的风险投资体系——包括估值方法、公司治理（章程、董事会等）、配套的律师和审计工作、投资人退出方式等，其中最关键的环节是退出。美国因为有以纳斯达克为代表的科技类公司上市首选地，从而为风险投资提供了非常通畅的退出渠道，不管企业主业是半导体、计算机、新能源、移动互联网、电子商务还是其他领域，都可以在这套体系中实现从资本投入到退出获取回报的闭环。

中国的风险投资成形之前，活跃的"投资人"主要是私人企业家，这一群体大多是从传统制造业起家的。但传统制造业的典型模式是"当年投资、当年投产、当年回本"，很少会在前期进行大规模研发投入，这也是传统制造业公司与创新驱动的研发型公司之间的根本区别。如果风险投资体系没有传入中国，创新型的公司无法获得投资，毋论形成创新体系。

中国在 2005 年前后开始集中出现了美元风险投资，2009 年以后逐渐出现了人民币风险投资，这些早期在中国出现的风险投资者们投资了很多半导体项目，但由于 A 股 IPO "堰塞湖"的原因，投资无法退出。2019 年开板的科创板是对高科技企业上市的"绿色通道"，大大缩短了上市流程，并降低了上市门槛。这对以半导体公司为代表的科技类公司而言意义重大，因为企业如果能够在实现 4000 万元年度盈利的时候顺利上市，跟其年度盈利达到 8000 万元甚至 1 亿元再上市，中间的时间跨度至少有两三年，但这期间正是公司发展的关键时期，若创业公司能够提前两三年上市完成募资，对于企业而言是雪中送炭，而晚两三年再上市只能说是锦上添花。所以，国家在融资政策上将传统产业跟高科技产业进行区分，是一个非常好的决策。

当然，科创板的推出也造成了一些估值泡沫，但"无泡沫不繁荣"，当泡沫期过去、去芜存菁后的产业就成熟了，这是事情发展的自然规律。如今，集成电路产业受到国内市场化资金的青睐，这将会极大地推动行业的投资密度，而造富效应也将吸引更多优秀人才加入行业。资本和人才都是支撑集成电路产业发展的最根本因素。

案例 27：长江存储发展简史

半导体明星企业长江存储科技有限责任公司是一家专注于 3D 与非型闪存（NAND Flash）的 IDM 企业。公司成立于 2016 年 7 月，总部坐落于武汉，并在全国多地设有分支机构和工厂。

可以这么说，长江存储从最初开始的设立，到后来建设厂房做研究生产，都离不开产业政策的大力支持。不难发现，国内轻资产的设计公司在 2015 年前后来到了一个爆发期，越来越多的设计公司崭露头角，而投资者中不乏有高净值个人投资者、优秀的风投基金，也有产业背景的国资参与到大潮中来。但是，越来越多的设计公司的出现，考验着国内代工线的产能水平。不同于设计公司的轻资产，代工厂是一个需要花费更多时间和资金的重资产项目，项目周期长、资金需求量大、投资回报慢。光靠民间和社会资本来做这个事情是不现实的，重投入、慢回报的项目必须有政府和国家产业端的大力支持才能够发展起来。长江存储就是在政府和产业扶持下的一个成功案例。

长江存储的具体设立还得从武汉新芯说起。2000 年 6 月，伴随着《国务院关于印发鼓励软件产业和集成电路产业发展若干政策的通知》（国发〔2000〕18 号）的印发，武汉市政府便产生了发展集成电路产业的想法[1]。2004 年，武汉市政府出台了《武汉市人民政府关于进一步鼓励软件产业和集成电路产业发展的意见》（武政〔2004〕71 号），明确提出要用贴息等方式鼓励应用、扩大内需、面向需求、吸引人才，并用税收优惠等政策扶持当地集成电路产业的发展[2]。于是，在 2006 年，湖北省和武汉市政府就下定决心进军集成电路制造产业，并成立了武汉新芯集成电路股份有限公司[3]。但是由于缺乏集成电路制造工厂的管理经验和技术，一开始新芯股份是委托中芯国际代管的。不巧的是，中芯国际当时正处

---

1 迪建. 中国集成电路产业发展机遇与挑战[J]. 集成电路应用，2015(8)：22-23. DOI:10.3969/j.issn.1674-2583.2015.08.008.

2 兰晓原. 半导体产业:现状、发展路径与建议[J]. 发展研究，2018(6)：77-81. DOI:10.3969/j.issn.1003-0670.2018.06.015.

3 2013 "中国芯" 引领中国集成电路产业发展新高潮[J]. 中国集成电路，2014,23(1)：27-29.

于和台积电的官司纠纷中，无暇顾及新芯股份的发展。2009年新芯股份出现巨额亏损，2010年被中芯国际合并，2013年再次独立，可谓是命运多舛。

不过，利好很快就出现了。2014年11月，我国设立国家集成电路产业投资基金（俗称"大基金"），旨在从资金上推动国家先进集成电路产业的发展[1]。这才有了后来总投资额240亿美元的国内最大存储器项目，长江存储则是该项目的主要实施主体。而这240亿美元背后的出资人，则是大基金、湖北省集成电路产业投资基金股份有限公司、国家开发银行和湖北省科技投资集团有限公司（省科投）四大国有股权投资公司，阵容可谓是非常强大。

在大基金的推动下，另一大国有企业紫光集团也参与其中，在当时陷入窘境的新芯股份的基础上，于2016年7月正式注册成立长江存储。而新芯股份成了长江存储的全资子公司，完成了其早期被武汉政府赋予的发展集成电路制造业的历史使命。长江存储在短时间内聚集了近400亿的资金（湖北紫光国器科技控股有限公司、大基金、省科投），并于当年年底开始奠基建设。紫光集团下属子公司湖北紫光国器科技控股有限公司占股51%，成为长江存储的大股东[2]。

2017年1月，紫光集团加大对长江存储的投资力度，宣布投资300亿美元，拟在长江之滨的另一城市南京投资建设一个全国最大的全新半导体存储基地。第一期投入100亿美元，目标是先建成一座月产能达到10万片3D与非型闪存（NAND Flash）和DRAM芯片的圆片制造厂。

在资金的支持下有了工厂，但也带来了新的问题——技术上是否能够满足生产需求？当然，政府在产业方面的支持不单单局限在资金方面，在人才方面也有覆盖。除了当年新芯股份与飞索半导体（Spansion）公司存储项目的技术积累，大基金和武汉市政府还出面找来了国家队——中国科学院微电子研究所共同开展技术上的研发。中国科学院微电子研究所三维存储器研发中心的主任兼任长江存储NAND技术研发总监，就新的MLC、TLC存储颗粒及多层工艺开展新的研发[3]。

---

1 迪建. 中国集成电路产业发展机遇与挑战[J]. 集成电路应用，2015(8)：22-23. DOI:10.3969/j.issn.1674-2583.2015.08.008.

2 徐志平. 探讨中国"十三五"战略规划中的半导体产业投资热点[J]. 集成电路应用，2017, 34(3)：27-30. DOI:10.19339/j.issn.1674-2583.2017.03.006.

3 MARY. 我国在3D NAND存储器研发领域取得标志性进展[J]. 今日电子，2017(3)：25-26. DOI:10.3969/j.issn.1004-9606.2017.03.003.

同时，紫光集团基于自己在半导体业内的深厚背景，请来台湾联电前 CEO 孙世伟出任长江存储全球执行副总裁，晨星半导体（MStar）创始人杨伟毅出任长江存储 CTO。为了管理好这座未来的超级工厂，长江存储邀请了有"台湾存储教父"之称的高启全担任执行董事、代理董事长。高启全丰富的存储产业经验为长江存储之后的高速发展奠定了扎实的基础，他利用自己的影响力，再加上武汉市政府给予半导体企业人才税收优惠政策，吸引着众多存储产业人才来到武汉加入长江存储，其中不乏 SK 海力士和三星电子的工程师。

2019 年，长江存储开始量产 64 层 TLC 颗粒的 3D NAND 闪存，满足市场主流存储器芯片的需求，这是在 2 年时间、1000 多位工程师、耗资 10 亿美元的情况下完成的成就。2020 年，128 层 QLC 颗粒也已完成研发，并送样多家 SSD 厂商进行验证。

长江存储成功的背后，离不开大基金和当地政府政策的支持。此后，国家队征战半导体细分领域的案例越来越多。在强有力的资源背景支持下和管理层的正确决策下，给予制造型重资产公司在厂房建设、设备采购、技术投入方面提供了全方位的支持，并在随后的 5～10 年里获得成功。2016 年以来，长江存储、合肥长鑫项目破土动工，代表我国存储 IDM 产业开始奋起直追欧美日韩。

案例 28：长鑫存储发展简史

合肥长鑫存储技术有限公司是我国内存芯片的自主制造企业，选址在合肥新桥国际机场附近。长鑫存储瞄准世界最前沿的工艺研发攻关三年，其生产的内存芯片是先进制造工艺中最具代表性的产品之一，是电子产品中非常关键的具有战略性的电子元器件。内存项目的技术门槛很高，投资风险也很大，从零开始做起的难度极高，这也是我国芯片产业长期缺失内存生产这一重要环节的原因之一。直到合肥长鑫存储的崛起，才让我国实现了内存芯片的自主产能，在内存芯片领域的国际竞争中有了一席之地。

合肥长鑫存储的创始人是朱一明，他同时兼任董事长和 CEO，而总经理是赵纶。在团队组建初期，赵纶收到朱一明的邀请时很犹豫，因为 DRAM 是我国数十年来都没有涉足的领域，技术难度非常高，虽然自己有近 40 年的从业经验，但还是不能确定这个公司能否顺利地发展起来。

DRAM 芯片是很常用的一种内存芯片,也是一种不可替代的关键芯片。中国一直是世界上最大的芯片应用市场,在 2018 年进口了 3000 多亿美元的芯片,其中 DRAM 芯片占到了 20%以上。

出乎赵纶意料的是,合肥市政府这次下了很大的决心来推动当地芯片产业的发展,以将合肥打造成一个集成电路之都的心态来发展整个产业。合肥市政府和朱一明在 2016 年决定,合肥市将和兆易创新(朱一明创立的存储器厂商)合作创立集设计和制造于一体的 DRAM 芯片制造基地,并且是国产化的产品线。

2017 年 3 月,长鑫存储项目开工,这是安徽单体投资最大的工业类项目,但仅用 10 个月整体厂房的建设以及设备的安装就已经全面完工,这是当时先进芯片制造厂建设速度最快的项目。

长鑫存储这个项目是全部从零开始的。DRAM 芯片的制造工序非常多,上千道工序需要一次打通,只要其中一道没有打通,就等于是"零"。并且其他先行者的技术也不是原地踏步的,一旦差距拉开就会加大后发者的追赶难度。整个项目规划的总投资达到上千亿元,项目短期内不仅没有回报,还要持续投入资金用于研发。合肥市产业投资控股(集团)有限公司总经理袁飞亲历了长鑫存储的发展,他曾经说过"不管是合肥产投,还是产业方,早期参与到这个项目中的每个人都承担着前所未有的风险和压力"。

合肥长鑫存储的重要技术来源之一是德国奇梦达。奇梦达曾经是 DRAM 行业内的领军企业。2009 年,奇梦达因经营不善而破产,长鑫存储当时收购了奇梦达大量的技术 IP 和文件,并在其基础上又进行了研发,更新并改良了原先的技术。

长鑫存储可以如此迅速发展的原因在于整个团队背后的努力,在没有任何厂房和设备时,团队就已经开始研发工作。在项目起步阶段,团队就开始在全世界寻找合作的厂商,在不同的国家完成不同的工序。所以当长鑫存储第一次投片的时候,团队合作很默契,一次成功,这也得益于之前无数次的练习和预演。

长鑫存储从 2017 年开始培养国内优秀的年轻人才,至今招收了超过 1000 名应届毕业生。所有应聘进来的年轻人都会由长鑫存储和其国际合作厂商中的资深员工来进行大概半年的脱产培训,之后还将有具有多年从业经验的师父带领他们慢慢入门芯片产业。

2018 年，朱一明选择将其全部精力放在合肥长鑫存储项目中来。为了帮助长鑫存储走上正轨，他亲力亲为，甚至辞去了兆易创新总经理职务。

2019 年 9 月 20 日，长鑫存储带着其研发的 8GB DDR4 在世界制造业大会上亮相，该产品一期预计产能达到 12 万片/月。在这次大会上，长鑫存储还签约了长鑫集成电路制造基地项目，该项目计划注资 2200 亿元以上。长鑫项目除了长鑫存储公司及制造厂本身，还包括围绕长鑫存储配套的各种上下游布局，包括从设计到封测中各个环节的配套产业园。自此，安徽合肥的一座先进集成电路制造产业园逐渐形成规模，成为我国为数不多的芯片自主制造基地之一。

长鑫项目的实施，标志着我国集成电路产业迈出了至关重要的一步，内存芯片这一战略性电子元器件可以自主制造，意味着我国在全球集成电路产业中的地位有了很大的提升。

尽管长鑫存储目前取得了一系列成果，但其顺利投产只是我国 DRAM 芯片产业实现突破的第一步。未来，长鑫存储能否成长为一个具有国际竞争力的企业，还需要经历长时间的磨炼，但在目前的良好发展势头下，相信其未来可期。

中国内存芯片市场空间巨大，但由于国内企业缺乏相关的自主研发能力，使得内存芯片技术成为制约我国集成电路产业发展的"卡脖子"环节。

当合肥长鑫存储的技术攻关遭遇瓶颈时，从奇梦达收购的大量 DRAM 相关技术文件和专利为其带来转机。虽然奇梦达的技术当时只能做到 46nm 制程芯片，但通过对奇梦达的技术吸收消化，最终长江存储将芯片量产工艺节点提升到了十几纳米的级别，从而大幅提升了核心竞争力。

在半导体产业或者说集成电路产业中，充足的资本力量是不可或缺的。诸如三星电子、SK 海力士这种行业中的龙头企业，无一不是靠着大量的资金支持才发展起来的，尤其三星电子更是靠着韩国整体的国力和财力才得以起步。半导体行业与高端技术相关，所以在企业发展前期需要有大量的资金来支持产品的研发和转化，通过领先的技术产出高附加值和利润的产品，再通过这些产品获得足够的利润后，继续将其投入到后续的研发和迭代中，始终保持自己的技术领先地位，给客户提供最新、最尖端的产品，这样才能在半导体行业中脱颖而出，形成一个良性的循环。

案例 29：芯原微电子发展简史

芯原微电子（上海）股份有限公司成立于 2001 年，是一家从单一来源提供定制化半导体解决方案和系统电路设计服务的集成电路设计服务公司。根据 IP 研究机构 IPnest 的统计，就销售额而言，芯原微电子连续多年位居全国第一、全球第七。

设计服务商业模式的由来

从全球半导体产业的发展历程来看，半导体产业的商业模式经历了 IDM 为主和产业分工细化的后 IDM 时代。随着半导体制造工艺技术难度的增加，Fabless+Foundry 的制造和设计分离的模式出现，专攻半导体制造的圆片代工企业通过满足多个客户的制造需求来提高制造过程的生产效率。在这一过程中，为了满足芯片设计公司和终端厂商的要求，在芯片设计与制造技术融合和协调之下，催生了芯片设计服务业。随着应用终端从计算机逐渐向以智能手机为代表的移动终端发展，产业链分工将进一步细化，知识产权（IP）板块将进一步分离，形成"IP+IC 设计+代工"的模式，ARM、Imagination Technologies 等公司成为 IP 公司的代表。

而 IP 作为重要环节得以存在的原因是，在产业分工过程中，片上系统（System on Chip，SoC）实现的基础是 IP 核整合技术。基于 IP 核，将不同的功能模块集成在单个 SoC 芯片上，避免了设计中"重新发明轮子"的过程，可以显著缩短产品上市时间。

芯片定制服务是指为客户提供基于平台的芯片定制解决方案，接受委托完成从芯片设计到圆片制造、封装、测试的全部或部分服务。具体可分为芯片设计和芯片量产业务。芯片设计业务是指根据芯片客户在性能、功耗、尺寸和成本等方面的要求定义电路规格和 IP 的选择，通过设计、实施和验证，逐步转化为可用于制造芯片的版图，交由圆片制造厂订购根据版图制作的掩膜（Mask），以及进行样品的封装和测试。设计服务公司以上述各节点的完成度作为收取费用的基础。芯片量产业务则是指芯片设计完成并经过评审后，根据客户的要求委托工厂批量制造圆片，委托封测厂进行封装测试，最后完成圆片或芯片的交付。

作为一家设计服务公司，芯原微电子提供一站式芯片定制服务和 IP 授权业务：从芯片定义、用户界面设计、IP 开发、后台设计等，到封装、测试和设计平台开发。在 IP 方面，芯原微电子是少数拥有 GPU IP、DSP IP、视频处理 IP、神经网络 IP 这四大关键 IP 的服务商之一。通过 IP 深度集成，芯原微电子可以提供具有独特优势的集成解决方案。

一站式芯片定制业务与半导体 IP 授权业务有很强的协同性。接受芯原微电子提供的一站式芯片定制服务的客户，很容易接受芯原微电子自主 IP 的使用，这就可以增加设计业务的毛利率。随着芯原微电子为客户提供半导体 IP 授权服务，客户逐渐认可了优质的 IP 和设计服务。如果客户基于现有的协作框架有新的芯片定制需求，就会优先考虑芯原微电子一站式芯片定制服务。这种互补的协作提高了客户忠诚度并增加了服务的价值。

芯片需求和供给的变局

终端设备应用场景多种多样，芯片需求碎片化。虽然过去半导体终端市场主要由智能手机、计算机、通信和汽车电子组成，但随着云服务、人工智能和物联网技术的发展，出现了各种新的应用场景，如图像识别、语音识别和智能驾驶，半导体终端应用场景逐渐多样化。在计算机和智能手机时代，半导体产品在很大程度上被世界上最大的芯片设计公司垄断。

随着 AIoT 时代的到来，智能手表/手环/耳机等可穿戴设备、智能家居等终端市场需求增加，这些终端具有碎片化、内部市场小等特点，普通芯片很难满足所有要求。正是这种多样化和碎片化的需求，加之 ASIC 器件相对于通用芯片的巨大效率优势，导致很多传统芯片客户参与到芯片自研中，但他们缺乏芯片设计经验，芯片设计服务正是他们所需要的。而更多的定制需求反过来又可以帮助芯片定制服务提供商丰富自己的设计经验和量产经验。

在新需求模式下，芯片定制服务有以下四种典型需求。

大型互联网公司知道如何使用互联网服务，但大型互联网公司几乎没有集成电路设计部门或团队，要掌握核心技术、增加产品差异化、降低成本，它们需要芯片定制服务的发展。

系统厂商在系统集成、设计、制造和销售方面具有很强的能力，但随着市场竞争的加剧，标准化的半导体产品很难满足系统厂商的差异化需求。在外部环境发生变化的背景下，国内系统厂商加快了自己的芯片研发，OPPO、vivo、小米、中兴通讯等都纷纷投入内部芯片研发中。系统厂商的相关技术、经验、生产资源相对不足，需要匹配第三方的芯片设计服务。

新兴的芯片设计公司规模相对较小，资源和人员数量更有限，通常专注于某项核心技术的研发。这些客户可以通过购买芯原微电子的设计服务，专注于芯片产品规格、先进算法、客户资源的优势，并加速产品营销。2016年以来，国内芯片设计企业数量快速增长，到2019年，国内芯片设计企业近2000家，但销售额过亿元的只有238家，员工100人以上的只有165家。这些快速成长、崛起的芯片设计公司是芯原微电子拓展国内市场的重要潜在客户。

成熟的芯片设计公司和IDM拥有强大的品牌实力、强大的市场占有率，以及芯片研发、设计和销售能力。此类客户通常研发成本较高，当产品开发时间紧迫时，很难在每条产品线中投入足够的研发人员来设计和管理芯片。这些客户必须使用第三方芯片定制服务来确保每个产品的设计水平和质量，同时保持多个产品系列。成熟的芯片设计公司和IDM通常产品生命周期长，交付量大，在考察芯原微电子的技术水平和可靠性后，往往会产生相对稳定的合作伙伴关系。

芯片定制服务具有以下三大优势。

一是加快客户产品的发布。在人工智能+物联网+5G快速发展的背景下，产生了大量的芯片需求，不同领域的客户都需要大幅缩短芯片设计周期，因为终端电子产品的设计周期在不断缩短。以手机为例，传统情况下一个新型号手机的开发周期约为9个月，但现在一个新型号手机的开发周期只要4个月左右，同时对相应的电路设计速度要求也有所提高。在人工智能领域，由于机器学习模型的不断发展，大幅缩短芯片设计周期将更符合模型更新的要求。

二是降低设计门槛。随着SoC成为通用设计方法，从芯片系统定义、前端电路设计到物理后端实现，从芯片制造到软件开发再到最终量产，这是一个庞大的系统工程。先进制造工艺的发展增加了芯片的复杂性，使芯片设计变得更加困难。同时，芯片设计行业新进入者较多，但有经验的集成电路设计从业人员较少，且大多数芯片初创设计公司与EDA和圆片代工厂没有形成战略联盟（Fab先进工艺认证门槛较高），也没有封装测试、分包物流等外包渠道。通过芯片定制服务，客户可以依靠专业的设计团队与EDA供应商和圆片代工厂合作，显著降低芯片设计行业的门槛。

三是降低芯片设计成本和设计风险。先进的工艺节点增加了设计复杂性，从而增加了设计成本。经过多年的积累和验证，芯片定制团队发现了更多与设计芯片所需的硬件、核心软件和应用软件相关的专利和技术诀窍。并且可以通过复用

IP、EDA 设计工具、验证工具、服务器、存储和网络设备和其他材料工具，达到降低设计成本最终提高流片成功率的效果。

芯片设计价值链可分为芯片定义、架构设计、IP 选择与工艺评估、芯片设计、认证、物理实现、软件设计等环节。正如独立圆片制造商通过提供自主先进的半导体制造服务，为 Fabless 模式的快速发展作出贡献一样，轻量化设计使半导体制造商、终端设备制造商和互联网制造商能够提供高效的 IC 设计服务等，促进 Fabless 模式的快速发展，实现了产业的高效发展。

芯原微电子与其他芯片定制公司的比较

一般典型的芯片设计服务公司主要分为依托优秀圆片代工企业的设计服务公司、主营 EDA 工具或 IP 但业务范围涵盖设计服务的公司。

依托圆片代工企业的设计服务公司主要是帮助合作伙伴加强与集成电路设计公司的合作，代表性企业包括联电集团旗下的智原（Faraday）、台积电投资发起的创意电子（GUC）等，这类公司可以弥合芯片设计与制造之间的差距，充当双方之间沟通的桥梁。

主营 EDA 工具或 IP 但业务范围涵盖设计服务的公司是通过设计服务业务将设计方法、IP 和 EDA 工具渗透到定制化项目中，从而间接促进 EDA 工具和 IP 的销售，代表性企业包括楷登（Cadence）和新思（Synopsys）等。

而芯原微电子则是一家出色的中立设计服务公司，也是目前国内头部的一站式芯片设计服务公司。公司与全球多家工厂建立合作伙伴关系，根据不同工厂的工艺能力和产能，为客户提供多种选择和灵活的服务。

芯原微电子取得成功的原因

一是商业模式。 2000 年初，中国半导体产业发展处于起步阶段：国内产业基础相对薄弱，而且由于半导体产业的战略地位，我国的知识产权面临的国际出口管制对产业发展造成了严重制约。当时，戴伟民毅然回到上海，成立芯原微电子公司，做集成电路设计所需的标准单元库，开始为建设中国半导体产业提供"石头"。随后，中国几乎所有的芯片代工厂，包括中芯国际、宏力半导体、华虹 NEC、上海先进、无锡上华等，都从芯原微电子获得了单元库。

二是通过跨国并购掌握了一流的知识产权。 2006 年，芯原微电子以 1.3 亿美元收购了国际芯片巨头 LSI 的整个 ZSP 核心（数字信号处理器）。2015 年 10 月，芯原微电子与 Vivante 公司基于全部股份的交易达成最终合并协议。

三是科创板助力。2001 年，芯原微电子的前身思略微电子成立最初几年一直是外资全资子控股，公司早期获得了三星、英特尔和 IBM 的投资。因为高额的研发投入，公司持续亏损，达不到 A 股上市的标准。2012 年，芯原微电子获得了第一笔中国机构（华山资本）的投资，并开始搭建红筹架构，谋求后续在美国或中国香港上市。2018 年，科创板正式推出，芯原微电子看到了国内上市的可能性，同年拆除了红筹架构，又分别在 2018—2019 年完成了三轮增资，引入了大基金、小米等国内机构投资。2019 年 9 月 20 日，芯原微电子的科创板上市申请正式获受理。2020 年 8 月 18 日，芯原微电子正式在上海证券交易所科创板挂牌上市。

投资机构在国内产业中的发展历程

进入 21 世纪后，在中国半导体产业发展中，不同类别的投资机构，表现出不同的特征。

首先是纯粹的海外美元基金。国外绝大部分半导体上市公司是在 2000 年前上市的，在 2000 年后的海外资本市场中，出现了大量上市半导体企业之间并购、拆分的交易，但这类交易并没有创投类基金的介入空间；真正近年来上市的企业，仅有安霸（Ambarella）、应美盛（InvenSense）等极少数案例。美国在 2000 年之后半导体风险投资及其退出长期处于低潮，至今没有恢复过来，形成了"硅谷无硅"的局面：一开始是硅谷的主流风险投资不向半导体企业投资，但这些企业还能从中国、俄国、以色列等地的基金拿到投资；2010 年之后，整个硅谷的半导体初创类企业几乎都消失了。

真正赶上 2005 年前后创业热潮的，是中国的美元基金。其中也有区别：美国传统老牌基金在中国市场的分部，如红杉资本、KPCB 等，对中国本土半导体公司的山寨打法没有兴趣；而第一批在中国本土市场成长起来的美元基金，如 IDG、北极光创业投资基金、金沙江创业投资基金等，投资了第一波海归创业企业。但正如前文所述，那个阶段美元基金基本是复制硅谷的打法，寻找做高大上产品的海归团队，实际上这类团队并不完全适应中国市场的竞争。同时，由于退出渠道闭塞，除展讯、炬力、中星微电子等少数企业在美国上市外，大部分企业无法上市，投资机构也就无从退出，这一波中国美元基金半导体投资的回报非常不理想，以至于多数老牌美元基金、主流美元投资机构对中国半导体的投资直到 2019 年科创板的财富效应后才逐渐恢复。从这个阶段一直坚持下来的美元基金创投机构，基本上只有华登国际、华山资本等，其特点是有一支懂产业、懂中国的华人团队。

  2009 年创业板开闸，本土中国人民币基金迎来"全民 PE"热潮，但在 2016 年之前，整个中国芯片企业体量都偏小，创业板这波浪潮未惠及半导体行业。2014 年，国务院印发《国家集成电路产业发展推进纲要》以及大基金的设立，带动起新一波集成电路投资热潮；2019 年科创板带来的造富效应更是全面引爆半导体行业的风险投资热潮。如今，市场上每个主流投资机构都在关注半导体行业，除了长期深耕这个领域的元禾璞华、武岳峰、中芯聚源等团队，一线大牌机构如红杉资本、IDG，大体量 PE 基金如金石投资、中金基金，产业资金如小米、华为等，以及一些新成立的基金也大规模进入这个市场。但在 2016 年之前，半导体作为一个垂直领域发展了很多年，圈子相对封闭，真正优秀的团队在创业初期更倾向在熟悉的圈子里寻找投资人，这一传统延续至今。

第三篇

中国集成电路产业发展规律及投资策略

中国集成电路产业发展的一般性规律

企业家精神

从"企业家精神"这个术语的内涵上分析,企业家精神首先是一种精神品质,而"精神首先是一种思想形式,是一种驱动智慧运思的意识形态",但"精神不完全是仅仅表明个人意识状况或过程的、心理的、主观的概念,精神相对于意识,它似乎应该是对意识的一种价值抽象。"企业家精神也是表明企业家这个特殊群体所具有的共同特征,是他们所具有的独特的个人素质、价值取向以及思维模式的抽象表达,是对企业家理性和非理性逻辑结构的一种超越、升华。企业家群体独有的显著精神特征使其与其他群体特征区别开来,人们日常也把它看作是成功的企业家个人内在的经营意识、理念、胆魄和魅力。

陈大同曾经在其专访《陈大同解读创业:唐僧才是最佳》中对于创业者及CEO需要具备的企业家精神进行了总结。

强大的自我驱动力

创业者的基本特点就是不安分、不自足、不信邪。在最根本的出发点上,创业者不只为光环而创业，不只为赚钱而创业，也不只为赶潮流而创业。同时，创业更像是一种修炼，不成神就成鬼：当企业家不成功的时候，没有人同情他；而当他成功的时候，人人都能把他当成神。

从这个角度来看，最佳 CEO 是唐僧。唐僧取经跟创业特别相似，车到山前必有路，只要坚持，再难的事情都能够过去。唐僧目光远大，心怀众生，是激励他人的精神领袖，而且他还领导着一个三流团队，但是这个团队却百折不挠地完成了一个不可能完成的任务，是非常了不起的。

对于创业者来说，在中国创业，既幸运也不幸，幸运的是中国是当今世界上创业机会最多的国家，创业机会至少比硅谷多 10 倍，有许多在其他地方不可能创业成功的公司在中国创业就成功了。但不幸的是，中国也是全世界最残酷的经济场，这里所有的竞争比外面残酷很多倍，要是能够度过这个磨难，那么企业所练出的内功会是天下无敌的。但是怎样适应中国市场上的残酷竞争，则非常考验创业者的智慧、领导力和意志。

选人的眼光

以下几个事实是创业者必须要理性认识到的：所有创始人从创业伊始一起走到 IPO 那一天，是很少见的；同学或者朋友共同创业，最后反目成仇的超过一半，如果是靠"发小"作为伙伴就更不靠谱。比较靠谱是原来作为同事一起做过一些项目，而且在做项目的过程中有过一些磨合，这样的团队创业成功率才较高。

在能力方面，学历只能证明智商，而创业当中更重要的是情商，其中最重要的情商是不计较，心胸开阔，这样才能合作。其次，要敢于承担责任，乐观的人才能创业成功，老说负面消息的人在公司里面就是一剂毒药。另外，不同的阶段需要不同的团队成员，容忍度是一个团队组成质量的重要指标。

强大的市场意识

很多明星公司都是在别人不看好的情况下走过头几年成长起来的，比如百度、阿里巴巴在创业前期也不被人看好，所以 1% 的市场机会只有 1% 的人才能看到。另外，任何新市场开拓所需的时间，一定是大家想象时间的 2 倍以上。如果一个研究报告说这个市场今年就能起来，没准是明年或后年才能起来。在这方面，如果创业者预估错误，公司再走到市场面前，离"死亡"也就不远了。事实上，市场风险是远远大于技术风险的,没有做不出的产品,只有卖不出去的产品。

什么是市场导向的公司?首先,CEO 本人一定是市场导向的,他一定要非常懂这个市场。过去总有一个误区,即认为应该是市场部里的老总最懂市场,其实并非如此。市场部只相当于公司的参谋部,司令员才是最后拍板的人,而谁来拍板才是最重要的。公司里拍板的人一定是 CEO,他决定着公司的成败,他拍板的对与错关乎公司的命运,所以说这也是 CEO 为什么要在公司里是最懂市场的人之一。这也牵涉到公司文化的问题,公司文化应该是开放式的而不是封闭式的。

创业公司还应该有一个"产品标准的 80 分法则",即市场上并没有完美的产品,如以客户可接受的底线为 60 分及格线,那么产品至少要做到 80 分。这就是说,产品必须要超过客户可接受的程度,但千万不要过于追求完美,否则就会贻误战机。这一点在当年是有深刻教训的:比如展讯跟其当时的竞争对手都是 2004 年推出手机方案,但对方比展讯发展快得多。原因在于展讯的第一个手机是音乐手机,展讯当时遵循的是技术导向,认为要做音乐手机那么音乐质量一定要最好,一定要双声道。但是,当展讯为实现这一目标的新芯片设计到一半的时候,才发现市场上到处都是对手的产品,而且百分之百是单声道的。经历过这一市场失败的教训后,展讯终于意识到:市场能接受的产品就是好的产品,而这正是市场导向的关键。

海归创业者通常有"三过三没过",即:海归人才多是学过技术、做过产品、见过世面的,有与大公司竞争的经历,因此并不害怕市场竞争,这是优势;但不足在于,一没卖过产品、二没带过团队、三没接过地气。所以海归创业者必须先学会怎么做销售,怎么应对市场,这是最重要的一课,如果还是沉浸在技术中,不接地气,企业是活不下去的。

事实上从技术型公司来看,在 2015 年之前,很多海归人才创业的成功率并不是太高。他们最容易犯的错误就是拿着世界顶尖技术回国做了一个世界顶尖的产品,然后发现超前的产品需要去开创新的市场,而中国市场尚不具备成熟的条件,只能再转向开拓美国的市场。然而,在中国创业,要去打开美国市场,那是很难的。当然,目前的市场及产业环境发生了一些变化,国内逐渐开始涌现具备顶尖技术和产品的创业公司,未来他们有机会成为行业的领跑者,但以市场为导向、做好技术与市场结合,仍然是每一个创业公司想要基业长青的基本能力。

教练员精神

作为 CEO，最容易犯的错误是什么？第一个易犯的错误是不放权，特别是技术出身的 CEO，总觉得别人做东西不如自己做放心。如果总这样，CEO 就只能管理几个人的团队，永远管不好一个上百人的团队。CEO 一定要从运动员变成教练员，跟客户交流时一定要放下身段。事实上，"术可教，道只能悟"，CEO 只要在企业管理的过程中经常思考和反思，自己就会不断提高，而当悟得的东西越来越多时，公司就会随着个人的提高而提高。

一个公司的文化，基本上就是一个 CEO 个性的具象化再现。CEO 信奉封闭式或是开放式的管理方式，打造出的企业文化也完全不同：一个英雄式的 CEO，会有一群唯唯诺诺的下属；而一个"刘备式"的 CEO，则会有一群英雄的下属。

案例 30：兆易创新发展简史

硅谷时期

2004 年初，在美国加州硅谷地区米尔皮塔斯（Milptas）市的一家星巴克咖啡店里，毕业于清华大学物理系（1989 级）的朱一明，正在向学长李军（1985 年毕业于清华大学自动化系）介绍他的创业计划——做中国最大的存储器公司。

20 世纪七八十年代，存储器的设计制造从美国和日本逐渐兴起；到了 2004 年，存储器行业格局已定，市场上巨头林立。在当时硅谷的专业人士看来，朱一明和他的合作伙伴——清华大学 1985 级电子系校友舒清明，想在这样的条件下生存和发展，成功的可能性几乎为零。

在硅谷打拼多年的李军自然深知这一点，因此第一次见面时朱一明的计划并没有吸引他。当他们俩在同一家咖啡馆见第二次面时，朱一明已先行辞职并注册了新公司 GigaDevice，带着更为成熟的存储器 IP 计划出现在李军面前——传统的 SRAM 一个存储单元需要 6 个晶体管，而他们的创新技术只需要两个晶体管，这意味着成本减少三分之二，而性能和效率扩大了 3 倍。

更加落地的商业计划和朱一明身上的远见特质，让李军决定帮他一把。于是，李军找来了有硅谷"金手指"之称的天使投资人周顺圭老先生，由此朱一明和舒清明获得了 10 万美元起步资金，在硅谷的一个车库里开始了创业。两个

"资浅"工程师带着兼职的团队，用了几个月的时间就研制出存储器样品。

成功做出技术验证样品自然值得高兴，但两人又开始为第一笔真正意义上的融资犯难。此前经李军介绍，他们认识了时任清华科技园创业投资有限公司副总经理的校友薛军。从认识到融资，朱一明从没有放过任何说服薛军投资的机会，可是每一次都没有像那通电话里那么直接。薛军对此记忆犹新，当时他正在硅谷带着孩子们买车，朱一明打来电话，开口第一句就是"薛总，您能投我吗？"这句话就像是一股电流，直击薛军的心里，后来他回忆说，打动他的正是朱一明的执着。

最终，二人达成协议。薛军答应帮朱一明做A轮融资，而朱一明答应他的条件是：回国创业。薛军承诺帮朱一明募集到100万美元的启动资金，但七拼八凑到92万美元时，怎么也凑不够100万了。薛军还希望能凑足这100万美元，朱一明却果断地劝他："薛总，不能再等了，92万就92万，咱们得往前走。"

"朱一明就是在关键时刻很果敢，他可以为了效率而牺牲利益。"薛军对朱一明的几次重要判断仍记得很清楚。

SRAM 时代

回国之后，朱一明负责跑市场，舒清明主抓研发。当时SRAM已经由于设计结构和存储容量方面的缺陷，市场容量一直在萎缩，国际存储器大厂将其视为明日黄花，纷纷选择了淡出或转向，将大量人力物力投向DRAM和闪存领域。但朱一明却认为这样的市场正是初创公司的突破口：在中国，长期以来包括SRAM在内的各种存储器芯片一直都依赖国外进口；而当国外大厂无暇顾及SRAM市场时，很多系统厂商自然就面临着供货短缺、支持乏力的困境。在这样的背景下，扎根中国市场的兆易创新可谓是既无强军压境，又无追兵紧跟。

北京兆易创新科技股份有限公司以"高性能、低功耗、低成本"为三个主要创新点。围绕"高性能"研发的第一款SRAM的目标客户显然为高端用户，但大公司已经有了固定的大供应商，根本不会因为低廉的价格链而走险。朱一明决定将重点放在后两个技术特点上。

在兆易创新（GigaDevice）成立不到半年时，瑞芯微电子股份有限公司给了兆易创新一笔10万元订单，用于购买SRAM IP的授权。瑞芯微电子的业务之一是做MP3芯片，它看中了兆易创新SRAM IP低功耗及低成本的优势。后来，瑞芯微电子集成了兆易创新SRAM IP的MP3芯片产销量飙升，极有力地证明了朱一明的公司不仅在技术和产品上过硬，而且能够大规模量产和应用。

就这样凭借着 SRAM 产品的优势，兆易创新活了下来，也积攒了很多与半导体产业链各环节打交道的经验。

或非型闪存时代

在陆续开发和规模量产低功耗 SRAM 产品的同时，兆易创新也确定了未来专注的领域——或非型闪存（NOR Flash）。

或非型闪存是一种容量较小的闪存，主要用在手机、PC、DVD、路由器、USB 设备、机顶盒等对存储空间要求不高的设备上。它在功能机时代红极一时，到了智能手机时代逐渐被容量更大的与非型闪存（NAND Flash）取代，总体而言是一种技术难度低、市场有限，且已被美国美光（Micron）、赛普拉斯（Cypress）和韩国三星等巨头做得很成熟的芯片产品。

兆易创新选择或非型闪存作为下一个出发点的逻辑，与当年选择 SRAM 作为突破口颇为相似。DRAM 和与非型闪存的全球市场规模，加一起大约 1400 亿美元，相比之下，或非型闪存的市场规模只有区区数十亿美元，连国外半导体巨头一年的研发成本都不够。但是这片"养不活大鱼"的池塘，无论对存储芯片技术几乎空白的我国，还是对规模小、底子薄的兆易创新而言，都不失为一个容易出成果的突破口。

2008 年，兆易创新研发出国内第一颗 8Mbit 的或非型闪存芯片，首次打破国外对代码型闪存技术的垄断。站在充满希望的新起点上，万万没想到，美国"次贷危机"引发的产业崩坏祸及全球半导体产业。兆易创新这一年出现大量产品积压和现金压力，其时美国半导体厂商 ISSI 曾有意以 1000 万美元收购兆易创新。薛军回忆，当时朱一明来向他征求意见，薛军问他："你的理想是什么？"朱一明的回答还是当年的梦想："做中国三星半导体！"不用薛军多说，其实朱一明心里已有了答案。

那场金融危机飓风刮得太猛烈，吹倒了半导体行业的多棵大树，树下的小草也不免风雨飘摇。朱一明及其团队靠技术实力设计出了大温度范围和高存储密度的产品，战胜了两个美国设计团队，最终获得一家日本公司的订单。与此同时，兆易创新又得到了来自校友的 2000 多万元资助，其中包括罗茁、薛军所在的启迪中海创业投资有限公司，以及李军等人基金的追加投资。兆易创新这棵小草在金融危机吹过的时候没有倒下，春风又起时终于迎来新的契机。

2011—2017 年，全球或非型闪存规模从 50 亿美元缩水至 24 亿美元，美光、赛普拉斯等大厂陆续淡出。但凡此时兆易创新对或非型闪存市场产生动摇或在技术创新上松懈了，立即就会被中国台湾地区的华邦电子股份有限公司、旺宏电子股份有限公司等反扑而出局。明智的是，就在或非型闪存市场以肉眼可见的速度式微时，兆易创新几乎以每季度一次的高速迭代，不断追求更大容量、更小成本和更高性价比的或非型闪存工艺，不仅没有放弃，反而快速吞噬巨头撤出留下的市场真空。以兆易创新为首的诸多小厂也趁势获得了发展机会，兆易创新市场占有率从 2012 年的 3%提升到 2015 年的 7%。

2017 年之后，在大厂纷纷闭厂或调整之际，或非型闪存市场又迎来了新的发展机遇。近几年因 5G、IoT、TWS 耳机、AMOLED 屏幕、TDDI 芯片、车载摄像头及高级驾驶辅助系统（ADAS）等市场快速发展，或非型闪存的需求开始增长，再次受到市场重视。

而兆易创新也在 2019 年二季度、三季度分别以 13.9%、18.3%的或非型闪存市场占有率排名全球第四、第三。2019 年，兆易创新 GD25 全系列 SPI 或非型闪存产品已完成 AEC-Q100 的车规级标准认证，标志着兆易创新可以为汽车前装市场以及需要车规级产品的特定应用提供高性能和高可靠性的闪存解决方案。到 2020 年，兆易创新 SPI 或非型闪存芯片主打 26 个大产品系列、16 种产品容量、4 个电压范围、25 种封装方式、7 款温度规格，可以全面满足客户需求。

MCU 再出发

将时间的指针拨回到 2013 年。这一年，兆易创新的闪存产品已经为公司带来了超过 1 亿美元的营收，发掘新机会、布局新市场成为公司持续发展的需要。

这一次，兆易创新将目光瞄准了 32 位 MCU。"国际主流 MCU 厂商其实很多都从做存储器产品起家，现在的 MCU 多数也需要闪存配合，32 位 MCU 在某种程度上甚至被称作闪存 MCU，所以对拥有自主知识产权闪存产品的兆易创新来说，做 MCU 是件很自然的事情。"时任兆易创新 MCU 产品事业部总经理邓禹在面对媒体专访如是说。

当时的技术背景是，所有 MCU 公司的私有内核都在转向 ARM 的公共内核，欧美厂商失去了多年积累的内核优势，包括他们花很大投入打造的生态链以及对大学教育的投入。这样一来，兆易创新就与传统的大厂站在了同一起跑线上。而兆易创新原本的或非型闪存市场就是高度分散多元化的市场，进入 MCU 市场可以说是在原来已有的细分市场上"做厚"。在利润层面，欧美厂商一般期望利润率保持在 50%~60% 以上，中国台湾地区的厂商也能做到 30%~40%，而兆易创新拥有自己的闪存产品且出货量很大，这也能一定程度上拉低产品的成本，具有更强的市场竞争力。

以 GD32 产品系列为起点，此后兆易创新构建一个 GD32 MCU "百货公司"，其 MCU 产品序列不断被丰富，对整个兆易创新的收入贡献度也越来越大。到 2017 年，兆易创新的 MCU 已经拥有了 19 个系列 300 余款产品型号，产品广泛应用于工业和消费类嵌入式市场，适用于工业自动化、人机界面、电机控制、安防监控、智能家居/家电及物联网等领域，收入占比也从 2015 年的 2% 上升到了 16%。

兆易创新的成长史，就是一部海归人才脚踏实地从不起眼的市场出发，不断修炼内功和培养市场能力的发展史。用朱一明自己的话说，"很多初创企业不乏技术创新的能力，但是却没掌握好技术创新的分寸。在不同的阶段，公司的核心竞争力来源于不同的技术创新点，在恰当的点上，你的产品比竞争对手有一定的先进性，而且，这个点又不至于耗费过长的研发周期；同时，这个点又是一个变化中的点，会随着公司的发展而发生移动。"另外，兆易创新也深谙半导体产业的市场规律：一个爆款产品不足以支撑公司的长期发展，多产品、多品类才能满足细分市场的多重需求。通过自研、并购等方式，兆易创新最终搭建好了以存储、MCU、传感器为核心的三大事业部架构。

国产替代的机遇

集成电路的全球性突破与创新固然引领了人类的进步，但从投资和创业的角度来说，至少在未来数年，国产替代仍将是中国半导体产业发展的主旋律。

需求侧

2022 年，全球半导体产值为 5741 亿美元。根据中国半导体行业协会给出的数据，中国作为最大单一市场，其需求占全球的 57.7%，规模为 22257 亿元。同年，我国半导体设计业产值为 5156.2 亿元，本土芯片自给率仅占 23.2%，这已经是飞速发展后的成果。

对于圆片制造环节而言，2022 年，我国本土制造企业与外资企业的芯片制造规模比约为 1:1，估计我国本土圆片制造的实际自给率可能在 10%左右。因此，我国半导体制造供应链还面临许多挑战，尤其在先进工艺节点的部分"卡脖子"环节，比如核心材料及设备、零部件方面，虽然近年来已取得了长足的进步，但还有很长的路要走。

以 2018 年美国制裁中兴通讯股份有限公司（ZTE）为分水岭，如果说在此之前的国产替代是基于市场优胜劣汰的自然过程，那么此后外部环境的骤然收紧则为我国集成电路从业者提供了一个加速进行国产替代的机会窗口。对于设计公司，我们假设以本土需求年增 8%、设计业产值年增 15%的速度粗略计算，10 年之后自给率提升到大约 40%的水平；对于圆片制造和设备/材料类公司来说，则更是有着巨大的市场空间。这将是所有从业者中流击水的黄金时代。

当然，集成电路产业是一个国际化的产业。在实现国产替代的同时，我们仍要坚持高举开放的旗帜，与国际集成电路产业链接轨，共同打造更加完善的集成电路供应链体系。

供给侧

什么是国产替代？国产替代就是本土化，就是在市场上发挥速度快、灵活、贴近市场的优势，实现服务客户的微创新，快鱼吃慢鱼。许多占据中国市场大部分份额的国际公司甚至都没有在我国设立产品中心，产品定义和开发是在远离市场的总部完成的，除非是生态垄断（如 CPU）或者性能为王（如高精度高速信号链）的产品，否则这种产品部门不直接接触市场的模式根本不符合正常的商业逻辑。这就带来了"贴近市场微创新"的供给缺口。

有缺口是实现国产替代的前提，但要实现国产替代则还需要有能力。我国曾经拥有全自主半导体产业链，可是后来随着国门大开直面全球竞争，自主半导体产业链技术薄弱、基础差，很快被冲击得七零八落。到 2000 年前后，我国半导体产业在制造端尚有包括"908"工程和"909"工程留下的几个圆片制造厂的底子，但在上游的芯片设计等领域，几乎是一片空白。一直到以展讯、兆易创新等创业团队为代表的海归派回国，这些懂技术、做过产品、能接地气的海归创业者们，才逐步搭建起了我国商业化芯片公司的基础。

案例 31：安集科技发展简史

起步创业——从高端半导体材料领域切入

1988 年，王淑敏在南开大学获得硕士学位后，得到了去美国莱斯大学攻读化学博士学位的机会。王淑敏在莱斯大学勤奋学习，毕业后就加入了 IBM，后来又踏入半导体材料领域，担任卡博特（CABOT）微电子研发科学家及亚洲技术总监。那时的王淑敏已在半导体化学机械抛光液（CMP Slurry）领域蜚声国际。

在美国西北大学凯洛格商学院进修 EMBA 时，王淑敏得到了一些感悟。"当时有一门课是全球商务，老师让我从一个中国人的角度来讲中国改革开放的变化。"王淑敏回忆说，"今天的我只不过拿了博士学位，有了工作经验，而真正发生改变的是中国。是中国在世界上的地位发生了巨大的变化，让我这个中国人得到了更多的尊重。"

二十年前的中国，高端半导体材料刚起步，与国际先进水平还有不小的差距。2004 年 6 月王淑敏 EMBA 结业后，9 月便提交了离职文件，跟合作伙伴一起，回国创办了安集微电子科技（上海）股份有限公司。

发展成长——困难，并且艰辛

2004 年，在半导体化学机械（CMP）抛光液领域地位数一数二的王淑敏，与几位志同道合并且同样声名在外的朋友一起创立了安集科技。

然而，创业团队还是远远低估了高端半导体材料行业创业的难度。集成电路材料行业是一个技术难度大、门槛高、风险高的行业。安集科技准备做的化学机械抛光液（CMP Slurry）主要用于圆片表面的抛光，在微米级、纳米级甚至分子级的精度上与圆片表面发生作用，仅留下需要的部分。20 世纪 90 年代，化学机械抛光液产品一共就几款，而随着芯片制程进入 28nm 以下，变为 14nm、7nm 乃至于 3nm，将需要更多的化学机械抛光液。同时，更多的新材料被引入化学机械抛光液中，每种成分所扮演的"角色"各不相同：有的负责清除，有的负责保护，它们彼此还要相互牵制，共同发挥作用。一小桶抛光液，可能影响的就是价值数十万美元的圆片，正因如此，圆片制造厂对化学机械抛光液的选择十分慎重。一旦化学机械抛光液出了问题，就将影响产品上市时间及良率，会对圆片制造厂造成巨大的损失。

在这样的情形下，很少有圆片制造厂敢于在关键材料领域导入一家新供应商，何况这家新供应商还是初创企业。

为了给产品争取机会，争取客户的信任，王淑敏用尽了一切办法。"曾经有个客户，我想给他介绍新产品，但对方见也不见，约也约不到，为了见他，就直接去他办公室等。穿着高跟鞋在门口站了近3个小时，仅仅为了等他从办公室出来，给我10分钟的时间。"

最终，受益于国家"02专项"对半导体材料的支持，在安集科技团队的持续努力和客户端的配合下，中芯国际2008年在8英寸线上率先使用了安集科技的产品，这个领域的国产化由此展开。

目前，安集科技的化学机械抛光液已在130～28nm技术节点实现规模化销售，14nm技术节点产品已进入客户认证阶段，10nm/7nm技术节点产品正在研发中。目前，以安集科技为代表的生产化学机械抛光液的国内企业已有数十家，打破了国外企业完全垄断的格局。

根越扎越深

从2004年至今，经过近20年的创业与发展，王淑敏认识到，材料科学产业化具有一定的特殊性，不仅要掌握基础原理，还要有丰富的经验积累。如果把安集科技看作一棵树，种子在地下浸润了十多年，在这一过程中，市场、技术、人才、经验、资本都是这棵树成长不可或缺的水分和养料。

从技术方面看，做高端材料只有配方是远远不够的，圆片制造产线工艺的配合同样重要。每个抛光步骤都需要八九个工艺，每个工艺又有几个工艺参数，而配方的优化是需要结合工艺参数去交叉考虑的，这些都是需要经过长时间的经验积累才可以获得的。克服了实验室阶段的困难只是开始，要获得市场的认可，必须在大批量供货的情况下，保证产品的一致性，符合客户的需求，这才是重中之重。为此，安集科技打造了全面的质量管理体系，确保生产出来的产品合格且稳定。

资本方带来的资金和资源，从早期创业伊始就伴随着安集科技一起经历了技术验证、市场拓展、经验积累的过程。2011年6月，华山资本和北极光创投在天使轮对安集科技给予了700万美元的资金支持。这两家投资机构给安集科技带来了产业内的一系列资源。从2016年2月至2017年1月，安集科技完成了A、B、C三轮融资，投资机构都是半导体领域内赫赫有名的大机构，包括大基金、上海张江科技投资有限公司（张江科投）、上海大辰科技投资有限公司（大辰投资)、深圳市中和春生壹号股权投资基金合伙企业(中兴创投)、上海信芯投资中心(中芯聚源)、北京集成电路设计与封测股权投资中心(清芯华创)。在这些机构的加持下,安集科技的业务推广、市场拓展速度得到了快速的提升。

但是,材料领域的底层技术又是有共享性的。安集科技花了十多年的时间深耕集成电路专用材料领域,虽然看上去生长速度不算快,但扎下的根足够实,后续利用"根"的平台化技术,可以比较快地向其他高端材料领域延伸。随着我国半导体产能的持续释放,安集科技若能在"多、难、专"的半导体材料领域持续深耕,保持信心、耐心和决心,公司必能稳步前行。

案例 32:中微公司发展简史

中微半导体设备(上海)有限公司创立于 2004 年,创业团队的主要成员是尹志尧及其带领的 15 位硅谷资深华裔技术工程师和管理人员。尹志尧 1968 年毕业于中国科学技术大学化学物理系,工作十年后,于 1978 年考入北京大学化学系攻读硕士学位,1980 年从北京大学毕业后前往加利福尼亚大学洛杉矶分校(UCLA)攻读物理化学博士学位。1984—2004 年,尹志尧专注于等离子体刻蚀领域,先后在英特尔、泛林、应用材料供职,最后担任应用材料等离子体刻蚀设备产品总部首席设计官、总公司副总裁及等离子体刻蚀事业群总经理、亚洲总部首席技术官的职位。

2004 年中微公司创立后,立即着手研发甚高频去耦合的电容耦合等离子体(Capacitively Coupled Plasma, CCP)刻蚀设备 Primo D-RIE,现已成功研发了双反应台 Primo D-RIE、双反应台 Primo AD-RIE 和单反应台的 Primo AD-RIE 三代刻蚀机产品,涵盖 65nm、45nm、32nm、28nm、22nm、14nm、7nm 到 5nm 关键尺寸的众多刻蚀应用。

2012 年,中微公司开始研发电感耦合等离子体(Inductively Coupled Plasma, ICP)刻蚀设备,到现已成功研发出单反应台的 Primo nanova 刻蚀设备,同时着手研发双反应台 ICP 刻蚀设备。公司的 ICP 刻蚀设备主要是涵盖 14nm、7nm 到 5nm 关键尺寸的刻蚀应用。从技术水平来讲,中微公司的刻蚀技术已经达到了国际领先水平。除了台积电,中微公司刻蚀设备的主要用户还包括中芯国际、SK 海力士、上海华力微电子有限公司等行业巨头。

中微公司除了提供半导体刻蚀设备，还提供金属有机化合物化学气相沉淀（Metal-Organic Chemical Vapor Deposition，MOCVD）设备。

目前，绝大多数半导体设备公司至少有两条产品线，如果只做一种产品，万一在竞争中被别人替代掉了，那整个公司可能就失败了。大多数的设备细分领域都是从最初的百家争鸣，到最后只有一两家公司占据了几乎全部的市场份额。从中微公司的发展历程中可以看到，2004—2011年公司埋头研发刻蚀机，从2011年开始研发MOCVD设备，仅用1年多时间就推出第一台MOCVD设备，然后用了4年时间，打开市场形成销售。2018年，中微公司MOCVD设备出货量占据全球氮化镓基LED用MOCVD设备新增市场的41%，在全球市场中占据领先地位。目前已经研发了三代MOCVD设备，可用于蓝绿光LED、功率器件等加工，包括：第一代设备Prismo D-BLUE、第二代设备PrismoA7及正在开发的第三代30英寸大尺寸设备。

中微公司的MOCVD设备目前已在一些行业巨头的生产线上大规模投入量产，公司已经成为世界排名前列、国内占主导地位的氮化镓基LED设备制造商，主要客户包括三安光电股份有限公司、华灿光电股份有限公司、厦门乾照光电股份有限公司等多家主流LED制造企业。

优质的产品为中微公司赢得了不错的口碑，在2018年度VLSI Research"客户满意度"调查中，中微公司位居全球半导体设备公司中的第三名，在刻蚀和清洗设备供应商排名中位列第二，在全球薄膜沉积设备供应商排名中荣登榜首。

这些荣誉都体现了中微公司在产品竞争力和客户满意度等方面的优势。凭借这些优秀的产品和不错的口碑，中微公司的发展迅猛，于2019年7月在上交所科创板上市。中微公司欲将更多资金投入研发，其在招股书中表示，将围绕自身核心竞争力，通过自主创新、有机生长，结合适当的兼并收购尝试，不断推动企业健康发展，力争在未来十年内发展成为国际一流的半导体设备公司。

中微公司的专利斗争史

2004年，尹志尧回国创业创办中微公司。随后，尹志尧此前就职过的应用材料公司认为其有窃密之嫌，就将中微公司告上了美国法庭。但应用材料公司花了2年时间也没能找到确凿证据，中微公司证明了自身清白，随后双方达成和解。

2009年，泛林半导体状告中微公司专利侵权，自此两家公司开始了四次诉讼之争，纠缠了四年之久，最终事件出现了大反转——中微公司拿出了泛林半导体窃取机密的证据，反诉泛林半导体并取得了胜利。这也说明中微公司通过自主创新，其技术能力已经受到行业肯定。

2017年，美国LED设备厂商Veeco状告中微公司的MOVCD石墨托盘供应商侵犯了其专利，要求其停止对中微公司供货。中微公司直接提起反诉讼，最终这次博弈也以Veeco妥协而告终。

面对这些冲击，中微公司并没有停滞发展的脚步，反而在刻蚀设备和薄膜沉积设备领域取得突破性进展。

中微公司成功的原因

一是得到了政策和资本的支持。中微公司赶上了2000年以来我国集成电路产业快速发展的时期，由于国内市场很大，有力的竞争者却很少，加之政策上的大力支持，中微公司才得以快速发展壮大。2014年国家集成电路产业投资基金（俗称"大基金"）设立，2015年便向中微公司投资了4.8亿元，2021年中微公司进行定向增发，大基金二期再次向中微公司投资25亿元。

中微公司不仅得到了国家的支持，在其成长的路上也有很多民营以及外资投资者加入，在2004年、2006年、2008年、2016年中微公司进行过4轮融资，融资额分别为3000万美元、3500万美元、5000万美元、4600万美元。

2004年，以华登国际、光速创投、红点创投等外资风险投资者参与了中微公司的第一轮融资，给刚刚起步的中微公司注入了活力；2006年，不仅之前的风险投资者再次注入资金，而且国际知名的投行——高盛集团也加入了投资阵营。这两轮融资使得中微公司有能力将现有的先进技术设备产业化，力求生产出成本低且技术创新的设备。在之后的两年里，中微公司已经有数台介电质等离子体刻蚀设备Primo Etch和高压热化学气相沉积设备Primo HPCVD导入客户进行试运行，并且得到了客户方很高的评价。于是，中微公司根据市场的良好反馈，认为公司产品在市场的份额可迅速增长，所以战略性地决定，将研发资源和资金集中在介电质等离子体刻蚀设备系列产品的开发和市场化。为此，中微公司进行了第三轮融资，投资者仍然是以华登国际、高盛为首的原有投资方。然而好景不长，席卷全球的金融危机使得整个资本市场资金紧缺，加之2009年泛林半导体对中微公司提起专利诉讼，直至2016年之前中微公司没有再进行融资。在此期间，中微公司依靠低成本的优势，导入多家集成电路生产客户，加上2010年集成电路制造业扩产潮给中微公司提供了更多的出货机会，使得中微公司度过了这段危机。

2016 年，中微公司完成了第四轮融资，除了原有投资方，这次还有上海创业投资有限公司加入。投资者们认为：中微公司能在金融危机下经受住考验，证明了公司的价值，并且随着集成电路向更新工艺的发展，各大代工厂都在通过扩大产能来赶上先进技术的更高要求。中微公司在募集到足够资金的情况下，能够开发出具有高性能、高产能和低运营成本的设备以满足这种先进制造的要求，随着这个行业的复苏和市场对不同刻蚀设备需求的增加，公司一定会有更大的发展。

2019 年 7 月，中微公司在上海证券交易所科创板挂牌上市，是首批 25 家科创板上市公司之一。2020 年 1 月，中微公司市值超过 1000 亿元。上市之后，中微公司又通过定向增发等方式继续进行融资，在大量资本支持和国家政策上的扶持下，中微公司迅速发展，其在介质刻蚀设备、硅通孔（TSV）刻蚀设备以及 MOCVD 设备三大细分领域排名世界前三。

二是拥有资深的集成电路人才。 集成电路产业是典型的人才密集型产业，人才是集成电路产业发展的第一资源。中微公司的创始人尹志尧，曾任职于应用材料、泛林半导体和东京电子（TOKYO ELECTRON），这三家公司是全球刻蚀设备领域三大巨头，拥有丰富的研发经验。所以，尹志尧回国创立中微公司时，带着共事多年的硅谷资深华裔技术工程师和管理人员团队，使得中微公司的研发能力得到了保证。

三是抓住了市场变化的机遇。 中微公司成立于 2004 年 5 月，正赶上集成电路工艺的转型期，铝互连工艺逐渐被铜互连工艺替代，金属刻蚀的需求也逐渐下降。所以中微公司将研发重点放在了介质刻蚀设备上，以自主创新的工艺和技术制造的介质刻蚀设备，最终打破了刻蚀设备领域的垄断格局，占据了一定的市场份额。2011 年，中微公司继续寻求新的领域，在看准 LED 领域所拥有的巨大市场后，便开始研发 MOCVD 设备，该设备主要用于 LED 外延片的加工，并且是加工环节中的关键设备。中微公司的 MOCVD 设备推出后也广受好评，迅速抢占了一定的市场，到 2018 年时，中微公司的 LED MOCVD 设备已经占据了市场中的主导地位。随着技术和工艺的飞速发展，全球集成电路设备市场整体处于上涨趋势，中国在 2021 年成为全球最大的集成电路设备市场，国产替代的需求也在持续增加。从国际和国内角度来看，未来中微公司产品的市场都有会很大的上升空间。

案例 33：江丰电子发展简史

宁波江丰电子材料股份有限公司创建于 2005 年，主要从事超高纯金属溅射靶材的研发、生产和销售。江丰电子曾经承接过多项国家重要专项，如 02 专项、国家高技术研究发展计划（863 计划）等。江丰电子于 2017 年 6 月 15 日在深圳证券交易所成功上市。

江丰电子的创始人姚力军，1994 于哈尔滨工业大学，获得工学博士学位，之后赴日本广岛大学攻读第二个博士学位。在日本学习期间，通过大量的实验室研究工作，姚力军成了掌握超高纯金属材料及溅射靶材核心技术的专家之一；毕业后进入霍尼韦尔公司，最终成为霍尼韦尔公司日本地区最高负责人。

2004 年，姚力军受余姚市政府邀请参加"塑博会"，并实地考察当地的创业投资环境。2005 年，姚力军带着一批专家和设备来到余姚，创立了江丰电子。余姚市政府给予江丰电子很大的帮助，不仅帮助江丰电子找到了民营资本投资，并且向江丰电子发放 500 万元高层次人才资金，为江丰电子注入强劲的活力，使得江丰电子度过了艰难的起步阶段。在创立的当年，江丰电子研制的国产拥有完整自主知识产权的第一块靶材便成功下线，宣告我国结束了溅射靶材完全依赖进口的历史，填补了国家的产业和技术空白。

虽然江丰电子的靶材研发速度很快，但却没有客户愿意使用。溅射靶材属于芯片中超细金属导线材料，对稳定性的要求非常高，而靶材市场一直被日本和美国的几家公司垄断，导致江丰电子难以切入市场。2008 年，就在江丰电子寻求市场突破之时，一场突如其来的国际金融危机使得公司处境雪上加霜，不仅收入下滑，甚至连运营都很难维持。为了解决公司资金链的问题，江丰电子 CEO 姚力军向企业家朋友们借钱运营公司，但个人的力量毕竟是有限的，公司只能勉强维持，直到余姚市政府帮助江丰电子申请了 300 万元银行贷款，才使得公司的科研和生产回到正轨。之后在政府部门的积极推介下，江丰电子又获得 5000 万元风投资金，为公司注入了新的活力。

在得到资金支持后，江丰电子暂时度过了危机，将企业的重心放在了研发和生产上，企业进入了快速发展的阶段，几年间累计申请国家专利 416 项，先后承担了"02 专项""863 计划""稀土专项""工业强基"等国家级科研及产业化项目，不断实现重大突破。2009 年，江丰电子开始向中芯国际供货，公司产业化的道路逐步走向正轨。

2011年3月，日本关东地区发生大地震。该地区有大量的靶材工厂，受地震影响，日本的靶材出货量急剧下滑，这场灾难使得一直使用日本靶材的大量集成电路生产线陷入困境。此时，江丰电子走入了各大国际芯片制造公司的视野中，日本富士通、东芝等企业纷纷与江丰电子合作，并且一直要求增加订单，一直令江丰电子苦恼的市场问题终于解决了。在拿下大量订单后，江丰电子的员工日夜加班，全力供货。凭借扎实的技术水平和产品质量，江丰电子的产品最终获得了国际市场的认可，稳定了一定的市场占有率。

2017年6月，江丰电子正式于深交所创业板上市。上市之后，江丰电子吸纳了大量的资金，开始迅速扩张，2017—2020年收入从5.5亿元上涨至11.67亿元，总市值到达100亿元以上，员工人数也从500多人达到了1000多人。目前，江丰电子的集成电路制造用靶材产品市场占有率位居国内第一，产品应用到多家国内外知名集成电路、平板显示及太阳电池制造企业。

江丰电子研发生产的超高纯金属溅射靶材填补了我国在这一领域的空白，结束了此类产品依赖进口的历史，满足了国内企业不断扩大的市场需求，成功获得了台积电、中芯国际、联华电子、索尼、东芝等国际一流芯片制造厂商的认证，成为电子材料领域成功参与国际市场竞争的中国力量。

技术创新

自18世纪60年代第一次工业革命在英国发生以来，科学技术作为第一生产力推动人类社会不断进步，并在一定程度上塑造出了当今世界以西方发达国家为主导的格局，而最先进的技术往往也起源于发达国家。

集成电路是20世纪最重要的发明之一，为人类进入信息时代奠定了基础。此后的60多年里，集成电路产业经历了一系列的国际分工及区域性的产业转移，但其发源地美国始终保持着产业领导者的地位，关键就在于技术上的不断创新。技术创新包括开发新技术，或者对已有技术进行应用创新。美国拥有一套完善的创新体系，该体系涵盖了高等学校、创业公司、行业巨头、资本市场及客户群体等，使新的技术可以快速实现产品化，从而对持续创新提供了正向反馈，使得美国可以通过持续创新在产业链中攫取了最大份额的利润。对于美国的集成电路企业而言，现存的巨头大多经过了数十年的积累，具备一流的技术、一流的产品和一流的客户，为保持竞争力，巨头们不断推出采用新技术的产品，而客户也乐意为更好的产品性能接受更高的价格，这就使企业内部形成了"高研发投入—高毛利产品—高利润"的良性循环，赋予企业持续创新的动力。

中国的集成电路产业整体处于"追赶"阶段，本土市场往往被国外巨头垄断，为了生存，作为后发者的国内企业通常采取高性价比策略，从低端市场切入。低端市场进入壁垒相对不高，但产品同质化现象严重，价格是主要竞争因素，因此整个市场利润水平低下，国外巨头通常也不会在这方面投入过多精力，反而使得中国大陆企业和中国台湾企业成了这个市场上厮杀的主角。这就决定了此阶段中国企业的技术创新更常见于对现有技术的微创新，因为当性价比成为决定因素时，技术创新带来的产品成本降低、功耗降低以及性能提升将会给企业带来明显的竞争优势。

企业在解决了生存问题后，向更高端的市场发起冲击自然就会成为其下一步的发展目标，此时的企业已经完成了原始积累，可以投入更多的资源进行高利润产品的研发。当然，也不乏具有远见的企业从创立初期就有清晰的路径规划，在主攻低端市场的同时保留着中高端产品的研发火种。我国这类企业的创始团队通常具有海外成功创业的经历，或者曾在国内外龙头企业积累了丰富的产品及管理经验，深谙集成电路企业成功的要素——技术与市场相结合，即使在低端市场拼杀时也会强调自身产品的差异化竞争优势，通过技术创新不断进行产品迭代，长此以往，这样的企业就会脱颖而出。

集成电路产业是高科技产业的代表之一，是自动化、信息化和智能化社会实现的基石，无论是颠覆性技术的创造还是对现有技术的创造性应用，技术创新始终是产业追逐的目标。中国集成电路产业正迎来前所未有的发展机遇，但最终决定一家企业能否基业长青的关键仍是创新能力。

澜起科技股份有限公司是国内集成电路行业中少有的在细分领域处于全球领先地位的公司，客户资源包括三星电子、SK 海力士、美光等行业巨头，同时还得到英特尔的投资并与其保持着长期良好的合作关系。而作为全球指纹识别芯片龙头企业的深圳市汇顶科技股份有限公司，从电话机芯片起家，后来凭借触控芯片和指纹识别芯片，成为安卓手机阵营应用最广的生物识别解决方案供应商。澜起科技和汇顶科技分别在企业级和消费类市场的成功，与这两家公司坚持创新紧密相关，以下对这两家企业的发展历程进行简要回顾，并剖析其成功背后的原因。

案例 34：澜起科技发展简史

澜起科技股份有限公司成立于 2004 年，是国际领先的数据处理及互连芯片设计公司，致力于为云计算和人工智能领域提供高性能芯片解决方案。澜起科技总部设在上海，在昆山、西安、澳门，以及美国、韩国等地设有分支机构。公司在内存接口芯片市场深耕多年，先后推出了 DDR2、DDR3、DDR4、DDR5 系列高速、大容量内存缓冲解决方案，以满足云计算数据中心对数据速率和容量日益增长的需求。澜起科技发明的 DDR4 全缓冲 "1+9" 架构被 JEDEC 采纳为国际标准，其相关产品已成功进入全球主流内存、服务器和云计算领域，占据国际市场的重要份额。2016 年开始，澜起科技与清华大学、英特尔合作，研发出应用于云计算数据中心的津逮®系列 CPU。

起源——独特的判断力

澜起科技创始人杨崇和有自己对于集成电路产业的独特观察。他认为，从日本、韩国、新加坡、中国台湾等地的经验来看，中国大陆没有理由不能将集成电路产业发展起来，而且还会做得更好。

说起澜起科技这家科创板上市明星企业，就不得不提其创始人杨崇和博士。1994 年，杨崇和做了一个"任性"的决定——回国。

彼时的杨崇和已经在美留学及就业 13 年，不仅在美国俄勒冈州立大学取得了电子工程硕士及博士学位，还在美国国家半导体从事芯片设计研发工作，成了令人羡慕的"硅谷新贵"。但这并不是杨崇和想要的美国梦："我本质上不可能融入美国主流文化。我很郁闷，这种郁闷既是心灵上的，更是文化上的。" 20 世纪 90 年代初，美国集成电路产业正值发展热潮，未来的互联网产业也正处于爆发前夜，国内有很多人想去美国 "淘金"，而杨崇和却毅然决然地离开了硅谷，成了"史前海龟"，但追求通过创新创造价值的硅谷精神还是在他身上留下了深深的烙印。杨崇和原本打算回国创业，但那时我国不仅缺乏先进技术，更缺少优秀人才，他只好在上海贝岭微电子制造有限公司一边从事新产品研发工作，一边负责培训公司的工程师，同时还在复旦大学和上海交通大学带研究生，目的就是要把人培养起来，提高中国工程师的集成电路设计水平。

1996 年 3 月，随着"909"工程正式立项，蛰伏两年多的杨崇和终于迎来了机会。杨崇和预感随着互联网的出现，对于半导体芯片的需求也会不断增加，于是他辗转找到了电子工业部的相关领导，提议采用风险投资的模式创办本土芯片设计公司。彼时，我国半导体产业缺乏创业的土壤，既没有愿意下注的风投资金，也没法招揽到优秀的人才，创业举步维艰。尽管没有先例且困难重重，杨崇和仍然凭借在硅谷积攒的人脉，邀请到两位同样来自硅谷的岑英权和黄浩明作为联合创始人。1997 年，在上海漕河泾开发区提供的政策支持下，加之华虹微电子、美国华登国际、日本野村证券等三方的投资，杨崇和成了国内第一个打开本土芯片创业局面的人，我国第一个风险投资+高科技模式的芯片设计企业——新涛科技公司正式创立。

带有浓郁鼓励创新氛围的新涛科技，为我国集成电路产业掀起波涛：第一次把国产芯片销往发达国家，研发出第一个用于数据与语音集成的八通道编译码芯片，还打破了行业巨头英特尔对某类芯片的全球垄断，等等。

后来，随着美国互联网泡沫的破灭，全球半导体产业的发展陷入低谷。2001 年，本着对投资人负责的态度，新涛科技同意以 8500 万美元的价格被美国半导体大厂 IDT 收购，而杨崇和则按照约定留任总经理三年。随着收购的完成，新涛科技的投资人获得了 8 倍以上的收益，新涛科技也成为本土芯片行业的第一个风险投资成功项目。新涛科技案例证明了在中国做半导体产业和投资是可以挣到钱的，在 2004 年，在三年留任期满离开 IDT 后，杨崇和又创立了澜起科技（上海）有限公司，而此时的 IDT 恐怕也想不到这家中国创业公司日后将成为自己在内存接口领域最大的竞争对手。

发展——先做强，再做大

澜起科技成立之初，需要确定产品方向，这是事关企业命运的抉择问题。杨崇和敏锐觉察到新兴的云概念背后潜藏着的对数据处理及传输的巨大需求，认为内存接口作为连接 CPU 与内存之间的桥梁将大有可为。虽然国内当时还没有人涉足内存接口领域，然而老辣的海外公司纷纷盯上了这一赛道，这其中不仅有英特尔、NEC、英飞凌等行业巨头，还有不断涌入的初创企业。内存接口芯片是内存模组（又称内存条）的核心器件，作为 CPU 存取内存数据的必由通路，它必须提升内存数据访问速度及稳定性，以匹配日益提高的 CPU 运行速度及性能。内存接口芯片必须与各种内存颗粒及内存模组进行配套，并通过 CPU 厂商和内存厂商针对其功能和性能（如稳定性、运行速度和功耗等）的严格认证，才能进入大规模商用阶段。因此，研发此类产品不仅要攻克内存缓冲核心技术难关，还要突破服务器生态系统的高准入门槛，全球范围内能成功量产此类芯片的厂商并不太多，超过九成的市场份额掌握在英特尔、三星电子、SK 海力士、美光等几大巨头手中，澜起科技作为一家中国初创公司，其产品通过认证的难度可想而知，烧钱投入研发是不可避免的。但作为初创企业，首先要保证生存下去，之后才能谋求发展。审时度势之后，杨崇和给澜起科技定下了"两条腿走路"的战略：一方面，针对国内电视市场对机顶盒芯片的大量需求，研发相应产品以维持企业的生存和利润积累；另一方面，苦心钻研内存缓冲芯片，寻求一鸣惊人的机会。事实证明，澜起科技的这种"求生存、保发展"的策略是成功的，正是依靠机顶盒芯片的丰厚利润，企业才得以度过内存产品线漫长而艰辛的研发周期，也避免了同时期绝大多数海归创业公司贸然照抄硅谷创新模式而倒在黎明前的下场。2005 年，澜起科技推出了首款 DDR2 系列内存缓冲芯片，但因上市较晚，没能在市场上站稳脚跟。

2006 年，杨崇和带着澜起科技的产品，前往硅谷拜访英特尔。经过测试，凭借在保证性能的前提下，芯片功耗仅是可比的国际顶尖产品 60%的惊艳表现，澜起科技的这颗"中国芯"折服了英特尔。在内存条数量密集的服务器内部，芯片功耗的降低可以为系统带来更好的散热性能，而澜起科技恰恰瞄准了这一点，通过技术创新形成了差异化的竞争优势，积累了与行业巨头们同台竞技的资本。英特尔随后便派出专人赴上海考察，确认了澜起科技的实力。澜起科技多年的坚持终于获得了回报，2013 年，随着第三款 DDR4 内存缓冲芯片成为业内首个获得英特尔认证的产品，澜起科技一跃成为行业领头羊。其间，英特尔干脆停产了自家相应的芯片，转而投资澜起科技。后来，世界最大的内存模组生产商三星电子也加入了投资人队伍，说明澜起科技的核心技术获得了这两家国际巨头的认可。产品实现突破之后，澜起科技也顺势于 2013 年 10 月 1 日在美国纳斯达克市场完成了 IPO。

目前，澜起科技以超过 40%的市场占有率与 IDT（2019 年被日本瑞萨电子株式会社收购）一同位列全球内存接口行业前两名，是全球可提供从 DDR2 到 DDR4 内存全缓冲/半缓冲完整解决方案的主要供应商，其产品毛利率高达 70%以上。

在杨崇和看来，企业若想在残酷的市场竞争中生存发展，必须做对三件事情：第一，寻找有前景的领域；第二，确认自己有能力做出一流的产品；第三，必须有足够的经费来支持马拉松式的产品研发过程。

纵观澜起科技的发展历程，正是因为坚定看好内存缓冲芯片的发展前景，公司在杨崇和的带领下十年磨一剑，做出了优秀的产品，顺利敲开了国际市场的大门。与此同时，澜起科技在机顶盒芯片业务中获取的利润支撑了公司长期的高研发投入，保证了"粮草"的供应，这也是在 2008 年英特尔大幅调整内存缓冲架构规划时支撑澜起科技存活下来的重要因素。毕竟，内存产业是一个生态性极强的领域，英特尔作为生态的引领者，其一举一动影响整个行业，其他公司必须根据它的规划及时调整产品方向。这次风波使得一大批竞争对手"失血而死"，而澜起科技幸运地活了下来，并且渐入佳境。深耕内存领域也使澜起科技从 DDR2 产品时的追赶者，到 DDR3 产品时的并跑者，最终成为 DDR4 产品时的领跑者。

在 DDR4 产品中，澜起科技突破传统，发明了"1+9"分布式缓冲内存子系统框架。这种架构突破了 DDR2 和 DDR3 的集中式架构设计，创新性地采用以 1 颗寄存缓冲控制器为核心，加 9 颗数据缓冲器芯片的分布式结构布局，不仅大幅减少了 CPU 与 DRAM 颗粒间的负载，还降低了信号传输损耗，解决了内存子系统大容量与高速度之间的矛盾。由于卓越的性能，该架构被 JEDEC 采纳为国际标准，成为 DDR4-LRDIMM 的标准架构，不仅凸显了澜起科技的技术水平及创新能力，也提升了我国企业在相关领域的国际话语权。2021 年 2 月，澜起科技入选了 JEDEC 固态技术协会董事会。根据澜起科技 2023 年度报告，公司的 DDR5 第二子代 RCD 芯片已开始规模出货，并于 2023 年 10 月试产 DDR5 第三子代 RCD 芯片。2024 年 1 月，澜起科技正式推出 DDR5 第四子代 RCD 芯片

在内存缓冲芯片市场中站稳脚跟后，澜起科技主动剥离了运营机顶盒芯片业务的澜起微电子公司，并围绕一直专注的服务器领域，开始寻求新的业务发展方向——服务器 CPU 及数据中心 AI 芯片。自 2016 年开始，澜起科技与清华大学、英特尔公司合作开发了津逮服务器 CPU 以及相应的平台，从单颗芯片扩展到服务器市场。深谙生态重要性的澜起科技也开始有自己的市场布局，2017 年澜起科技围绕其"津逮"平台，与联想、惠普、新华三等企业一同成立"子晋联盟"。目前，澜起科技致力于为云计算和人工智能领域提供高性能、低功耗的芯片解决方案。

业务拓展的背后，是澜起科技不遗余力地对研发投入的支撑：2016—2019年，公司每年研发费用占当年营收的比重分别为 23.46%、15.34%、15.74%、15.36%。截至 2024 年 6 月 30 日，澜起科技共有研发人员 559 人，占员工总数的 75.24%。经过多年的积累，澜起科技已获授权的国内外专利达 178 项，形成了一系列自主研发的核心技术。

凭借自主创新，澜起科技的产品不仅获得了客户认可，也收获了国内外一系列殊荣：2018 年，澜起科技"第二代 DDR4 内存缓冲控制器芯片"荣获"2018 年第十三届'中国芯'年度重大创新突破产品"奖；2018 年 11 月，津逮®服务器 CPU 及其平台采用的"动态安全监控技术"被评为第五届世界互联网大会"世界互联网领先科技成果"；2019 年 5 月，公司"高性能 DDR 内存缓冲控制器芯片设计技术"项目荣获上海市人民政府颁发的"上海市科学技术奖一等奖"；2020 年 6 月，澜起科技荣获"2020 年中国 IC 设计成就奖"；2021 年 5 月，澜起科技当选工业和信息化部"制造业单项冠军示范企业"；2021 年 7 月，澜起科技入选"百年上海工业百个知名品牌"；2022 年 8 月，澜起科技在 2022 世界半导体大会上被评为"2021—2022 年度中国高速互连芯片技术领军企业"奖；2022 年 10 月，澜起科技被评为"国家知识产权优势企业"；2023 年 1 月，澜起科技荣获"2022 年第十七届'中国芯'年度重大创新突破产品"奖；2023 年 11 月，澜起科技荣获"2023 年第十八届'中国芯'年度重大创新突破产品"奖，并荣登"2023 福布斯中国最具创新力企业榜"。这些荣誉都是对澜起科技专注创新的认可，而杨崇和本人，也在 2010 年获得美国电气电子工程师学会（IEEE）会士称号（IEEE Fellow）。

2014 年从纳斯达克私有化退市并筹划回归 A 股上市的澜起科技，终于在 2019 年得偿所愿。2019 年 7 月 22 日上午，上海证券交易所举行科创板首批 25 家公司上市仪式，澜起科技是其中之一，募集资金超 20 亿元，主要用于投入研发创新，提升公司在细分行业的市场地位和影响力。

"止为潭渊深，动作涛澜起"，从"新涛"到"澜起"，深受中国传统文化熏陶的杨崇和把平和沉稳的气质与创新争先的硅谷精神完美地融合在一起，为公司奠定了专注研发、追求卓越的基因，也给中国的集成电路产业提供了一种可以借鉴的成功模式。

案例 35：汇顶科技发展简史

深圳市汇顶科技股份有限公司是一家基于芯片设计和软件开发的整体应用解决方案提供商，目前主要面向智能终端、物联网及汽车电子领域提供领先的半导体软硬件解决方案。汇顶科技是全球安卓手机市场出货量排名第一的指纹芯片供应商，其产品和解决方案已经广泛应用于华为、OPPO、vivo、小米、三星、谷歌、亚马逊、Dell、HP、LG、一加、诺基亚、ASUS 等国际国内知名品牌。汇顶科技于 2016 年 10 月在上海证券交易所 A 股主板进行了 IPO。

在变化迅速的消费电子市场上，汇顶科技先后多次进行业务转型，成功确定电话机芯片、触控芯片、指纹识别芯片等产品方向，在过去 20 多年的发展中实现了持续增长。汇顶科技在敏锐把握市场需求的基础上，坚持以技术驱动为导向，加强研发投入和技术攻关，在产品创新方面逐渐从跟随者转变为领导者。

创业初期，借固话行业发展起步

汇顶科技的创始人之一张帆，1986 年从成都电讯工程学院（现电子科技大学）毕业后，先后就职于电子工业部（现工业和信息化部）第十研究所、日本北陆电气工业株式会社深圳办事处。在积累了近十年民用设备开发经验后，张帆决定自己创业，创办了深圳市成电新电子技术有限公司。他从固话业务入手，生意做得顺风顺水。

2002 年 5 月，张帆与朱星火、杨奇志一起，在深圳创立了汇顶科技。

从创立之初，汇顶科技就带有勇于创新的基因。最开始的几年，汇顶科技做电话机芯片业务，凭借对固话行业需求痛点的理解，汇顶科技开发出了具有来电显示功能的电话机芯片，配合更大的电话机显示屏幕，解决了原先电话操作不方便、信息显示不佳的问题。另外，汇顶科技还研发出电话线供电技术，使得电话机彻底摆脱了对电池的依赖。

后来固电发展出许多新的功能，如可视电话、无绳电话、带通讯录功能等，汇顶科技也在行业发展中得以成长，占据了国内电话机芯片市场的半壁江山。对于汇顶科技当时的产品开发及市场选择主旨，张帆归结为"向客户提供独特的产品价值，而不仅仅是便宜的价格"。

第一次转型：从电话机芯片到触控芯片

2005 年以后，平板电脑、移动电话等便携电子产品越来越普及，固话市场逐渐萎缩。而张帆有过在日资企业工作的经历，他发现很多日本产小家电操作面板上的传统物理按键正在"消失"，替代它的是更加智能的触控按键。而且那时的 MP3、MP4 也逐渐开始采用触控屏幕。于是，汇顶科技调转方向，全力主攻触控芯片，开始为一些小家电的触控面板提供芯片支持。但当时的家电触控面板市场有限，不足以支撑汇顶科技的正常运营。在市场大势尚未到来时，更要考验创新者的耐心与毅力。幸运的是，在张帆的坚持下，整个公司咬牙挺了下来。2007 年初，苹果公司（Apple Inc.）的 iPhone 手机问世，它采用了多点电容触控技术的触摸屏。一时间用触摸屏替代物理按键成为主流，手机厂商纷纷采用多点触控技术的电容屏，这使得已经在小家电上积累了电容触控技术的汇顶科技看到了曙光，决定从国内外的中低端手机市场切入。

2010 年前后，国内中低端手机市场发展迅速，汇顶科技也在这时迎来了飞跃，成为国内第一个推出十点触控芯片的厂商。2011 年，中国台湾的联发科技旗下的汇发国际投资 200 万美元，成了汇顶科技的股东，也通过产品层面的配合助推了汇顶科技的业绩增长。2012 年，从中低端手机市场起家的联发科技通过其 MT6589 芯片一战成名，年芯片出货量突破亿颗，而且大品牌手机厂商（如小米、OPPO 等）也开始采用联发科技的芯片，这有助于联发科技将其品牌形象从中低端手机市场向上突破，汇顶科技也趁势将年收入从千万元级别跃升至上亿元级别。

第二次转型：从触控芯片到指纹识别芯片

快节奏且竞争激烈是消费电子市场的一大特点，消费电子产品需要不断推陈出新才有吸引力，这也对上游供应链提出了非常高的要求。对芯片厂商而言，判断市场趋势并紧跟客户需求进行新技术、新产品的布局显得尤为重要。在触控技术的市场渗透率逐渐趋于饱和后，苹果公司的新产品又一次成为汇顶科技的风向标。2013 年 9 月，苹果公司发布首款带有指纹识别技术（Touch ID）的手机——iPhone 5s，汇顶科技意识到指纹识别又将成为新的潮流，开始加大电容指纹识别芯片研发投入。果然，从 2014 年开始，指纹识别在手机行业掀起风潮，但彼时瑞典 Fingerprint Cards AB（简称 FPC）公司正把持着我国指纹识别市场 70% 以上的份额，国内主流手机厂商几乎都是它的客户，而苹果和三星都有各自独立供应商。2014 年 5 月，汇顶科技正式进入指纹识别芯片行业。初期，与国内厂商进行国产替代的通常路径一样，汇顶科技采用了高性价比策略，通过成本优势不断蚕食 FPC 的市场份额。汇顶科技的指纹识别芯片售价仅为 FPC 芯片售价的 60%，极高的性价比吸引了一批国产手机厂商客户。与此同时，汇顶科技也通过技术创新打造差异化的竞争优势。2014年11月发布的魅族MX4 Pro，搭载了汇顶科技的正面按压式指纹识别技术，从此打破了FPC一家独大的局面。2015—2017年，汇顶科技将其指纹识别芯片售价降低50%，随即订单量暴增，指纹芯片业务开始给汇顶科技贡献大量营收：继2015年成为公司营收占比23%的第二大主营业务后，2016年该业务营收大幅增长，占比达到75%。在良好业绩的推动下，2016年，汇顶科技顺利在上海证券交易所A股主板上市。

2017年，汇顶科技超越FPC，成为全球安卓阵营指纹识别芯片龙头企业。对此，张帆在接受采访时表示，汇顶科技能反超的原因是，靠团队持续创新、巧干加苦干。"你不停地投入，不停地听取客户的意见，就会不断有创新的成果出来。"张帆说，"电容指纹识别上我们先后推出了蓝宝石盖板、玻璃盖板、coating、IFS和活体识别解决方案，是目前全球唯一一家能够提供全系列解决方案的公司。"

然而2017年9月，一向引领行业潮流的苹果公司发布了以人脸识别（FaceID）替代指纹识别的iPhone X。一时间，关于安卓手机厂商是否会跟随苹果转投人脸识别成为市场议论的焦点。而刚刚成为指纹识别领域领头羊的汇顶科技的未来似乎充满不确定性。

其实，苹果推出人脸识别手机不难理解：随着消费者对智能手机屏幕尺寸需求的不断提升，全面屏的概念愈发深入人心，传统的手机正面电容指纹识别严重影响了这一目标的实现，因此业界迫切需要一种不占据屏幕面积的解决方法，屏下指纹似乎成为一个理想的选择。但在当时，无论屏下光学指纹识别还是超声波指纹识别，均因存在技术瓶颈而不成熟。在此情形下，向来推崇极致用户体验的苹果"聪明"地采用了"结构光技术"，推出了"刘海儿"式造型的手机，这也算是一种折中的办法。

就在整个行业似乎要因苹果的人脸识别而就此转型的时刻，汇顶科技正在进行屏下光学指纹识别技术的攻关。

在2017年初召开的世界移动通信大会（Mobile World Congress，MWC）上，汇顶科技首次推出了屏下光学指纹识别芯片样品，该芯片可初步实现屏下指纹解锁，但是离规模化商用还有很长的路要走，遇到的主要技术难题包括手指干燥时不易识别、强光下干扰和解锁时间慢等，而且与传统光学指纹采集器相比，在精确判断、迅速比对和解锁的操作中，屏下光学指纹识别难度更大。当时与汇顶科技竞争的还有两家实力强劲的美国公司——触控大厂新突思（Synaptics）和研究屏下超声波指纹识别技术的高通，留给汇顶科技的时间窗口很窄。

从技术创新到产品化需要产业链上下游的通力配合，对于消费电子行业而言，终端厂商的态度尤为关键。汇顶科技敢于全力推进屏下指纹识别技术，正是由于国内安卓手机厂商的实力逐渐发展壮大后，不再满足于跟随苹果亦步亦趋，而是选择推出具有鲜明特色的手机产品来实现差异化竞争，屏下指纹识别这项创新技术正对它们胃口。2017 年，vivo 便向技术攻坚中的汇顶科技伸出了橄榄枝，先后在其 vivo X20 和 vivo X21 两款手机中试水了汇顶科技的屏下指纹识别方案，虽然技术尚不完美，但 vivo 的坚持也给汇顶提供了坚持下去的动力。2018 年初，vivo 决定要在当年的第 21 届国际足联世界杯足球赛开赛前推出其旗舰机型 vivo NEX，且该款手机使用屏下指纹识别技术，这意味着汇顶科技必须在短短几个月内攻克最后几项关键技术，从而实现屏下指纹识别芯片量产。面对客户的殷切期盼，汇顶科技组织了 400 多人的研发团队，与 vivo 的相关技术人员共同努力，最终攻克了解锁速度和识别率等关键指标难题，不负众望地在业内率先推出了可以大规模量产的屏下光学指纹识别产品。在应用于 vivo NEX 手机的屏下指纹识别方案中，汇顶科技创造性地实现了指纹模块与显示屏分离式的设计，大大减轻了商用难度，降低了生产成本。

2018 年 9 月，汇顶科技再接再厉，在 vivo X23 机型中再次推出综合性能进一步提升的屏下光学指纹识别方案。随着汇顶科技产品的成熟度越来越高，性能和成本指标都超过了竞争对手，新突思随即解散了相关团队黯然离场，客户也开始选择汇顶科技作为主要供应商。此后，屏下光学指纹识别在华为、小米、OPPO、vivo 等主要安卓手机厂商的产品中的渗透率不断提升，从而奠定了汇顶科技在屏下光学指纹识别领域的主导地位。

从触控芯片到屏下光学指纹识别领域，同样是击败竞争对手而成为行业龙头企业，汇顶科技先后两次取得成功的意义却不相同。如果说在触控芯片市场超越 FPC 属于一种后发制人的胜利，在屏下光学指纹识别领域拔得头筹则意味着这是不多的由中国芯片企业推动的行业技术创新。

在取得一次次的成功后，深耕消费电子多年汇顶科技并没有躺在功劳簿上得意自满，它深知没有任何一项技术可以让公司一直"吃老本"，毕竟在芯片行业中，"一代拳王"的故事上演过太多次——公司在某个单品大卖之后，却因未及时对技术和产品进行迭代升级，便很快遭到市场淘汰。因此，汇顶科技选择将创新积累的红利再次投入到新的技术领域中，形成正向循环，这一点也从汇顶科技的财务报表中得到了体现——每年的研发投入占营业收入的比重保持在15%以上。对于前期研发投入力度较大，是否有衡量研发投入效率指标的问题，张帆认为，一个公司对于研发投入，没有人能保证百发百中，这就好比一个战士开枪越多，消耗子弹就越多，但不能因为害怕浪费子弹就不开枪，只有多开枪才能提高射击水平。当然，投入的效率确实是一个需要管理的问题，这是一个技术风险，解决问题的根本办法在于，提升公司判断技术与市场需求不确定性的能力。

除了通过推动可大规模商用的超薄屏下光学指纹识别方案来巩固公司在生物识别技术领域的领先地位，汇顶科技还相继收购了恩智浦半导体的语音及音频业务（VAS）和德国DCT公司等，实现了在声、光、电领域的技术布局。如今，依托在人机交互和生物识别领域多年的技术积累，汇顶科技已开始打造智能终端、IoT和汽车电子三大业务板块。

回顾汇顶科技的成长轨迹可以发现，贴近市场进行创新是支撑其发展的核心要素。在充分理解市场需求的基础上，汇顶科技敢于投入大量资源寻求技术突破。当然，其成功也与中国终端企业在产业链中的话语权逐渐提升密不可分，在强大的终端客户支持下，汇顶科技的技术创新才不是无源之水。正因有了领域头部的客户，汇顶科技才有了与领域头部对手同台较量的机会和底气，最终和客户一起实现双赢。因此，汇顶科技的成功是中国集成电路企业从模仿式创新向原发性创新逐步跨越的缩影。可以预见，未来我国还会有更多像汇顶科技一样追求技术创新的半导体企业出现，因为只有不断创新才是科技产业永恒的主题。如张帆所说："埋头种因，果自然成。"

以市场为导向

回顾国内外集成电路产业的发展历程可以发现，成功的企业无一不是做到了技术与市场的完美结合。归根结底，集成电路属于商品，它必须满足客户的使用需求，所以市场才是其发展的主导力量。因而，集成电路企业在产品定义方面需要以市场为导向，而不是盲目追求技术的先进性。

过去，在计划经济体制下，中国集成电路企业更多是扮演国家科技产业发展的一个功能单元，其产品主要用于封闭市场中，缺乏竞争力。即使后来国家启动了"908"工程、"909"工程等重大工程，但我国整体产业发展水平与西方发达国家之间还是存在很大差距的。

从 2000 年开始，我国逐渐引入市场化运作机制，大量的"海归"创业企业出现。21 世纪初，国内集成电路的年进口金额超过千亿美元，国内集成电路市场空间巨大，但绝大部分市场份额却被国外企业占据，比如在计算机、通信基站、白色家电、汽车、工业、电力电子等对可靠性要求较高的领域中，国产厂商长久以来使用进口芯片，根本没有动力和勇气尝试国产芯片。所以，留给国内初创企业的机会窗口其实并不大。这个时期，如果选择了一种看上去"高大上"的产品路线，试图通过高端产品进入高端市场从而复制硅谷公司在美国的成功路径，这样的企业很快就会受到市场的"教育"。

正确的策略应该是，深入分析市场，结合自身特长寻找国产替代的机会。这类机会多出现在消费电子领域，主要包括两方面原因：首先，消费类电子产品对于可靠性要求相对不高，行业进入壁垒较低；其次，国内消费类电子市场变化较快，需要芯片厂商能够及时提供配套方案以满足客户的特定需求，但国外厂商通常对此反应较迟缓甚至根本不予理睬，所以国产芯片企业的灵活性及本地化服务优势在这类市场中凸显出来。以己之长攻彼之短，在不断的产品迭代中，国内企业采用"农村包围城市"的方式，赢得了一场场"游击战式"的胜利，也逐步赢取了客户的信任。

顺应市场的需求而不是妄图"教育"市场，这是国内集成电路企业成功的"法宝"。无论在成立初期选择的产品方向看起来多么不起眼，甚至有点"土"，这样的产品策略却能让企业解决早期的生存问题。当然，目前国内的产业环境已经发生了变化，除了消费类电子产品，也有越来越多的国产替代机会开放给了国内厂商，但有一点仍然不会改变——只有具备自我造血能力的企业才能在市场中立足，这是客观的商业规律。

当然，对于轻资产模式运营的芯片设计类企业而言，灵活的市场策略和优秀的产品能力往往能够支持企业在优势领域实现以小博大的国产替代目标。但是集成电路产业链中的重资产环节却具有资金密集等属性，这些企业面对的市场竞争环境更加复杂，主导市场的国际产业巨头背后大多凝结着资本主义重工业体系数十年甚至上百年的先进技术和经验积累，国内企业若想在初期凭一己之力在正面战场与这些产业巨头"硬碰硬",并不是一个明智的选择,如何利用好贴近本土客户的区位及供应链优势,勤修内功,逐渐从成熟市场积累足够的实力,这看起来更加合理。然而,无论从国家对集成电路产业的宏观规划考虑,还是鉴于当前国际形势下我国对产业链自主可控的迫切需求出发,集成电路制造类的重资产企业想要实现快速发展,除了企业自身的努力和经营方针正确,民间力量和政府引导相互配合,向企业提供资金以及政策的扶持,也是不可或缺的。进入 21 世纪,中芯国际、华润微电子等国内集成电路制造类龙头企业更是借助了多方的资源,形成了各自的竞争优势,在市场中占据一席之地。而韦尔股份则是贴近市场需求,在 2000 年后的创业大潮中存活下来并脱颖而出的代表性本土芯片设计企业。

案例 36：韦尔股份发展简史

上海韦尔半导体股份有限公司是全球排名前列的中国芯片设计公司,旗下拥有豪威科技（OmniVision）、韦尔半导体（Will Semiconductor）、思比科（Superpix）和吉迪思（GigaDisplay）四个品牌以及自有分销渠道业务。韦尔股份的研发中心与业务网络遍布全球,年出货量超过 100 亿颗。公司致力于通过提供图像传感器解决方案、触控与显示解决方案、模拟解决方案,助力客户在移动终端、安防、汽车电子、可穿戴设备、IoT、通信、计算机、消费电子、工业、医疗等领域解决技术挑战。

韦尔股份成立于 2007 年,从事半导体产品设计和分销业务。2017 年,韦尔股份在上海证券交易所 A 股主板上市。2019 年 8 月,韦尔股份完成了收购北京豪威科技有限公司和北京思比科微电子技术有限公司的重大资产重组事项。2020 年 4 月,韦尔股份并购了新突思基于亚洲地区的单芯片液晶触控与显示驱动芯片（Touch and Display Driver Integration,TDDI）业务。

韦尔股份目前是国内半导体芯片设计领域的龙头企业之一。从表面上看,韦尔股份的跨越式发展主要归功于对豪威科技的收购,然而并购并不是简单的 1+1=2 的问题,如何使不同的主体实现充分的融合、优势互补并发挥协同效应,这对任何一家企业而言都是一个巨大的考验。使豪威科技这个昔日的全球图像传感器龙头企业焕发出新的活力,作为并购整合方的韦尔股份功不可没,其中的奥秘便是其立业之本——以市场为导向。分析韦尔股份的成长史，可以从中窥得如今的半导体龙头企业是如何拥有巨大能量的。

第一阶段：创业

起源——分销贸易带来的启发，多年的行业积累奠定了良好的基础。 说起韦尔股份，就要提到其创始人虞仁荣。虞仁荣 1990 年毕业于清华大学电子工程系，毕业后先后做过浪潮集团工程师和港资电子元器件分销商销售经理。在港资公司工作的 6 年时间里，虞仁荣积累了丰富的电子分销经验。因此在 1998 年，他自立门户成立北京华清兴昌科贸有限公司，主要代理和分销电阻、电容等电子元器件。销售是距离市场和客户最近的工作，而分销则是电子产业链中连接上下游、传导客户需求的关键环节。通过分销业务，虞仁荣不但积累了许多资源，还加深了他对市场和整个电子产业的理解，他意识到向客户提供解决方案的模式具有很高的价值。2006 年，华清兴昌成为北京地区最大的电子元器件分销商。2007 年，虞仁荣在上海创立韦尔股份，兼营半导体分销和利润空间更高的半导体分立器件、电源管理 IC 等半导体设计业务。之所以涉足半导体设计领域，是因为多年的分销经历使虞仁荣清楚知道，上游半导体设计原厂可以获得高额的利润。而虞仁荣本身就具有微电子专业背景，再加上手握分销渠道，从贸易类公司转型为兼具设计能力的公司是顺理成章的。而 2008—2009 年恰逢家电及手机行业更新换代周期，半导体产业也迎来了升级，凭借以往在分销方面坚实的基础，韦尔股份也安然度过转型期，自此在"双轮驱动"战略下快速发展。

第二阶段：稳步成长

成长初期——坚持市场导向，重视自主研发。 韦尔股份成立后，除了继续紧握以市场为导向这个安身立命的"法宝"，也极为重视自主研发，以不断提升技术竞争力，向客户提供更优质的产品和服务。韦尔股份内部按照瞬态二极管（TVS）、射频分立器件和肖特基二极管等不同产品线分别建立了研发体系，坚持研发费用的投入，从而使其产品线拥有了对标国际一线品牌的能力。

成长中期——核心技术已达世界先进水平。 2017 年韦尔股份上市招股说明书披露的数据显示，2016 年，公司每年研发费用支出占半导体设计业务收入的比例为 9.58%。在坚持不懈的投入之下，韦尔股份组建了一支技术实力强、经验丰富的专业研发团队，并通过不断的产品迭代，形成了自主知识产权的积累。

在具备了优秀技术实力的同时，在产品定义方面，韦尔股份始终以市场为导向，提供性能更高、规格更小的产品，或者根据客户的需求痛点进行研发。比如用于静电防护的瞬态二极管（TVS）便是韦尔股份在了解到联发科技、联想等客户需要相关的产品来保护充电口后，专门研发而成的。如此一来，韦尔股份的产品和实力逐渐获得了客户的认可。

成长加速——资本运作实现业务扩张。在内生发展的同时，韦尔股份也开始寻求外延增长的机会，扩展自身设计业务的产品线。2013—2015 年，韦尔股份相继收购了数字电视芯片企业北京泰合志恒科技有限公司以及射频芯片企业无锡中普微电子有限公司，向系统级芯片（SoC）和射频领域进发。2016—2017 年，韦尔股份又设立子公司，分别研发 MEMS 麦克风（又称"硅麦克风"，简称"硅麦"）、宽带载波以及高性能芯片。随着产品线的日益丰富，韦尔股份也开始不断提升产品性能，冲击高端市场实现国产替代。这一系列布局的背后，是韦尔股份对产业的深入理解。企业围绕其能力圈拓展出更多的产品线后，可以向客户提供尽可能全面的解决方案，从而加快客户产品推向市场的速度，这对于唯快不破的消费类电子产品领域而言尤为重要。

2017 年，在公司成立 10 年之际，韦尔股份完成了 A 股的 IPO。有了资本市场的强大助力，韦尔开始加速其产业布局，并迎来了整个公司蜕变的机遇——收购美国豪威公司。

第三阶段——并购展业

（1）收购豪威科技（OmniVision）。

韦尔股份上市前的一系列收购操作，进一步提升了设计类业务在公司总收入中的占比，公司营收也从 2014 年的 14.08 亿元，上升到了 2017 年的 24.06 亿元。但是，登陆资本市场以后，韦尔股份从分销转型设计企业的故事似乎并没有打动二级市场的投资者们。从实际情况来看也是如此。韦尔股份 2018 年营收为 39.6 亿元，其中半导体分销的收入高达 31.3 亿元，占收入比重的 79%。从业务分布不难发现，此时的韦尔股份本质上仍然是一个以代理销售为主的中间贸易商，半导体设计业务虽有亮点却更像是锦上添花。

二级市场的反应也不难理解，毕竟站在这个时间点回顾过往，中国半导体分销行业从 20 世纪 80 年代末期开始发展至今，很少出现半导体分销企业转型成为半导体设计公司的案例，见得更多的是分销行业内的兼并和收购，横向拓展代理的产品线、覆盖更多的客户群。

此时的虞仁荣，环顾四周，强敌环绕，国内外竞争对手多且实力强劲，发展形势不容乐观。在分立器件领域，韦尔股份要面的竞争对手就有英飞凌、安森美、恩智浦、乐山无线电股份有限公司、北京燕东微电子股份有限公司等。在电源 IC 领域，竞争更是白热化，韦尔股份不仅要面对 TI 等国外竞争对手，还要面对国内电源 IC 龙头企业圣邦微电子（北京）股份有限公司、矽力杰半导体技术（杭州）有限公司等。就连经营多年的主营分销业务也要面对安富利（Avnet）、艾睿电子（Arrow Electronics）、大联大控股股份有限公司、深圳市北高智电子有限公司、武汉力源信息技术股份有限公司、中国电子器材有限公司等强劲对手。可谓是前有来敌，后有追兵。强有力的技术和产品是支持公司发展的切实需求，寻求更高端的 IC 设计业务，变得极为迫切。

这时候，一个优质资产标的出现在眼前——北京豪威科技（间接百分百控股美国豪威公司）。作为一个优秀的企业家，虞仁荣凭借多年的行业从业经验，敏锐地判断出韦尔股份如果能够收购豪威科技这个优质资产，不仅能为韦尔股份带来业务结构的变化和利润的提升，还能够给韦尔股份带来名誉和声望。这是一次"蛇吞象"式的收购，因为从当时公司的体量来看，豪威科技的总资产几乎是韦尔股份的 5 倍，净资产也有 8 倍。但是，之前君正收购豪威科技业已失败，且收购还要经过美国外国投资委员会（Committee on Foreign Investment in the United State，CFIUS）的审核，收购难度不可谓不大。然而，冒险是一个企业家的天性，越有挑战的事情，越值得去尝试。

豪威科技在 2016 年被以璞华资本（原北京清芯华创投资管理有限公司）为首的财团从纳斯达克以 19 亿美元私有化后，慢慢走出了被苹果"砍单"的阴影，开始展现出崛起的势头。虞仁荣判断，随着苹果推出双摄像头手机及消费者对手机拍照成像品质的追求越来越高，图像传感器的市场需求将被拉动，2016 年图像传感器市场规模为 153 亿美元，预计未来数年内将快速增长。而高端 CMOS 图像传感器（CMOS Image Sensor，CIS）芯片供应商以索尼、三星和豪威科技三家为主，其中索尼与三星均以 IDM 模式开展 CIS 芯片业务。未来，随着智能手机的发展，三摄像头、四摄像头、高清晰、高品质的需求肯定会带动高端 CIS 芯片需求的提升。如果出现 CIS 芯片供不应求的情况，三星肯定要先保障自己手机品牌的需求，而索尼的扩产计划尚不明朗且需要满足苹果手机的订单需求。由此可见，在国产替代需求的大背景下，豪威科技作为全球第三大 CIS 芯片供应商，无疑是一个优质的标的。

2017 年 6 月，上市不久的韦尔股份宣布进入重大资产重组停牌，不尽如人意的是，第一次收购的计划未能成功。但韦尔股份并没有放弃，在其他股东的介入下，豪威科技在 2017 年 9 月进行了重大的人事变更，虞仁荣出任豪威科技 CEO，为韦尔股份日后成功收购豪威科技埋下了伏笔。2018 年 8 月，已经停牌 3 个月的韦尔股份再次发布了重大资产重组预案，公司拟以 33.88 元/股发行约 4.43 亿股股份，收购豪威科技 96.08%股权、思比科 42.27%股权、北京视信源科技发展有限公司 79.93%股权，同时拟募集不超过 20 亿元配套资金，共涉及资金超 150 亿元。为了此次豪赌，虞仁荣本人更是质押了自己所持有的 8200 余万限售流通股来获取足够的资金支持，占到其所持有的韦尔股份的 30%。2019 年 5 月 6 日，韦尔股份发布公告：证监会有条件地通过了韦尔股份对豪威科技等标的资产的收购。至此，一波三折的收购豪威科技事件宣告结束，并在 2019 年第三季度开始正式并表韦尔股份。

不难发现，韦尔股份和豪威科技的主要客户都集中在移动通信、平板电脑、安防、汽车电子等领域，终端客户重合度高。通过这次收购，韦尔股份一方面丰富了自己设计业务的产品类别，带动公司半导体设计整体技术的快速提升，另一方面公司也得到了智能手机、安防、汽车、医疗等领域的优质客户资源。在这次收购中，除了豪威科技，思比科也是一家 CIS 芯片领域公司，与豪威科技业务形态形成优势互补，使得收购完成后的韦尔股份获得了 CIS 芯片高中低端全系列的产品。韦尔股份将豪威科技定位在中高端市场，思比科定位在中低端市场，通过业务整合和分工，充分发挥上市公司与子公司的协同效应，业务规模、资产质量、盈利能力都有很大的提升。同时，收购还有效规避了韦尔股份与豪威科技原有的关联交易风险，可谓一举多得。收购使得韦尔股份的 CIS 芯片设计能力有了长足进步，一定程度上而言，直接助力了韦尔股份实现从贸易中间商向半导体设计企业的转变。

收购完成后，虞仁荣和韦尔股份并没有坐享其成，而是继续主导豪威科技业务的开发，并相继在 2019 年 6 月与 2020 年 2 月突破 48M 和 64M 像素 CIS 芯片技术，并获得业内认可，标志着韦尔股份已跻身手机 CIS 芯片第一梯队的行列。5G 手机带动了手机换机潮，单台 5G 手机将需要更多高性能的 CIS 芯片。韦尔股份的技术突破有望进一步提高其手机 CIS 芯片的市场占有率。

与此同时，针对美国豪威原有的 Fabless 业务模式，韦尔股份建立了高像素 CIS 芯片的 12 英寸圆片测试线并重构了封装生产线，帮助公司均衡了 Fabless 和 IDM 模式，降低委外加工成本，优化产品品质管控，缩短交期（Delivery）并提供及时有效的产品服务。这使得豪威科技的 CIS 产业链得到完善，增强了盈利能力，提高市场占有率。

不仅如此，韦尔股份还帮助豪威科技丰富产品种类，优化产品结构，提升整体盈利能力。比如，扩产了美国豪威原有的液晶覆硅（LCoS）投影显示芯片业务，开发出一系列具有高清、低功耗、低成本且在显示器市场极具竞争力的 LCoS 产品，形成新的利润增长点。这对豪威科技的品牌价值和市场地位有全面提升作用。

通过上述一系列的发展，豪威科技 2019 年、2020 年、2021 年分别实现扣非归母净利润 10.4 亿元、24.0 亿元、31.8 亿元，超额完成了收购时 2019 年、2020 年、2021 年需要达成的分别为 5.45 亿元、8.45 亿元、11.26 亿元的业绩承诺。目前看来，对于韦尔股份和豪威科技而言，本次收购是一个双赢的局面。

（2）收购新突思（Synaptics）的 TDDI 业务。

重组之后的韦尔股份成了国内独立半导体设计领域的龙头企业，坐拥 CIS 芯片、分立器件、电源管理 IC、射频芯片和 MEMS 麦克风等多条产品线，然而韦尔股份前进的步伐仍未停止。2020 年，韦尔股份再次出手，联合元禾璞华一起收购了新突思旗下的触控与显示驱动器集成（Touch and Display Driver Integration，TDDI）业务。新突思是全球知名的移动计算、通信和娱乐设备人机界面交互开发解决方案设计厂商，而 TDDI 正是新突思在 2014 年率先推出的集触控和显示驱动功能于一身的创新产品，可以显著改善手机等移动电子产品的厚度、续航能力和显示能力，并降低成本。TDDI 在新突思的推动之下迅速成为业界主流的技术方案，渗透率快速提升。新突思 TDDI 芯片的主要客户包括华为、OPPO、三星、小米等手机厂商，市场占有率排名第一，其主要竞争对手为联咏科技股份有限公司（NOVATEK）、奇景光电股份有限公司（Himax）、敦泰电子股份有限公司（FocalTech）等。该业务本身是新突思的重要收入贡献者，在中美贸易摩擦的背景下，国产手机厂商开始寻求 TDDI 芯片的国产替代，因此新突思的业绩受到很大的影响，不得已出售了其 TDDI 业务。

收获 TDDI 业务的韦尔股份又补上了其产业布局中的一块拼图，进一步提升了其对手机类终端客户的供应能力。

总结

半导体产业中的主体是以参与商业活动赚取利润为目标的企业，这就决定了其发展仍然要遵循商业活动的最基本逻辑——企业的产品必须在市场中完成销售。以市场为导向是半导体企业得以长久生存的战略方针，无论内生增长还是外延并购，都要建立在这个基础之上，这一点从韦尔股份的发展历程中体现得淋漓尽致。若不是通过分销业务积累了丰富的客户资源，韦尔股份后来的集成电路设计与分销"双轮驱动"的战略可能无法顺利实施，毕竟电子元器件是电子产品的核心组件，即便是在客户要求相对不高的消费电子领域，培养下游终端客户的信任也是一个需要时间积累的过程。而一个客户的需求往往并不只是单个或某类元器件，可以提供更多产品甚至完整解决方案的供应商会更受青睐，因为对于客户而言，若可以花费更少的时间和精力整合出最终的产品，何乐而不为呢？所以纵观西方发达国家的半导体产业巨头们，针对某一类应用（比如手机、汽车等）进行尽可能丰富的产品线布局成为一种趋势。对中国的半导体企业而言，具有洞悉客户需求，从点到线，再从线到面的产品线规划能力，自然也应该是不可或缺的。韦尔股份的成功恰恰印证了这一点，针对手机类客户从提供 TVS 等器件开始，到具备供应 CIS、TDDI 等更高附加值产品的能力，在客户的 BOM 清单中占据尽可能高的比例，这便是提高客户粘性的最佳方式。更重要的是，当企业具备了提供一种解决方案的能力时，可以向具有相同需求的不同市场领域迈进。以韦尔股份为例，囊括 CIS、射频及电源管理等产品线之后，从消费电子向汽车电子、安防、医疗等市场进一步拓展，想象空间仍然很大。

当然，韦尔股份的成功与创始人虞仁荣个人的战略眼光和企业家精神等因素密不可分，这些跟企业文化相关的内在特质外化的体现便是韦尔股份始终贴近市场、尊重客户的需求。企业替客户考虑得越周全，客户与企业的联系便越紧密，最终可以达到双赢的效果。

教训和通病

从 2000 年开始，中国集成电路产业进入了市场化机制推动下的快速发展阶段，至今已有 20 多年。其间，各式各样的企业"你方唱罢我登场"，有的步步为营渐入佳境，有的灿若流星却转瞬即逝，然而更多的甚至没有在舞台上留下名字。大浪淘沙之后，留给产业深深的思考——为什么 20 多年里大多数企业最终走向了失败的结局呢？

当国内集成电路产业走过了"野蛮生长"的时代，经历短暂的蛰伏期后，现在再次踏上发展的快车道，如何从过去吸取经验和教训也变得异常重要。

2010 年之前，在国内第一波美元基金的支持下，海归创业一度成为风潮。当时的创业者以海归工程师为主，回国前曾在国外大公司或创业公司中学到了先进技术且有产品开发经验，他们日常工作便是与行业巨头同台竞技，因此创业时敢于向其发起挑战。美元基金也比较青睐这样的创业项目，毕竟看起来与硅谷模式没有什么不同。然而遗憾的是，大部分海归创业者们尚未在国外大公司中获得足够长时间的积累，没有做到较高的职级，因此普遍具有三个不足：一是没有产品销售的经验；二是未曾独立管理一个部门，更不必提管理一家公司；三是完全不了解中国市场，只是希望照搬硅谷公司的创业方式。

这三个不足（尤其是第三点不足）导致这一类创业公司往往在产品定位方面出现问题——不够"接地气"。他们或是试图用最先进的技术与国际行业巨头在正面战场竞争，或是走在技术的最前沿，率先做出产品等待市场成熟。假如他们在硅谷创业，那么尚有一定的成功概率，因为美国的集成电路产业已经形成了小公司着力创新，大公司通过收购而坐享其成的模式，"小不点"创业公司在技术创新中击败"大恐龙"的案例也屡见不鲜。但国内市场与美国市场有所不同，国内的系统厂商很少会给国产初创企业产品以替代进口芯片的机会，不仅因为它们对国产芯片缺乏信心，更重要的是，国产芯片主打的性价比策略给客户带来的成本下降相对整个系统的成本及稳定性而言微不足道，因此它们没有动力去进行国产替代。这一现象直到 2018 年美国制裁中兴事件给国内企业供应链安全敲响警钟后，才得以改观。而在当时，大量的海归创业企业出现了水土不服的现象，其中不能及时调整方向的企业基本都失败了。

同时，我们发现科技行业存在一个规律——"新市场开拓两倍时间定律"，意为一项新技术的成熟落地往往需要花费两倍于原计划的市场培育时间，这一点在通信产业、Wi-Fi/蓝牙、视频编解码等领域一再得到印证。所以，当一项新的技术或标准出现时，"敢为天下先"地押宝在这一方向的创业公司可能非但无法笑到最后，恐怕连"黎明前的黑暗"都等不到，因为他们走在了市场的前面，面对的是无法预测的市场成熟周期，最终死于"失血过多"。

个体的特殊性

作为国际性的产业，集成电路产业乃至整个半导体产业涉及的领域众多，企业的成功不仅因为遵循了那些普适的规律，基因的不同也赋予了每家企业不一样的成功之道。

前面已经探讨了中国集成电路产业发展的一般性规律，接下来通过分析一些成功案例来论述产业中个体的特殊性，包括"十年磨一剑"的海思半导体和具备持续进化能力的江波龙。

案例 37：华为海思发展简史

这里介绍的华为海思，其实指的是两家公司，即深圳市海思半导体有限公司和海思技术有限公司。这两家公司均为华为技术有限公司的全资子公司，在华为内部将这两家公司分别称为"大海思"和"小海思"。

深圳市海思半导体有限公司（"大海思"）成立于 2004 年，总部位于深圳市，在北京、上海、成都、武汉、新加坡、韩国、日本、欧洲等地设有办事处和研究中心，拥有数千名员工，其前身是 1991 年华为成立的集成电路设计中心。大海思归属于华为的 2012 实验室，是华为重要的二级部门，其生产的芯片专供华为内部使用，包括麒麟、鲲鹏、昇腾、天罡和巴龙等系列。

海思技术有限公司（"小海思"）成立于 2018 年，总部位于上海市，公司成立之初的名称为"上海海思技术有限公司"。小海思生产的芯片一直对外销售，产品包括视频监控芯片、机顶盒芯片、电视 SoC 芯片、NB-IoT 芯片等，这些产品大多是市场中的佼佼者。

经过 20 年的发展，华为海思已具有强大的研发实力和产品定义能力，旗下的芯片共有五大系列：用于智能设备的麒麟（Kirin）系列应用处理器（AP）；用于数据中心的鲲鹏（Kunpeng）系列服务器 CPU；用于人工智能场景的 AI 芯片组昇腾（Ascend）系列 SoC；用于连接的芯片，如基站芯片天罡（Tiangang）、终端芯片巴龙（Balong）；其他专用芯片，如视频监控芯片、机顶盒芯片、智能电视芯片、运动相机芯片、IoT 芯片等。

如今的华为海思已经是华为引以为傲的核心战略部门，依托芯片为基础的解决方案是华为各类业务开疆拓土的重要法宝，而华为海思的芯片也通过在华为终端产品上的不断打磨，形成了强大的竞争力。芯片与系统相辅相成的模式，也体现了华为海思在国内集成电路产业中的特殊性，而这一点从 20 世纪 90 年代初华为决定自研芯片开始就已经注定。

华为成立于 1987 年，创业伊始从事的是电话交换机代理业务，在当时"七国八制"的交换机市场格局下，华为凭借代理香港公司的高性价比产品，一度尝到了甜头。然而代理业务的竞争壁垒不高，竞争对手蜂拥而至，短时间内深圳就出现了上百家大大小小的代理公司，接着就是这类没有自主技术的代销企业成批倒闭，这给华为敲响了警钟。自此，为了增强自身的竞争力，华为走上了自主研发的道路。

芯片是交换机的核心部件，比如交换机的用户板对于接口控制和音频编解码芯片的需求很大，如果厂商都采用通用芯片，产品将面临同质化竞争的局面，所以自主研发芯片的能力将成为企业破局的关键。1991 年，华为招募了在知名港资企业亿利达任职硬件工程师的徐文伟，组建了集成电路设计中心。当年，徐文伟带领团队开发出第一颗 ASIC——SD502，标志着华为的芯片事业正式起步。其实当时华为的资金已十分紧张，而且芯片设计要与香港公司合作，依靠对方的 EDA 工具，然后再送往 TI 进行流片和生产。几万美元的一次性工程费用压力，加上外汇额度的稀缺，都使得这次代价不菲的尝试对华为而言有可能关乎生死。幸运的是，芯片一次性流片成功。不久之后，华为斥巨资从国外购买 EDA 软件用于芯片开发。从那时起，华为一直坚持高强度的研发投入。

有了设计工具，加上芯片团队的不懈努力，具有 2K×2K 无阻塞交换功能的 ASIC——SD509 研发成功。接着，华为推出了采用 SD509 的 C&C08 数字程控交换机，凭借紧凑美观的设计和同类产品一半的价格，迅速进入农村市场。C&C08 成了华为里程碑式的产品，截至 2003 年，累计销售额达到千亿元，成为全球销售量最大的交换机机型，华为实现了跨越式发展。C&C08 的成功，与 SD509 的贡献密不可分，正是自研芯片给予了产品差异化的竞争力和成本优势。

现在提到华为海思，大家最熟悉的一定是麒麟系列应用处理器（AP）。近年来，搭载了麒麟芯片的华为手机因其优异的性能而广受好评，麒麟系列也常被用来与苹果的 A 系列、高通的骁龙系列芯片进行比较。但在麒麟系列势不可挡之前，华为海思推出的手机应用处理器芯片 K3V1、K3V2 却并没有像它们的名字所寓意的那样成为集成电路行业的高峰，反倒因其缺陷较多，使得采用这些芯片的华为手机备受诟病和质疑。面对失败，华为海思仍然坚持在其旗舰手机上使用自研芯片的战略。2014 年初，第一款麒麟芯片——麒麟 910 的横空出世，华为海思终于一雪前耻。麒麟系列芯片的逆袭，以及巴龙系列基带芯片等多种自研芯片的大放异彩，都是对华为海思这种十年磨一剑之精神的褒奖。

相较于整个系统的成本及规模而言，单颗芯片的价格和体积只占很小比重，但系统的性能却往往由这小小的芯片决定。因此，终端厂商通常对于芯片质量和稳定性有较高的要求，更倾向于采购国际行业巨头的成熟产品，如此环境，国内芯片企业很难获得试错的机会，从而陷入发展瓶颈之中。在同时期大部分的国内芯片设计企业还在为无法进入消费电子之外的市场而苦恼时，身处在要求更高的通信行业，华为海思却始终贯彻自主研发芯片的原则，让自家芯片与国际行业巨头同台竞技，不断提升竞争力，最终成为相应领域重量级玩家。如今，越来越多的国内系统厂商纷纷投入"造芯"的浪潮中，为自己的系统开发定制化的芯片以实现差异化竞争力，而这条路径在许多年前已被华为成功验证。

任正非在对 2012 实验室的一次讲话中曾说："我们可能坚持做（芯片）几十年都不用，也还是要继续做下去。一旦公司出现战略性的漏洞，我们不是几百亿美元的损失，而是几千亿美元的损失。我们公司积累了这么多的财富，这些财富可能就是因为那一个点，让别人卡住，最后死掉。这是公司的战略旗帜，不能动摇。"

也许当年很多人都不理解任正非对自研芯片的执着，如今在华为面临恶意制裁的严峻环境下才显示出这一战略的高瞻远瞩。

总结起来，华为海思的成功主要得益于以下因素。

一是母公司的强力支持。根据业界知名研究机构 Gartner 整理的数据，2019 年，华为技术在半导体芯片上的采购总额为 208 亿美元，而根据中国半导体行业协会的数据，当年中国集成电路设计业的总销售规模为 3063.5 亿元。由此可见，母公司给华为海思提供了一个巨大的优先市场。虽然华为海思的产品品类不可能完全覆盖华为自身的芯片需求，但是母公司的支持相当于芯片设计企业面对着千亿元规模的潜在市场，不用苦恼于产品定义的问题，只要根据这个市场中唯一一家客户的需求开发出产品即可，而客户富有耐心且忠诚度极高，需求也相当明确——要最好的产品。假设真的存在这样一个理想的市场和一个愿意试错的国际顶级客户，想必其中的芯片设计企业很快就可以成为业界顶尖的公司。事实上，华为海思也确实是这样成长起来的。而支撑华为如此大规模采购需求的，还是其自身体量巨大且仍在高速增长的业务。2019年华为智能手机出货量为2.41亿部，约占全球市场份额的17.6%，位列全球第二。2019年华为在全球电信设备市场的占有率约为28%，稳居世界第一。作为全球领先的信息与通信技术（ICT）基础设施和智能终端厂商，华为是少有的具备"云—管—端"多领域布局且份额位居前列的龙头企业，因而可以给华为海思提供足够多的订单支持。

二是持续的高强度研发投入。 华为之所以能够快速发展，除了在市场端强悍的执行力，通过自主研发带来的差异化竞争力也是其无往不利的重要法宝。所以在收入持续增长的同时，华为始终保持着高强度的研发投入。2019年，华为收入8588亿元，同期研发投入1317亿元，约占营业收入的15.3%，已经接近深圳市研发投入经费的总和（1328亿元）；而华为十年累计研发投入超过6000亿元，可见其在研发方面是不遗余力的。有集团的珠玉在前，承担着华为半导体和芯片研发重任的华为海思自然也是全力向前。2019年，华为海思营业收入115亿美元，同期研发投入24.39亿美元，占其营收的21%。华为海思的研发支出金额排在2019年全球半导体公司的第九名，也是目前国内唯一在研发投入总额这个指标上可以媲美国际半导体龙头企业的公司。华为可谓将自主研发的战略贯彻到了血液之中，在华为海思受到美国恶意制裁而发展受阻后，华为仍公开表示了对华为海思全力的支持和期待。

三是产业和市场红利。 华为海思一直采用Fabless模式运营，专注于芯片设计，而将制造环节交由台积电等顶级合作伙伴完成，这样可以节省大量的成本和精力。虽然目前在政治和地缘因素的影响下，这种分工合作的模式受到了一些挑战，但过去三十年，设计与代工分离的模式被证明是成功的，因为它大大降低了初创公司进入产业的门槛，催生了一大批像华为海思一样优秀的半导体设计公司，助推了整个电子信息产业的快速发展。同时，华为海思的成功还源于华为所在的通信领域是信息产业的主赛道，拥有广阔的市场空间。以智能手机为代表的通信终端每年全球出货量超过十亿部，而单台手机对各类芯片数量的需求更是高达上百颗。所以，通信产业链的产值巨大，市场空间足以支撑起数家华为和华为海思这样的巨头企业。在全球收入前十大的半导体设计公司排名中，从事通信相关业务的高通、博通、联发科技等企业常年在列，而作为华为海思最大竞争对手的高通更是榜首的常客。

诚然，从2019年开始，华为及其华为海思受到了美国的恶意制裁，企业发展遭遇一定的困难，但作为一家极具战斗力且重视研发的企业，相信华为会找到一条突围的路径，并赋予华为海思新的使命。

案例38：江波龙发展简史

深圳市江波龙电子股份有限公司成立于1999年，其主要业务包括闪存和DRAM的研发、设计和销售，是一家聚焦存储产品和应用，以固件算法开发、存储器芯片测试、集成封装设计和存储产品定制等为核心竞争力的存储企业，旗下拥有行业类存储品牌FORESEE和国际高端消费类存储品牌Lexar（雷克沙）。江波龙拥有嵌入式存储、移动存储、固态硬盘及闪存四条产品线，可提供消费级、工规级（工业级）、车规级（汽车级）存储器以及行业存储软硬件应用解决方案。江波龙的产品广泛应用于智能手机、智能电视、平板电脑、计算机、通信设备、可穿戴设备、物联网、安防监控、工业控制、汽车电子等行业以及个人移动存储等领域。通过技术积累，江波龙逐渐形成了DMS特色经营模式。截至2023年底，江波龙拥有员工2979人，其中研发人员986人，占比约33%。

作为我国"改革开放桥头堡"的深圳，一向以速度和效率著称，在40多年的改革开放浪潮中诞生了无数的企业及一夜暴富的传奇故事。然而经历了大浪淘沙之后，其中的绝大部分企业或是消失在历史长河之中，或者当初踌躇满志的创业者已经失去激情，仅以一种"做生意"的心态原地踏步。只有极少数的优秀公司把握着时代的脉搏，坚持创业的初心，主动从内部改革、不断进化，最终脱颖而出。华为、腾讯等深圳的"招牌"企业都是这样成长起来的。深圳同时又是我国乃至全球的电子信息产品生产及集散中心，聚集了大大小小无数的电子元器件厂商，在这个充满刀光剑影的江湖中，能够杀出重围的企业一定有自己的独门绝技。对于江波龙来说，从20多年前一家名不见经传的小公司，成长为如今年收入超过70亿元的国内存储行业"隐形冠军"，其蜕变的原因有很多，包括始终以市场和客户为导向的经营方针，对技术和研发的重视，企业家本人的格局等，但最令人印象深刻的，是江波龙紧跟时代发展的脚步，将自身打造成了一个不断学习和持续进化的组织。

根据公司招股说明书提供的信息，江波龙的发展主要经历了以下四个阶段。

1999—2002 年：初创期以存储贸易为主要业务，积累资源。

2002—2010 年：开始涉足存储周边技术，初步形成存储产品研发体系，并建立了 DMS 模式。

2010—2017 年：加大研发力度，逐步转型为技术型企业，并开始打造自己的行业类存储品牌 FORESEE。

2017 年至今：从技术型产品公司逐渐升级为技术型品牌公司，收购国际高端消费类存储品牌雷克沙（Lexar），建立了丰富的产品体系。未来致力于将公司打造为中国存储产业链中的重要环节，成为上游产能的出海口。

具体来看，江波龙的各个发展阶段都在为下一步的转型升级进行积淀。

存储贸易起家

1999 年，蔡华波在深圳成立了江波龙电子有限公司，加入华强北电子贸易大军之中。在得知客户有掩膜只读存储器（Mask ROM）方面的需求后，江波龙将存储业务作为了发展方向。贸易类业务主要是利用市场的信息不对称对接上游货物资源和下游的客户，通过服务赚取一定的利差，这要求企业建立起稳定的资源和客户渠道。不过在竞争激烈的深圳市场，仅靠贸易驱动的公司，难以脱颖而出，如果同时还能提供一定的增值服务，才会更受客户青睐。创业之初的 3 年，江波龙依靠存储贸易业务，逐渐积累了资源及对市场和客户需求的理解。但真正让江波龙崭露头角的，却是一场失误带来的机会。

涉足存储技术，建立研发体系

2002 年，江波龙从我国台湾地区低价采购了一大批内存产品，结果收货之后才发现是日本瑞萨的 AG-AND 型闪存，这个型号不是市面上的通用料，应用存在很大的局限性，所以价格才明显低于市场行情。为了想办法将这批非通用型的闪存变现，江波龙决定把它们进一步开发成 U 盘的方案类产品，以便销售。对于方案类产品而言，如果仅是购买元器件进行 PCB 板级的组装，其实并没有太大的竞争壁垒，对手可能在一个月之内就能推出竞品；而如果是从存储控制芯片层面入手，设计软硬件协同的产品，虽然研发难度会以几何倍数增长，但竞争力同样会大幅提升。江波龙就选择了后者，从那时起，不满足于"只做简单的事情"这样的信条开始在其内部生根。江波龙随即定制了全球首个基于 AG-AND 型闪存的 U 盘控制芯片，并于 2003 年推出了相应的 U 盘方案，这也标志着江波龙开始进入存储技术领域。

2003 年，恰逢苹果的第三代 iPod 开始使用与非型闪存进行存储以减薄体积，该产品的热销造成了市场中闪存的缺货，而江波龙则凭借 U 盘方案吸引到不少客户。这次试水的成功给江波龙带来了巨大的信心，公司开始延揽技术人才，逐渐形成了自己特色的 DMS 模式——根据应用场景的需求主动进行产品设计（Design）、开发存储模块（Module）、提供优质的技术支持和客制化服务（Service）。这一时期，江波龙利用系统级封装（System in Package，SiP）技术，创新性地开发出了将闪存颗粒、控制芯片颗粒及电容电阻等全部电路元件一体化封装在 U 盘内部的 UDP 模块，在提高产品可靠性的同时，大大降低了生产成本，由此改变了国内 U 盘行业的生态。在积累技术的同时，江波龙也非常注重高质量产品的交付，为自己打造了良好的美誉度。

建立自主品牌

多年来，以深圳华强北为中心的区域，形成了庞大的电子产品"白牌市场"。但随着产业的不断成熟，经过残酷的竞争之后，市场集中度也会逐渐提升，最终形成品牌厂商占据绝对优势的格局。解决方案提供商的业务模式可以培养一定的客户粘性，但因没有自主品牌而缺少话语权，当下游的市场竞争变得激烈时，客户往往会向上传导成本压力。在江波龙发现自己的工程师无暇专注于技术研发而是为了帮客户降低成本疲于奔命时，战略转型再一次摆上了公司日程。

同一时期，手机市场也在发生着变革。随着智能手机的不断普及，传统手机中使用的或非型闪存存储卡已经不能满足用户对大容量存储的需求，嵌入式存储 eMMC 成为良好的替代方案。于是，以 eMMC 为切入点，江波龙在 2011 年顺势推出了面向高端市场的嵌入式存储品牌 FORESEE。在建立自主品牌的同时，江波龙也在不断打磨技术，形成了全面的存储固件算法自主开发能力和集成封装设计能力，并开始探索存储芯片自主测试能力。在此基础上，江波龙先后推出一体化固态硬盘（Solid State Disk，SSD）模块产品——撒丁盘（SATA Disk in Package，SDP），以及当时全球最小尺寸 SSD 等创新产品。

品牌化的发展战略也意味着标准化和运营管理能力的全面提升。2011 年，江波龙获得 Oracle 技术授权，建立了适合存储市场的 Oracle ERP 系统，推动自身数字化经营。2014 年，江波龙正式将其英文名定为 "Longsys"，全面启动全球化发展战略。

内外兼修，持续升级

2017 年，江波龙从美光手中收购老牌的国际高端消费类存储品牌雷克沙（Lexar），引起了业内轰动。雷克沙成立于 1996 年，其产品在摄影配件等领域拥有极高的声誉，颇受全球尤其是欧美市场的认可。由于雷克沙主攻的高端数码产品用存储卡面对的是一个利基市场（Niche Market），单价虽然高但是出货量较低，在前东家美光看来稍显"鸡肋"，但是雷克沙的品牌价值及高端产品线正是江波龙梦寐以求的。经过一系列艰辛的过程，江波龙最终完成了对雷克沙的收购和整合，也使其成为国内为数不多的拥有高端消费类存储品牌的企业。

从技术产品型企业向技术品牌型企业的过渡，是江波龙近年来的又一次华丽转身。在业务发展的同时，江波龙也在加强自身的建设。2018 年，江波龙引入了以元禾璞华为首的专业投资机构，开始改变创业以来的家族经营模式，并同步落地员工股权激励，让员工成为联合创业的股东。2019 年，江波龙再次获得包括大基金在内的产业投资方入股，进一步增强了实力。

存储产业链主要由上、中、下游三个环节组成：上游包括存储圆片厂商、主控芯片厂商、封装测试厂，中游环节以存储模组/产品供应商、存储品牌厂商为主，下游则是智能终端、计算机、汽车、工业等海量的最终应用环节。江波龙所在的产业链中游是承上启下的重要环节，因为半导体存储产品的应用场景异常丰富，不同场景对于存储器产品的要求也各不相同，但上游生产出的存储圆片一般都是高度标准化的产品，需要中间环节针对最终客户细分需求，提供相应的客制化产品和解决方案。面对数量巨大的客户群体，存储产品企业要具备圆片筛选、固件开发、硬件架构设计、集成封装设计以及向合作的封测厂商提供测试算法等能力，而且要对下游客户进行售后支持。

目前的江波龙，已经建立起包括闪存圆片分析与产品研发、全产品线固件算法自主研发、存储器芯片测试、集成封装设计在内的核心技术能力，在存储主控芯片领域也与国内外的头部厂商进行合作。江波龙的 FORESEE 和雷克沙两个产品线已各自覆盖行业级和高端消费类应用市场，并进一步推出 SSD、内存条等品类。对于一家起点相对不高的创业企业，能够达到今天的成就实属不易，但江波龙并没有躺在功劳簿上沾沾自喜，因为中国的存储产品产业仍然大有可为。可以期待的是，随着未来国内以长江存储和合肥长鑫为代表的存储器芯片厂商的崛起，江波龙作为其下游存储产品平台型企业，将扮演输出中国存储产能的重要角色。

江波龙的发展历程，也是改革开放后深圳企业从本土化走向国际化的典型代表。回顾江波龙的发展轨迹可以清晰地看到，一家"草根创业"公司凭借敏锐的市场嗅觉站稳脚跟后，如何始终保持危机感而不断从内部改革，一步步成长为技术与品牌兼修的国内行业龙头企业。江波龙的成长也与其创始人蔡华波的格局息息相关，因为对于这样具备持续学习和进化能力的企业而言，企业家自身的眼光、心胸和执行力十分重要，尤其是在深圳这个"老板遍地"的城市，唯有不断挑战自己、坚持做困难但正确的事情，才能将"生意"最终发展为"事业"。

未 来 展 望

本书用大量篇幅回顾了国内外集成电路产业数十年来的发展案例，书中总结了一些产业规律和特点。在此，我们将对未来一段时间内中国集成电路产业可能发生的变化和趋势进行展望，以期给读者带来启发性的思考。

新常态下的产业发展

当前，中国的经济发展已进入新常态，其主要特点是：增长速度从高速转向中高速，发展方式从规模速度型转向质量效率型，经济结构调整从增量扩能为主转向调整存量、做优增量并举，发展动力从主要依靠资源和低成本劳动力等要素投入转向创新驱动。同时，2018年以来陆续发生的中美贸易摩擦等事件使我国面临的国际局势愈加错综复杂。创新将成为新常态下拉动国家经济增长的第一引擎，而作为现代电子工业的"粮食"，集成电路本身就代表着人类制造工艺的巅峰，其对科技创新的支撑作用日益明显。因此，中国集成电路产业受到前所未有的关注，即将迎来"黄金时代"。

当前，国内集成电路产业的环境与过去不可同日而语，主要的变化有以下三点。

创业者。与早期的海归创业群体不同，最近几年，越来越多的创业者拥有较丰富的创业经验，或者创业前已经在国内外集成电路龙头企业中身居高位，这类行业资深人士通常会带领一个整建制的团队进行创业，他们具备从技术开发到产品销售的能力，同时积累了多年的管理经验和丰富的客户资源，所以这样的企业创立伊始就有很高的起点。

客户。早年的国内集成电路企业大多只能在消费类产品市场中寻找客户，从低端的产品开始进行国产替代，客户往往要求国内集成电路企业提供的产品在性能完全可以对标国外企业的同时，价格需要显著低于对手，这在很大程度上限制了初创企业的利润空间。而 2018 年美国制裁中兴事件、2019 年开始全面制裁华为，这给整个中国技术界和商界带来了巨大震动，中国企业第一次发现供应链安全关乎企业生死。所以原本只采购海外大厂芯片的国内企业开始积极寻找中国的供应商，甚至下游客户会倾力帮扶国内企业完善技术和产品，这在过去是无法想象的。

资本市场和产业政策。随着我国多层次资本市场建设的不断完善，尤其是科创板的推出，使资本获得了通畅的退出渠道，社会资本参与集成电路产业投资的积极性大幅提升。同时，自 2014 年起，国家出台了一系列针对集成电路产业的促进政策：一方面，大基金的成立给各地方政府带来了示范效应；另一方面，各种税收优惠、研发补助等政策使初创企业无后顾之忧。

基于上述变化，我们认为，未来国内集成电路产业可能会形成以下四个趋势。

创业创新。高起点的创业团队自身技术实力可支持其开发高毛利的产品，加上新市场机会的出现，未来的创业企业将改变以往国产芯片厂商多从低端市场切入的局面。深耕某一细分领域的创新型企业将会在自己能力范围之内，横向或纵向进行延展，通过片上集成等颠覆式创新来占领市场。

第二次国产替代时代。如果说 21 世纪初，国内创业大军面对的是"空白"的国内市场，大家在消费电子领域各显其能、跑马圈地，掀起了国内产业的市场化浪潮，那么到 2025 年，第二次国产替代的时代已经到来，并有 5 年左右的机会窗口期。首先，国产替代的机会不再局限于以性价比为核心的消费级市场等领域，各领域市场呈现全面开放之势。第一推动力来自终端企业对上游供应链安全性和可控性的考虑，它们可以接受国内厂商尚不完美的产品，愿意花费时间和精

力与芯片企业共同打磨,并开出同等于国外芯片的采购价格。其次,中国拥有足够大的国内市场,并可以辐射到东南亚、印度、俄罗斯、非洲和拉丁美洲等地。海量的需求结合国内完整的工业产业链,为许多创新类的产品提供了落地的土壤。因此,未来国内集成电路企业面对的市场体量总和很大,但会呈现多元化的分散趋势,类似于手机、计算机这样完整的市场可能不会再有,取而代之的是 IoT、工业类、5G/6G 等碎片化的市场,需要企业进行领域深耕。

半导体行业的平台型巨头诞生。与互联网在国内的发展类似,随着产业成熟程度的提升,集成电路以及半导体行业的巨头甚至寡头企业将逐渐出现,并形成围绕巨头企业的产业集群。一系列的并购整合将随之发生,这也意味着小公司野蛮生长、无序竞争的时代将彻底结束。能否成为巨头企业,关键在于其管理者的眼光、心胸和产业布局能力。

准 IDM 模式。作为具备重资产特点的制造业,集成电路产业诞生之初顺理成章地采用了 IDM 的形态,企业需要兼备设计能力与制造能力,因此行业进入壁垒极高。但自从出现以台积电等为代表的圆片代工(Foundry)企业,设计企业的创业门槛被迅速降低,业界开始流行 Fabless+Foundry 的模式。设计公司与代工企业各司其职、相互成就,一切看起来似乎非常完美。然而随着产业持续发展,设计公司开始意识到自主生产能力的缺失带来的先天不足,主要体现在两方面:一是行业竞争日益激烈,芯片厂商为了获得差异化的产品优势,常常需要采用一些特殊工艺来形成自己的技术诀窍(Know-How),这一点在除使用标准数字工艺外的模拟芯片、MEMS 等领域尤为常见。但代工企业的中立性质又决定了其工艺的开放性,无法保证特殊工艺始终只向某家企业供应。二是集成电路产业受下游需求影响较大,但圆片代工企业的产能供给通常是稳定的,因此在需求旺盛的时期,圆片代工企业的产能成为稀缺资源,这一点已经在 2020—2021 年的"缺芯"浪潮中体现得淋漓尽致。能否较竞争对手优先拿到产能从而更早地进行产品投放,是每一家设计企业都要考虑的问题。

拥有一个既能保障特殊工艺的独家性,同时又能随时满足产能需要的圆片代工企业,成为许多设计企业的愿望,可是自建产线需要的巨额投入足以令其打消建厂的念头。一些巨头企业退而求其次,采取"曲线救国"的方法——通过与圆片代工企业深度合作,共同开发特殊工艺并在一段时间内独家使用,后续再开发新的工艺,前提是要求圆片代工企业保证其产能。

而现在，之前看似不可能的"准 IDM 模式"却有望在中国实现，即设计企业与一家圆片代工企业绑定，由政府出资协助在当地兴建工厂，主要生产该设计企业的产品。其背后原因主要是，地方政府受到国家产业政策驱使，有强烈的意愿引进集成电路制造企业，并充当建厂最重要的长期资金投入来源。目前，已有部分地方开始试水此类项目。

科创板等资本市场制度的助推作用

资本市场的基础制度在西方国家经过上百年的发展，已经非常成熟，而美国作为西方文明的集大成者，利用发达的资本市场为其国内的科技创新提供了重要支撑。美国的纳斯达克更是被誉为高科技的"摇篮"——英特尔、高通、德州仪器、超威半导体、博通等集成电路行业巨头都是纳斯达克上市公司，其中英特尔在成立三年且尚未盈利的情况下就登陆了纳斯达克。中国属于后发国家，在过去的 30 年中开展了资本市场的建立和完善工作，取得了令人瞩目的成就。针对我国资本市场存在的结构性和资源配置不合理等问题，国家也在循序渐进地推行改革。之前，"战略新兴板""注册制"等概念一度让市场充满了期待，但迟迟不见踪影，企业递交上市申请后等待审批的时间较长，而能获得申请上市资格便已经是行业佼佼者，对于集成电路这一类的高科技企业而言，上市门槛较高，这些企业背后的早期投资者希望通过二级市场实现退出的计划似乎遥遥无期。

2018 年 11 月 5 日，国家主席习近平在首届中国国际进口博览会开幕式上的主旨演讲中宣布，将在上海证券交易所设立科创板并试点注册制时。2019 年 6 月，上海证券交易所科创板正式开板，人们真正感受到了国家通过建立健全多层次资本市场制度，促进高科技产业发展的决心。

科创板创造性地将审核权下放到交易所，并引入了更多元的上市标准和更市场化的定价方式。如今，科创板已顺利运行五年多，不仅为注册制的全面推广积累了宝贵经验，也推动了国内证券交易所之间的良性竞争，给高科技企业登陆"二级市场"创造了有利条件。与 A 股其他板块不同，科创板的上市门槛、科创属性要求、审批制度和审核时间等设计宛如为以半导体企业为代表的硬科技公司量身定制，因此大量的半导体企业申请科创板上市。科创板的推出，极大地缩短了集成电路企业的上市周期，可以使企业提早两至三年获得股市的融资渠道，把以往上市对企业的影响由"锦上添花"变为"雪中送炭"。科创板的成功经验也正在推广至创业板等其他板块，有望进一步提升资本市场对于"硬科技"类企业的支持力度。科创板开板后，叠加市场对半导体概念的追捧，在 2019—2021 年，"二级市场"出现了一波汹涌的"半导体行情"，带来了巨大的"造富效应"，A股开始涌现出千亿元市值的半导体类公司。

前面，我们曾预测，未来可能会出现半导体领域的平台型巨头企业，而巨头们最重要的能力之一，就是作为平台进行并购、重组，有效整合产业资源，提高行业的集中度。当上市企业达到千亿元市值的时候，意味着它已经拥有了成为产业平台的潜力。这种预判背后的逻辑在于，对于任何一个成熟的工业，行业集中度会不断提升，并在细分领域形成龙头企业主导市场的格局，该领域的创业公司必须通过技术和产品的创新与龙头企业竞争，同时需要耗费巨大的精力和成本进行产品推广，即便如此，创业公司成功的概率也不高，因为行业巨头们往往具有后发优势，这一点在国内互联网行业已被证明。所以，科创板和注册制虽然降低了集成电路企业上市的门槛，但并非大部分的企业都可以实现上市，这些企业最好的归宿之一可能是被行业龙头企业收购；而即使企业成功上市，也可能随着行业的进一步成熟，最终被其他上市公司并购。这正是市场在资源优化配置方面的作用：创新诞生于创业公司，之后行业巨头高价收购创业公司，利用其自身的销售渠道、品牌资源、质量体系等优势，快速推广该项创新技术或产品，最终实现双赢。

最后，从产业投资的角度看，我们还需要注意一点：虽然自身成长性较高，但半导体产业也是一个受供需影响的周期性行业。在上行周期，企业无论在业绩还是估值方面都能享受到行业景气带来的红利，经历"戴维斯双击"；而在下行周期，下游需求减弱造成半导体企业库存积压，业绩下滑的同时也伴随着投资者在估值方面趋于保守，"戴维斯双杀"现象出现。行业周期上下波动给公司股价带来的影响已在美股多次体现，我们有理由相信这种情况也同样会在 A 股市场发生，并传导至"一级市场"。当然，目前风口上的半导体概念仍是市场中的"香饽饽"，估值泡沫现象已经出现，几乎所有的创业公司都期望上市。但风口和泡沫终究会过去，当产业重归冷静后，真正的并购时代也许就将拉开帷幕。